Schriften zur Medienpädagogik 41

GMK

Lost? Orientierung in Medienwelten

Konzepte für Pädagogik und Medienbildung

Ida Pöttinger
Sonja Ganguin Hrsg.

IMPRESSUM

Ida Pöttinger
Sonja Ganguin Hrsg.

Lost? Orientierung in Medienwelten

SCHRIFTEN ZUR MEDIENPÄDAGOGIK 41

HERAUSGEBER:
Gesellschaft für Medienpädagogik und Kommunikationskultur in der Bundesrepublik Deutschland (GMK) e.V.

ANSCHRIFT:
GMK-Geschäftsstelle
Körnerstraße 3
D-33602 Bielefeld
fon: 0521.67788
fax: 0521.67727
E-Mail: gmk@medienpaed.de
Homepage: www.gmk-net.de

Für namentlich gekennzeichnete Beiträge sind die Autor/inn/en verantwortlich.

ISBN 978-3-929685-43-5

Dem Bundesministerium für Familie, Senioren, Frauen und Jugend danken wir für die Förderung des vorliegenden Bandes.

LEKTORAT:
Dr. Uli Kahmann

REDAKTION:
Tanja Kalwar, Peter Parkinson, Jürgen Lauffer, Renate Röllecke

EINBANDGESTALTUNG:
Wedderwille-Design, Bielefeld

TITELILLUSTRATION:
Peer Wedderwille

DRUCK:
AJZ-Druck & Verlag, Bielefeld

Liebe Leserinnen, liebe Leser,

moderne Medien sind aus unserer Informations- und Kommunikationsgesellschaft und auch aus der Welt der Kinder und Jugendlichen nicht mehr weg zu denken. Ganz selbstverständlich wachsen Kinder heute mit Medien auf und in unsere Mediengesellschaft hinein. Sie sind neugierig und nutzen die gesamte Vielfalt medialer Informationen.

Das Thema des Forums „Lost? Orientierung in Medienwelten" ist in einer Zeit der fortschreitenden technischen Möglichkeiten durch Computer, Internet und Handy genau die richtige Frage. Wie gehen Kinder an Medien heran, was gefällt ihnen, was lockt sie? Welche Rolle spielt die Familie, die Schule, das soziale Umfeld?

Hier ist Orientierung gefragt. Kinder gehen oft viel sicherer und selbstverständlicher mit den neuen Medien um als ihre Eltern. Deshalb brauchen Eltern und das pädagogische Personal Aufklärung, Sicherheit und Unterstützung in ihrem Umgang mit Kindern und Medien. Medienpädagogische Angebote sind dabei eine ganz entscheidende und wichtige Quelle. Nicht zuletzt deshalb findet das alljährlich stattfindende Forum für Kommunikationskultur der Gesellschaft für Medienpädagogik und Kommunikationskultur so regen Zuspruch.

Ich wünsche Ihnen, liebe Leserinnen und Leser, dass Ihnen die vorliegende Dokumentation bei Ihren Fragen weiterhilft, und dass Sie viele interessante Anregungen bekommen!

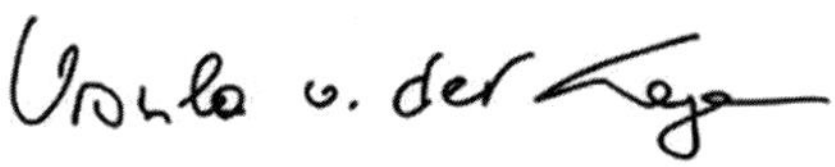

Ursula v. der Leyen
Bundesministerin für Familie, Senioren, Frauen und Jugend

Verirrt im Mediendschungel? – Ein elektronischer Briefwechsel zwischen Sonja Ganguin und Ida Pöttinger

Liebe Ida,

ich habe gerade sehr gut gegessen und genieße das kleine Völle-Gefühl. Der Fernseher läuft. Ich zappe herum und kann mich nicht entscheiden. Weltspiegel, Polylux oder Quarks. Trübt ein voller Magen eigentlich die subjektive und objektive Wahrnehmung? Voller Magen – so sagt man doch – studiert nicht gern. Oder ist es vielleicht einfach auch okay, sich im Schundfernsehen offen und ehrlich zu verirren? Bin mir da unsicher, ertappe ich mich doch dabei, meinen Fernsehkonsum anderen gegenüber legitimieren zu müssen: „Ich bin Medienpädagogin, ich muss doch schließlich wissen, was andere Leute so schauen." Auf der anderen Seite gibt es aber tatsächlich auch Freizeitbeschäftigungen, nach denen ich nicht dieses unbehagliche Gefühl habe. „Was habe ich gerade mal wieder mit meiner kostbaren Lebenszeit angefangen?" Ich ziehe daraus die Konsequenz: Ein Gleichgewicht muss her. Wie aber findet man das?

Liebe Sonja,

ein Gleichgewicht von was? Für meine Begriffe ist Gleichgewicht wichtig am Schwebebalken und in punkto Medien eine Frage des Zeitmanagements. Der Tag hat nun mal nur 24 Stunden und wenn ich diese Zeit durch 3 teile, also 8 Stunden Schlaf, 8 Stunden Arbeit oder Lernen für die Schule und 8 Stunden für die seelisch-geistige Regeneration, dann geht die Rechnung in Wirklichkeit nicht auf. In diesem letzten Drittel widme ich mich zu einem großen Prozentsatz den Medien (Fernsehen, Mails schreiben, Telefonieren, Zeitung oder Bücher lesen ...). Wie viel Zeit bleibt dann noch für Essen, mit Freunden plaudern, Spielen, Träumen, Rechnungen bezahlen, ein Instrument spielen, Blumen pflanzen, Joggen, Aufräumen, Wäsche waschen und Bügeln? Ich habe immer den Eindruck, die wirklich wichtigen Dinge kommen zu kurz. Medien machen nicht satt, nicht einmal im übertragenen Sinn. Sollte man sich nicht genauer überlegen, auf was es ankommt im Leben, und Kindern und Jugendlichen sagen, sie sollten sich das auch mal überlegen, statt jedem neuen Medien-Quatsch nachzurennen?

Liebe Ida,
na ja, machen wir es denn immer besser? Obwohl ich satt war, konnte ich nicht widerstehen und habe noch einen Zwetschgen-Kuchen und eine Kugel Eis gegessen. Wo bleiben denn da einerseits meine Disziplin und andererseits meine reflexive Voraussicht? Das ist etwas, was mich derzeit umtreibt. Können wir z. B. wirklich erwarten, dass Kinder und Jugendliche von sich aus wissen, wann sie mediengesättigt sind? Was ist mit der Verführungskunst der Medien, an der alle elterlichen Regelungen abprallen. Nicht einmal wir Erwachsenen können Versuchungen widerstehen. Wie kann man von Kindern etwas verlangen, was man selbst nicht schafft. Ich möchte den sehen, der nach den (politisch korrekten) Nachrichten den Fernseher konsequent ausschaltet und sich einem Weiterbildungskurs widmet. Reflexive Medienkritik will gelernt werden, aber wie? Ein Lob auf die Disziplin à la Bueb?

Liebe Sonja,
ich glaube, dass man wieder Kriterien braucht, um die eigene Mediennutzung – und dabei meine ich nicht nur das Fernsehen – zu überdenken, eben weil wir alle schwach und verführbar sind und am liebsten unseren Bedürfnissen nachgeben. Allem Anschein nach nehmen die Internet-Nerds bedenklich zu. Und ich finde, dass die Frustrationstoleranz im Umgang mit anderen wirklich sehr gering geworden ist. Einerseits führen die Leute sich auf, als seien sie allein auf der Welt, andererseits regen sie sich permanent über das Verhalten der anderen auf. Ob das nicht doch daran liegt, dass wir uns darauf eingestellt haben, dass per Knopfdruck alles funktioniert – nur der Mensch eben nicht? Ein bisschen Selbstkultivierung könnte nicht schaden. Damit meine ich, dass man eine gewisse Zeit- und Inhaltssouveränität wieder erlangen sollte. Das spricht erst einmal nicht gegen das Ansehen von Desperate Housewives. Es könnte aber sein, dass es Wichtigeres gibt.

Liebe Ida,
ich hatte schon früh mein eigenes Fernsehgerät im Zimmer. Wahrscheinlich hat damals das Fernsehgedudel nicht gerade die Qualität meiner Hausaufgaben gefördert, heute allerdings führen ein Colt für alle Fälle, Remington Steele oder Trio mit vier Fäusten zu spannenden Diskussionen und medienbiographischen Erinnerungen, die ich nicht missen möchte. In Bezug auf deine Frage nach der Vielzahl der Medien, so schaue ich mich gerade in meinem Zimmer um und sehe meinen DVD- und CD-Player, mein Handy, TV, Bücher, verschiedene Zeitungen und den Bildschirm vor mir. Ich flaniere gern durchs Leben und lasse Medien meine Weggesellen sein. Der MP3-Player ist ein täglicher Freund auf dem Weg zur Uni, er erzählt mir von Harrys

Abenteuern oder singt mir Lieder von Element of Crime vor. Mein Laptop ist Postbote, Telefon und Schreibmaschine zugleich, wobei ich allerdings am meisten seinen Charakter als Mitspieler im Wettkampf um virtuelle Siege schätze. Jedoch, hier gebe ich Dir wieder Recht: Medien können auch unsere Zeit okkupieren, so dass für anderes wenig bleibt. Hier ist wieder das komplexe System von Gleichgewicht und Angemessenheit gefragt, für einen selber sowie – wie mein früherer Mitbewohner sagen würde – für unsere Schäflein.

Liebe Sonja,
es geht mir nicht um die Alternative zwischen „Medien sind ein Segen" und „Medien sind ein Fluch". Für mich sind Medien selbstverständlich. Klar, die Einschätzung von Medienpädagogik ist sehr gekoppelt an die eigene Lebensphase. Was habe ich mich früher aufgeregt, wenn mein Sohn nicht zum Essen kommen wollte, weil er „nur ganz schnell" noch ein Spiel zu Ende spielen wollte! Da habe ich mich nach einer klaren Orientierung gesehnt wie: Mehr als 2 Stunden am PC sind ungesund! Jetzt stelle ich mir ganz andere Fragen. Ich finde nicht, dass die Medien an irgendetwas Schuld sind. Mich regt nur auf, dass wir nicht mehr fragen, welche Interessen hinter den Medien stecken, zu was sie gut sind und wie sie als Gesamtsystem unsere Meinungsbildung und Gefühlswelt beeinflussen. Wir sind so stumpf gegenüber dem geworden, was mit uns geschieht. Was ist, wenn Google seine Macht wirklich mal missbrauchen wollte?

Liebe Ida,
ich teile deine Sorge um die derzeitigen gesellschaftlichen Umbrüche, aber ich bin Optimistin. Es ist wichtig für mich, daran zu glauben, dass die Menschen kreativ und spielerisch mit Medien umgehen können. Alternativen kennenzulernen, vielleicht auch mal Irrwege zuzulassen, können auch manchmal bereichern, den eigenen Weg zu finden. Vielleicht ist dies auch mein persönlicher Ausweg aus dem Mediendschungel: Prinzipien zu haben und sie zu schätzen, aber durchaus dagegen verstoßen zu können.

Liebe Sonja,
wie gerne hätte ich deine Leichtigkeit. Ich glaube aber, wir sind auf dem falschen Trip, vor allem als Medienpädagogen. Um nur ein Beispiel zu nennen: Gute Berichterstattung ist teuer. Man braucht dazu ausgebildete Journalisten, verlässliche Korrespondenten in anderen Ländern und möglichst öffentlich-rechtliche Kanäle, um nicht ganz auf Programme angewiesen zu sein, bei denen nur der Sensationswert zählt. Wir Medienpädagogen finden Bloggen super, das sollen jetzt alle Schüler lernen. Wir unterstützen Augenzeugen-Berichterstattung statt unsere kulturell gewachsenen Informationskanäle.

Leben wir etwa im Untergrund? Wie soll Demokratie funktionieren, wenn jeder seinen Schmodder rausposaunt und damit Stimmung macht! Unter fünfter Gewalt, der Beteiligung von Bürgern an Entscheidungsprozessen, habe ich mir ehrlich gesagt etwas anderes vorgestellt als das Web 2.0. Ich bin skeptischer als früher.

Liebe Ida,
dein 68er-Zorn in Ehren. Aber übertreibst du nicht ein bisschen?

Liebe Sonja,
ja, ich übertreibe. Ich übertreibe, weil ja sonst niemand zuhört. Leider muss ich jetzt aufhören, denn der Tatort beginnt. Ein Sonntag ist kein Sonntag, wenn ich den nicht gesehen habe. Schaust du dir auch den Tatort an?

Liebe Ida,
nein, ich lese lieber ein gutes Buch ☺.

Liebe Sonja,
ein schönes Buch wäre für mich: ein Buch, das alle unsere Fragen beantwortet.

Liebe Ida,
lass es uns schreiben!

Liebe Sonja,
im nächsten Jahr.

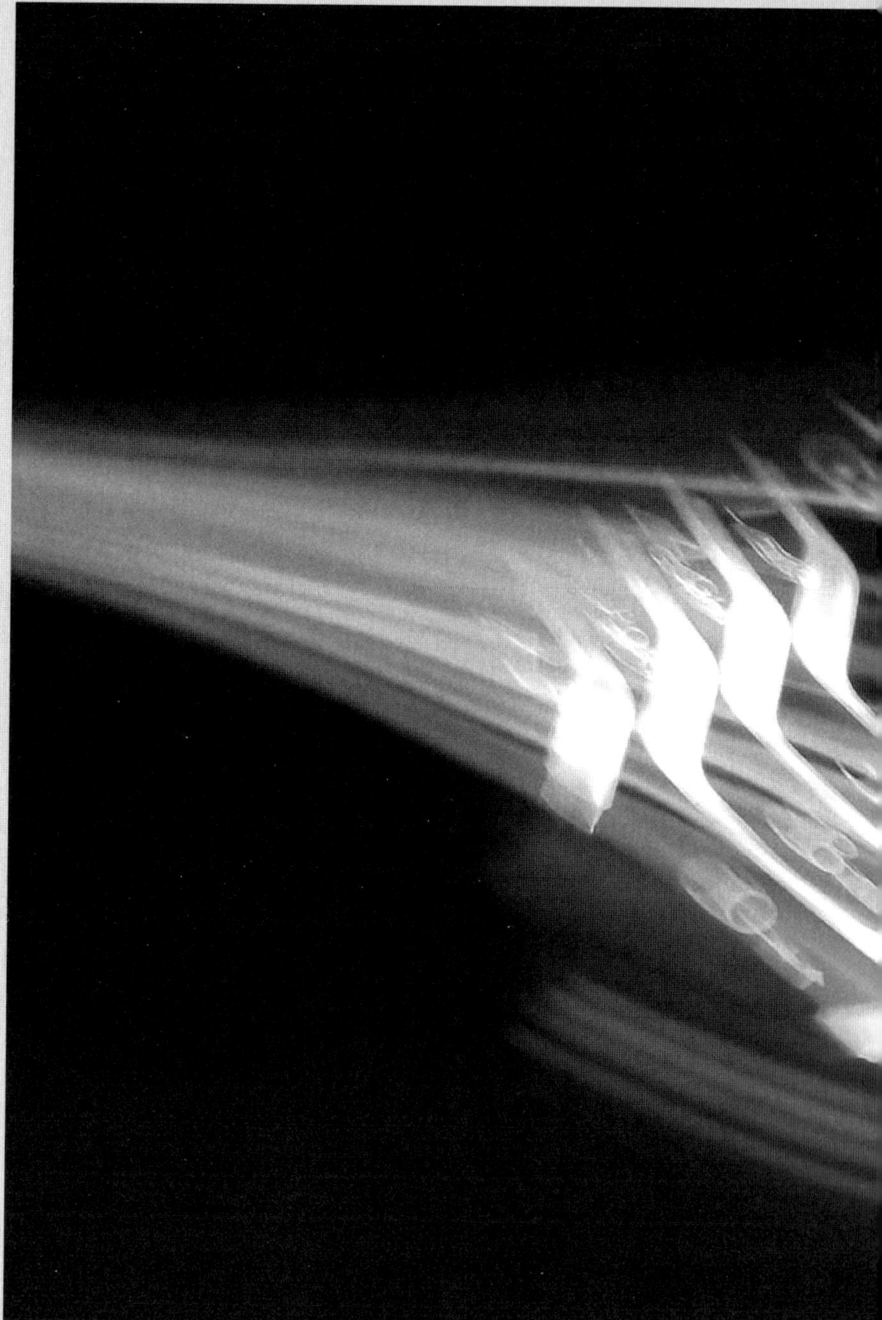

Seite 12 bis 59

1 Verloren – Desorientierung durch Medien?

■ Joachim von Gottberg

Vom Dschungelcamp zum Superstar

Divergierende Angebote statt klarer Orientierung

Auch ein Mensch mit wenigen Begabungen oder Eigenschaften, die ihn zu etwas Besonderem machen könnten, hat die Sehnsucht nach Applaus, Anerkennung und Ruhm. Je größer die Diskrepanz zwischen Begabungsmangel und dem Bedürfnis, auch mal ein Star zu sein, ausfällt, desto wahrscheinlicher ist es, dass ein solcher Mensch einmal ein Opfer von Dieter Bohlen und seiner Jury wird.

• *Menschen wollen wissen, wo sie stehen*

Die Veröffentlichung peinlicher oder schmerzlicher Ereignisse ist eines der Hauptmerkmale von Fernsehformaten, die sich seit dem Ende des öffentlich-rechtlichen Monopols entwickelt haben. In den Talkshows der privaten Sender traten seit Beginn der neunziger Jahre Menschen mit ihren alltäglichen Problemen auf, denen Bildungsbürger bis dahin höchstens in der U-Bahn, auf Schützenfesten oder an Würstchenbuden begegnet sind. Auch die Probleme, um die es ging, waren keineswegs *politically* correct: Bordellbesuche des Lebenspartners, verwahrloste Kinder der Nachbarn, sexuelle Attraktivität trotz Fettleibigkeit, Brustvergrößerungen oder Verkleinerungen, Lust auf Abwechslung im Swinger-Club, Schulden und viele andere Probleme des Lebens wurden freimütig und in wenig elaborierter Sprache vorgetragen. Das Prinzip war Konfrontation. Denjenigen, die Bordellbesuche normal fanden und auch nichts gegen regelmäßige Besuche in Swinger Clubs einzuwenden hatten, wurden Moralapostel gegenübergestellt, die allerdings in ihrer Wortwahl auch nicht zimperlich waren. Der Moderator versuchte, die teilweise heftigen Streitigkeiten einigermaßen zu schlichten, und das Publikum bewertete moralische Aussagen der Gäste durch Applaus oder Buh-Rufe.

• *Moralische Selbstaufwertung durch Medienkritik*

Reflexartig stürzten sich die Bildungsbürger und die Printmedien auf diese Formate und beklagten den Niedergang der Kultur. Die dargestellten Probleme und die Art und Weise der Kommunikation sei weit unter dem Normalitätslevel, so Hochstein 1997. Durch die Fokussierung auf Verhaltensweisen jenseits der gesellschaftlichen Normalität würde die Regelverletzung zum Normalfall stilisiert. Im Bereich des Jugendschutzes wurde befürchtet, die Orientierung an bürgerlichen Normen (Normalitätskonzept) bei Jugendlichen würde verloren gehen. Und es wurde zur Mode, durch das Schimpfen über die Primitivität dieser Talkshows sich selbst über das Niveau der Talkshowgäste zu erheben, um damit zu demonstrieren, dass man zu den *gebildeten* Schichten gehört.

Neben der Sorge um die negative Wirkung auf jugendliche Zuschauer wurde beklagt, die Sender würden zur Optimierung der Zuschauerquote ohne Rücksicht auf die Würde und die Befindlichkeiten der Gäste agieren. Menschen, die aufgrund mangelnder Selbstwahrnehmung die Folgen ihres Auftritts nicht einschätzen könnten, seien ebenso Opfer der Sender wie solche, die durch Überraschungsgäste unerwartet mit unangenehmen Ereignissen aus ihrer Geschichte konfrontiert würden. So erfuhr in einer Sendung beispielsweise ein Mann mit offensichtlichen Alkoholproblemen, dass ihn seine Frau längst abgeschrieben hat und schon seit sieben Jahren eine Beziehung zu einem anderen unterhält. Kann man es rechtfertigen, dass eine solche Botschaft, die schon im privaten Rahmen schwer zu verdauen ist, vor einem Millionenpublikum überbracht wird?

- *Lebenshilfe und ein neues Verhältnis von Intimität und Öffentlichkeit*

Obwohl von Gegnern des privaten Fernsehens einiges unternommen wurde, um ehemalige Gäste von Talkshows ausfindig zu machen, die sich selber als Opfer sahen, war das Ergebnis ausgesprochen mager. Verschiedene Untersuchungen siehe Literaturliste über potentielle Talkshowopfer kamen zu dem Ergebnis, dass von den Menschen gerade die mediale Präsenz und die Wahrnehmung durch die Öffentlichkeit als positiv empfunden wurden. Dieser Wert überlagerte offensichtlich die mögliche inhaltliche Kritik an der vorgetragenen Position oder am Auftreten in der Sendung.

Was mit den Talkshows begann, finden wir inzwischen in einer großen Anzahl von Formaten auf sehr unterschiedliche Art und Weise wieder. In Big Brother wurden 10 Menschen über Wochen in einem Container festgesetzt, jede Woche wurde vom Publikum jemand herausgewählt. In *Dschungel-TV (Ich bin ein Star – holt mich hier raus)* mussten mäßig Prominente ihr Image aufpolieren und Dschungel-Prüfungen bestehen, indem teilweise ekelhafte Auseinandersetzungen mit Insekten inbegriffen waren. Inzwischen werden Fernsehteams bei der Renovierung der Wohnung aktiv (*Einsatz in vier Wänden,*

RTL), zeigen Menschen Wege aus der Schuldenfalle, begleiten Menschen, die auswandern wollen, suchen nach der optimalen Form, ein Abendessen für geladene Gäste zu organisieren (*Das perfekte Dinner*, VOX). So unterschiedlich all diese Formate sind, so haben sie doch eines gemein: Die Grenze zwischen Macher und Zuschauer verschwimmt allmählich, das Fernsehen ist nicht länger eine Domäne der Elite; inzwischen darf jeder mitspielen.

Gleichzeitig erkennen wir einen Gegentrend zur perfekt dargebotenen Fernsehunterhaltung: Während wir bisher glaubten, die Schnitte müssten immer rasanter, die Dialoge immer ausgeklügelter und die Storys immer außergewöhnlicher sein, steht plötzlich das ganz normale Leben im Mittelpunkt des Fernsehens: fast ungeschminkt, nur ein bisschen inszeniert. Es ist eine Art *Fernsehen von unten.*

• *Die Lust an der öffentlichen Blamage*

Öffentliche Castings, die in der Zuschauerakzeptanz von *Deutschland sucht den Superstar* DSDS einen neuen Höhepunkt erfahren haben, gab es schon zu Zeiten des öffentlich-rechtlichen Fernsehens. Damals hieß die Sendung *Talentschuppen* 1966–1980. Die von Dieter Pröttel und zwischendurch von Bill Ramsey moderierte Sendung gilt zwar als Vorläufer der heutigen Castingshows, unterscheidet sich aber in einem wesentlichen Detail von DSDS: es kamen nur Interpreten in die Sendung, die zumindest einigermaßen talentiert waren. Auch gab es nicht den durch das Publikumsvoting bestimmten Selektionsprozess. Immerhin hat der *Talentschuppen* einige Stars hervorgebracht, die man heute noch kennt: Michael Schanze, Harpe Kerkeling, Joy Flemming und andere mehr.

Schon seit den Popstars werden nicht nur die talentierten Bewerber gezeigt, die zumindest erkennbare Chancen hätten, sondern auch diejenigen, die absolut untalentiert sind und als Superstar offensichtlich nicht infrage kommen. Ihre Präsentation dominiert bei DSDS die ersten Sendungen einer Staffel. Und genau dieses Phänomen führte zu massiver öffentlicher Kritik.

Es handelt sich um Kandidaten, die sich selber offensichtlich Hoffnungen machen und Chancen ausrechnen, dabei allerdings weder singen können oder den Text beherrschen noch aufgrund ihres Aussehens für die Rolle taugen. Bereits während der Gesangsdarbietung, die ohne Band oder Playback stattfindet, was sicherlich selbst manchen Profimusiker aus dem Konzept bringen würde, zeigt die Kamera die entsetzten oder gelangweilten, auf jeden Fall aber Ablehnung demonstrierenden Gesichter der Jury. Man darf bereits gespannt sein, welch gemeinen Spruch Dieter Bohlen an den armen Kandidaten richten wird.

Darauf wartet der Zuschauer mit gemischten Gefühlen: Einerseits gibt er

Bohlen recht, wenn der den Kandidaten bloßstellt. Andererseits empfindet man Mitleid mit dem Kandidaten, der in seiner offensichtlich völlig falschen Selbsteinschätzung ohne Wenn und Aber mit der harten Realität konfrontiert wird: Du wirst niemals ein Star! Man empfindet den Fall der Gefühle von Hoffnung bis zur totalen Enttäuschung deutlich mit. Gleichzeitig fragt man sich, warum nicht irgendjemand aus dem Bekanntenkreis des Kandidaten eine Warnung ausgesprochen hat. Nach inzwischen vier Staffeln müsse doch allmählich jeder wissen, was einen schwachen Kandidaten bei Bohlen und Co erwartet. Darüber hinaus wird seit der letzten Staffel durch eine Nachbearbeitung des Senders ein besonders schwacher Kandidat durch bestimmte, in das Bild hinein montierte Comics kommentiert, die seine Schwächen in der Darbietung oder in der Präsentation noch einmal zusätzlich unterstreichen. Da müssten doch bei jedem die Alarmglocken klingeln.

Circa 30.000 Bewerber werden vor jeder Staffel in verschiedenen Städten gecasted, und etwa 100 von ihnen kommen in die nächste Runde, wo sie sich dann der bekannten Dreierjury vorstellen. Es ist offensichtlich, dass diese erste Auswahl nicht nur die gesanglichen Talente berücksichtigt, sondern daneben nach besonders skurrilen und zum Zwecke des Vorführens geeigneten Personen Ausschau hält. Aus Sicht der Kandidaten ist aber nun bereits eine Hürde genommen, was dann vielleicht ihren Optimismus erklärt. Dennoch ist es höchst verwunderlich, dass ein Großteil der Kandidaten völlig unbegabt ist und sich trotzdem als Superstar bewirbt. Man kann davon ausgehen, dass die bisherigen Staffeln den Kandidaten bekannt sind. Sie müssten also wissen, was sie erwartet.

• *Auf dem Schlachtfeld der Jury*

Wie kommt es also, dass sich Menschen auf das Schlachtfeld der Jury begeben, die weder eine brauchbare Stimme besitzen noch irgendeinen Ton treffen und darüber hinaus optisch in keiner Weise den Erwartungen entsprechen? Spielt vielleicht eine Wette oder eine Mutprobe eine tragende Rolle? Oder betrachten es Jugendliche heute als amüsantes Happening, sich im Fernsehen von Bohlen und Co abkanzeln zu lassen? Nimmt man Bohlens Sprüche in Kauf oder besteht der Spaß vielleicht sogar darin, sie zu provozieren? Ist die eigene Fehleinschätzung derart pathologisch, dass nur der Schmerz, den die Resonanz in der Sendung hervorruft, den Traum endgültig begraben kann? Aber wieso kommen dann einige Kandidaten, die nach menschlichem Ermessen schon einiges an Schmerz haben erdulden müssen, immer wieder zum Casting? Ist der Auftritt in der Sendung tatsächlich, wie manche Kritiker vermuten, ein fataler Irrtum, den die Kandidaten nach Rückkehr in ihr soziales Umfeld schwer bereuen? Genau wissen wir das nicht. Aber es spricht wenig dafür.

Was wir nicht vergessen dürfen: Der Fernsehauftritt ist für die Menschen, denen die Sorge der Kritiker gilt, nicht das größte Problem. Viele von ihnen werden in der Schule, bei der Bewerbung um eine Lehrstelle oder bei der Suche nach sozialen Kontakten ebenso zurückgewiesen. Aus eigener Sicht wären sie es dem *Talentschuppen* nicht einmal wert gewesen, sie überhaupt in der Sendung wahrzunehmen. Und Ignoranz ist vielleicht noch schlimmer als eine klare, ehrliche, aber eben auch beleidigende Reaktion. Aber der empathische Zuschauer möchte dieses Problem gar nicht sehen. Wie würde er handeln, wenn er an Bohlens Stelle wäre? Möglicherweise würde er seine Ablehnung des Kandidaten so freundlich verpacken, dass der am Ende gar nicht weiß, warum er nicht weiterkommt. Oder er würde die Ablehnung sprachlich klar formulieren, aber zumindest auf Gemeinheiten oder beleidigende Sprüche verzichten. Aber ist das letztlich nicht genauso hart?

Besser wäre es, sich mit der Frage nicht auseinander setzen zu müssen, wenn also keine schlechten Kandidaten in der Show wären. Dann würde aber auch keine Diskussion darüber stattfinden, wie man sich gegenüber Menschen adäquat verhält, denen man in persönlichen Beziehungen, im Beruf, bei Bewertungen oder Benotungen eine Abfuhr erteilen muss. DSDS bietet dafür ein Modell, an dem wir debattieren können: Finden wir das in Ordnung oder nicht, ist das gerecht oder beleidigend, soll man das zulassen oder verbieten?

• *Entspanntes Verhältnis zur Öffentlichkeit und andere Vergleichsgrößen*

Dass die Kandidaten sich freiwillig in die Höhle des Dieter Bohlen begeben, hängt wahrscheinlich auch damit zusammen, dass die heranwachsende Generation ein anderes, entspanntes Verhältnis zur Veröffentlichung in den Medien hatte. Die Bereitschaft zur öffentlichen Blamage hängt wahrscheinlich auch mit den Vergleichsgrößen zusammen: In einem Fernsehen der Eliten und Experten sind die Maßstäbe höher als in einem Fernsehen der puren Unterhaltung unter Einbeziehung der Lebensrealität des Normalbürgers.

Die erwachsene Generation, immer noch stark geprägt vom öffentlich-rechtlichen Fernsehen, in dem neben Politikern, Sportlern und Künstlern nur noch ausgewiesene Experten einen Platz hatten, sieht in einem Fernsehauftritt wahrscheinlich immer noch eine Bewährungsprobe, in der man zeigen muss, dass man was zu sagen hat und dass man geschliffen formulieren kann. Die Angst, sich zu blamieren, ist groß.

Das ist heute wohl einem eher spielerischen Umgang mit der medialen Veröffentlichung gewichen. Jede neue Technik, mit der wir in direkter Beziehung stehen, schafft zunächst die Angst, man würde sie nicht beherrschen. Wie lange haben die Älteren von uns gebraucht, sich daran zu gewöhnen, auf

Die Jury der 5. Staffel von DSDS 2008: Dieter Bohlen, Anja Lukaseder und Bär Läsker.

einen Anrufbeantworter zu sprechen? Warum hat uns die Maschine so irritiert? Wir hatten Angst, uns zu versprechen, merkwürdig zu klingen und nicht die tatsächliche Nachricht zu überbringen. Und wir konnten nicht kontrollieren, wie der Adressat die Nachricht aufnahm. Heute hingegen redet jedes Kind völlig unbefangen auf Anrufbeantworter. Es ist nichts Besonderes mehr, man begegnet der Maschine pragmatisch. Ebenso hat sich wahrscheinlich das Verhältnis zur Veröffentlichung im Fernsehen gewandelt: Sicherlich ist Fernsehen immer noch etwas Herausgehobenes, aber ein Wert besteht bereits darin, einmal im Fernsehen aufgetreten zu sein. Es kommt weniger darauf an, dass man dabei gut abschneidet. Im Bereich des Internet sehen wir diesen Trend noch viel stärker. Für uns Erwachsene ist es oft unverständlich, wie unbekümmert Jugendliche im Netz mit ihren Daten umgehen und was sie alles über sich preisgeben. Sie fühlen sich mit ihrer medialen Präsenz als Teil der Öffentlichkeit, sie geben etwas, aber sie bekommen von anderen auch etwas davon zurück.

- *Falsche Orientierung für das Publikum?*

Im Bereich des Jugendschutzes wird befürchtet, junge Zuschauer könnten durch die Inszenierung in DSDS den Eindruck gewinnen, es sei in Ordnung, schwache Menschen zum Zwecke finanzieller Gewinnmaximierung rücksichtslos zu benutzen. Die Sendung würde Schadenfreude und Voyeurismus bedienen, und das sei eine negative Orientierung für Jugendliche, also eine Desorientierung.

Auf den ersten Blick klingt das plausibel. Kein anständiger Mensch möchte, dass durch eine Fernsehsendung Menschen dazu angehalten werden, sich über Schwache mit geringer Selbstreflexion lustig zu machen und zusätzlich Salz in schmerzende psychische Wunden zu streuen. Der Trend, sich dieser Position anzuschließen, gibt einem gleichzeitig das erhabene Gefühl, auf Seiten der Schwachen zu stehen und sie vor dem Gewinnstreben rücksichtsloser Privatsender in Schutz zu nehmen.

Allerdings kommt die Forderung, der Sender möge bestimmte Menschen nicht in die Sendung aufnehmen, ihrer Entmündigung gleich. Die Kritiker fordern aus Mitleid zu verhindern, dass diese Bewerber in der Sendung zur Schau gestellt werden. Die Kandidaten selbst wollen das aber offensichtlich. Wenn es nur darum ginge, diese Menschen vor etwas zu schützen, was sie zum Zeitpunkt der Aufnahme in Bezug auf die spätere Wirkung noch nicht einschätzen können, wäre es ein leichtes, eine Stärkung ihrer Rechte gegenüber dem Sender zu fordern. Man könnte beispielsweise anregen, dass jeder Kandidat allem, was von ihm gezeigt wird, ausdrücklich zustimmen muss. Wahrscheinlich könnte ohnehin jeder Kandidat seine Zustimmung zur Ausstrahlung zurückziehen, wenn er das Gefühl hat, die Sache sei nicht gut gelaufen. Aber kaum jemand kümmert sich um die Rechte der Kandidaten, stattdessen projiziert man die eigene Vorstellung darüber, wie man sich in ihrer Rolle fühlen würde, auf diese und fordert, der Sender möge auf eine solche Ausstrahlung verzichten. Die Kritiker gehen also letztlich mit den Kandidaten genauso ignorant um, wie sie es dem Sender vorwerfen.

Die Sendung will aber keine orientierende Vorgabe eines bestimmten moralischen Verhaltens bereitstellen. Sie bildet die Verhältnisse nur ab, so wie sie sind, und bietet damit den Zuschauern ein Modell, an dem diese sich reiben könnten. Und die Konstellationen sind dabei so gewählt, dass niemand gleichgültig bleibt.

• *Entscheidungszwang statt orientierender Vorgaben*

Die Sendung bietet verschiedene Projektionsebenen, die den Zuschauer zur moralischen Positionierung zwingen, wie Reichertz 2007 ausführte. Also: Ist es moralisch in Ordnung, in einer Castingshow, deren Ziel die Talentsuche ist, zu einem großen Teil auch die zu zeigen, die absolut untalentiert sind? Ist es moralisch zu rechtfertigen, eine Blamage, die bereits im begrenzten Raum psychisch verletzend sein muss, einem Millionenpublikum zu Unterhaltungszwecken vorzuführen? Darf man als Jury in einer solchen Sendung Kommentare abgeben, die über die sachliche Kritik persönliche Beleidigungen beinhalten?

Interessanterweise werden diese Fragen sehr unterschiedlich beantwortet.

In persönlichen Gesprächen fällt zuweilen auf, dass in der Berufsgruppe von Professoren oder Lehrern gerade die wenigen, denen durch Prüflinge nachgesagt wird, in Prüfungen gegenüber schwachen Kandidaten beleidigend zu reagieren, die Auffassung vertreten, Bohlens Sprüche seien nicht akzeptabel. Sie lehnen also ein Verhalten ab, das ihnen selbst zueigen ist, wenn es ihnen in den Medien präsentiert wird. Dieses Phänomen ist nicht neu. Schon Grünwald 1999 hat in einer Untersuchung zur Rezeption von Talkshows darauf hingewiesen, dass das Beobachten von Verhaltensweisen im Fernsehen, die den eigenen Gewohnheiten ähnlich sind, wie ein Spiegel wirkt, der einem vorgehalten wird. Wir kennen das als „Third-Person-Effect": Man kann anhand von Figuren der Medien eigenes Verhalten reflektieren, ohne dabei über sich selbst reden zu müssen.

Häufig hört man aber auch, die Sprüche Bohlens seien zwar hart, letztlich aber gerecht. Jemand, dessen Selbstwahrnehmung zwischen selbst empfundenem Talent und Wirklichkeit so auseinander gehe, müsse sehr klar und deutlich erfahren, dass er irrt. Eine sachliche Kritik, die nicht schmerzt, würde nur dazu führen, dass der Kandidat die Botschaft nicht eindeutig verstehe und sich weiter Hoffnungen mache. Auf jeden Fall erzeugt die Sendung einen Diskurs darüber, wie viel Sachlichkeit oder wie viel Beleidigung eine Kritik gegenüber schwachen Menschen haben darf.

Oft wird von den Kritikern angeführt, die Jury, insbesondere Bohlen, gelte als Vorbild, da sie im Bereich des Musikgeschäfts erfolgreich sei. Dies ist aber vermutlich nicht so. Denn abgesehen von Bohlen waren die beiden anderen Mitglieder der Jury außerhalb der Sendung bis dahin völlig unbekannt. Aber auch Bohlen selbst ist keine Identifikationsfigur. Er ist ein medialer Egotaktiker, der es versteht, sich zu inszenieren und im Gespräch zu bleiben. Vom Alter her ist er weit weg von den Stars, die für Jugendliche relevant sind. Durch seine sexuellen Abenteuer hat er etwas Zwielichtiges, niemand weiß, wie Bohlen eigentlich wirklich ist. Auf jeden Fall, das weiß man, nimmt er kein Blatt vor den Mund. Positiv ist vielleicht, dass man ihm zutraut, die Qualität der Kandidaten realistisch einschätzen zu können. Was seine Sprüche angeht, so ist er mit sich selbst inzwischen in einen Wettbewerb eingetreten: Kann er das, was er bisher von sich gegeben hat, noch überbieten?

Das weibliche Jurymitglied Anja Lukaseder bietet ein gewisses Gegengewicht, sie ist emphatischer, weniger gemein oder bösartig. Als der Kandidat Raymund Ringele vor – gespielter oder echter – Aufregung hyperventiliert und kollabiert, redet sie beruhigend auf ihn ein und versucht ihm deutlich zu machen, dass es kein Weltuntergang sei, wenn man bei DSDS nicht genommen wird. Auch auf anderen Ebenen bietet das Format Versöhnliches. Trotz klarer Worte und manchen Beleidigungen tauchen viele der gescheiterten Kandidaten im Laufe der Sendung wieder auf. In der letzten Staffel wurde beispielsweise Johanna (bekannt durch: *Ich hab die Haare schön, Dabei ist alles)* zum kleinen Star, als sie aus dem Camp der Kandidaten berichten durfte. Im Finale der fünften Staffel wurden die gescheiterten Kandidaten eingeladen, zusammen *We are the Champions* zu singen. Außerdem hat sich der Moderator bei ihnen bedankt und darauf hingewiesen, wie wichtig sie für die Sendung waren. Ein Ohrenschmaus war diese Darbietung allerdings nicht.

- *Aneignung, Abgrenzung und Ablehnung*

Bietet DSDS also Orientierung oder Desorientierung? Das Grundproblem bei der Beantwortung dieser Frage liegt wohl darin, dass die Begriffe *Orientierung* und *Desorientierung* zur Erklärung der Wertebildung bei der heranwachsenden Generation nicht mehr taugen. Unsere pluralistische und zumindest in der Wahrnehmung von Lebens- und Denkweisen auch multikulturelle Gesellschaft bietet eben viele, sich zum Teil widersprechende Orientierungsangebote. Die Zeit, in der alle Bereiche des Lebens sowie die Einstellung gegenüber dem Nächsten oder dem Andersdenkenden durch kirchliche oder gesellschaftliche Institutionen klar vorgegeben wurden, ist vorbei. Das Ziel der demokratisch und pluralistisch organisierten Gesellschaft ist es ja gerade, dass der einzelne zwischen verschiedenen Orientierungsangeboten wählen soll. Wie kann das denn politisch gelingen, wenn wir Heranwachsenden nicht einmal zutrauen zu erkennen, ob die Behandlung von Kandidaten durch Dieter Bohlen akzeptabel ist oder nicht? Es ist gerade die Vielfalt der Gefühle beim Ansehen der Sendung, die dem Zuschauer letztlich Orientierung liefert. Zunächst entsteht Aufmerksamkeit, weil sich in der Sendung Menschen bewerben, die offensichtlich keine Chance haben: Der Zuschauer stellt sich zunächst die Frage, wie die Jury darauf reagieren wird, und als nächstes ist interessant, wie der Kandidat damit fertig wird.

Der Reiz besteht also in verschiedenen Spannungen, die sich auch in der Gefühlswelt des Zuschauers widerspiegeln. Nach allem, was wir über Spiegelneuronen wissen, wird der Zuschauer Mitgefühl für den Kandidaten entwickeln und damit die Kritik der Jury partiell selbst empfinden. Die Sprüche Bohlens sind aus dieser Sicht vielleicht witzig, sie mögen inhaltlich zutreffen, aber sie sind auch verletzend und keineswegs sympathisch. Man nimmt das hin, weil die Sprüche eben von Bohlen kommen. Würden Sie tatsächlich von jemandem ausgesprochen, der im klassischen Sinne als Identifikationsfigur taugt, beispielsweise von Bill Kaulitz, Sänger der Teenie-Band Tokio Hotel, oder Herbert Grönemeyer, wären diese Sprüche unverzeihlich. Weder der Sender noch die entsprechenden Künstler würden aber auf die Idee kommen, Dieter Bohlen in seiner Art zu ersetzen. Den Kritikern an diesem Format geht es ja offensichtlich auch so, dass ihnen das Lachen über Bohlens Sprüche im Halse stecken bleibt, nur dass sie dem Zuschauer nicht zutrauen, ebenfalls von dem Format gleichzeitig abgestoßen und angezogen zu werden. Auch die Frage, ob es richtig ist, schwache Kandidaten überhaupt in die Sendung aufzunehmen und sie rücksichtslos zu bewerten, wird sich der Zuschauer stellen. Er spürt, dass da irgendetwas nicht in Ordnung ist, aber er erkennt auch den Konflikt: Wird man den Kandidaten eher gerecht, wenn man sie in die Sendung aufnimmt und mit der gleichen Härte behandelt, wie jeden anderen auch, oder würde man ihnen eher einen Gefallen tun, wenn man sie stillschweigend auslässt, auch wenn sie die Veröffentlichung wollen?

Die Orientierungsfunktion von Fernsehformaten wie Dschungel-TV oder DSDS besteht also darin, dass sie keine klare Richtschnur setzen, die zur Orientierung dient. Sie bieten ein Setting unterschiedlichster Gefühle und widersprüchlicher Werthaltungen an, das den Zuschauer zwingt, in der Auseinandersetzung mit der Sendung und in späterer Reflexion im sozialen Umfeld, wozu auch die Metareflexion anderer Medien über entsprechende Sendungen gehört, eine eigene Werthaltung zu entwickeln. Als Jugendschützer und Pädagogen sind wir Teil dieses Reflexionsprozesses. Wir können diesen Prozess anstoßen und mit Argumenten bereichern, aber können wir ihn bestimmen?

Literatur

- Grünewald, S. 1999: Der Blick ins Monströse und wiederhergestellte Maßstäbe. Bei der Aufarbeitung von Talkshows spielt die Moderation eine entscheidende Rolle. In: tv diskurs, Heft 9, S. 52.
- Hochstein, R. 1997: Zur Grenzziehung brauchen wir den gesellschaftlichen Diskurs. In: tv diskurs, Heft 1, S. 20.
- Reichertz, J. 2007: Vermitteln, ohne selbst zu produzieren. Medien und ihre Rolle als Werteagentur. In: tv diskurs, Heft 39, S. 50.

Weiterführende Literatur

- Bente, G./Fromm, B. 1997: Affektfernsehen. Motive, Angebotsweisen und Wirkungen. Opladen.
- Henkel, M. 1998: Seele auf Sendung. Die Tricks der Talkshow-Tröster Hans Meiser, Ilona Christen und Jürgen Fliege. Berlin.
- Hoffmann, A. C. 1998: Öffentlichkeit als Therapie? Zur Motivation von Daytime-Talk-Gästen. München.
- Trepte, S. 2002: Der private Fernsehauftritt als Selbstverwirklichung. Die Option des Auftritts als Rezeptionsphänomen und zur Konstruktion des Selbst. München.
- Schweer, M. K. W./Schicha, C./Nieland, J.-U. Hrsg. 2002: Das Private in der öffent lichen Kommunikation. Big Brother und die Folgen. Köln.

■ Petra Grimm

Prügeln für die Kamera?

Über den Umgang Jugendlicher mit Gewaltvideos auf dem Handy

Das Phänomen Gewaltvideos auf dem Handy ist relativ neu. Seit 2005 wurden vermehrt Fälle von „Happy Slapping" (Schlägereien, die mit dem Handy gefilmt werden) in Deutschland bekannt und erzielten ein starkes Presseecho, was zu einer öffentlichen Debatte über regulatorische Maßnahmen führte, z. B. über ein mögliches Handy-Verbot an Schulen. Aus Sicht der medialen Gewaltforschung handelt es sich bei Gewaltvideos auf Handys, insbesondere bei „Happy Slapping" und „Mobile Bullying" (Handyvideos, bei denen andere in schlimmen bzw. peinlichen Situationen gefilmt werden) um eine neue „Dimension" der medialen Gewaltproblematik. Dies betrifft vor allem die raum-zeitliche Unabhängigkeit des Konsums, die leichte Vervielfältigungs- und Kopiermöglichkeit der Inhalte sowie die strafrechtlich relevante Ausübung von Gewalt zur Erzeugung „echter" bzw. authentischer Gewaltbilder und die physische/psychische Verletzung der Opfer. Dies hat für die Praxis zur Folge, dass eine Grenze zwischen dem Jugendmedienschutz und der Kriminalitätsprävention kaum noch zu ziehen ist.

Darüber hinaus ist das Handy-Gewaltphänomen nicht isoliert zu betrachten, sondern muss im Kontext der Medienkonvergenz analysiert werden, da die „Quelle" problematischer Inhalte häufig das Internet darstellt. Mit dem 2006/2007 durchgeführten Forschungsprojekt zur „Problematik von gewalthaltigen und pornografischen Videoclips auf Mobiltelefonen von Jugendlichen" konnten erste Erkenntnisse über die Verbreitung und Nutzung der gewalthaltigen Inhalte auf den Handys sowie über die Motive der Jugendlichen erzielt werden. Auf die Ergebnisse dieser Untersuchung wird im Folgenden Bezug genommen. Die Studie wurde im Auftrag der Medienanstalt Hamburg Schleswig-Holstein MA HSH durchgeführt und im Vistas Verlag veröffentlicht (Grimm/Rhein 2007).

• *Das Handy als wichtigstes „privates" Medium der Jugendlichen*

Die Mobilfunktechnologie beeinflusste den Medienalltag der Kinder und Jugendlichen innerhalb kürzester Zeit maßgeblich: Verfügten 1998 nur 8 Prozent der 12- bis 19-jährigen Jugendlichen in Deutschland über ein eigenes

Mobiltelefon JIM-Studie 1998, S. 56–57, besaßen 2005 bereits 92 Prozent dieser Altersklasse ein Handy JIM-Studie 2005, S. 9 und aktuell schließlich 94 Prozent (vgl. GRIMM/RHEIN 2007, S. 87). Bei den 12- bis 19-Jährigen ist somit das Mobiltelefon das Medium, das mit Abstand die meisten Kinder und Jugendlichen selbst besitzen. Es ist auch das von ihnen am häufigsten genutzte Medium. Fast 70 Prozent 68,6 Prozent der 12- bis 19-Jährigen geben an, es täglich zu nutzen, fast 60 Prozent nutzen es sogar mehrmals am Tag.

Unter dem Aspekt der *Medienkonvergenz*, dem Zusammenwachsen der Medien in technischer und inhaltlicher Sicht, sind auch der Besitz eines Computers sowie der Zugang zum Internet zu berücksichtigen, da z. B. häufig das Handy mit dem PC verknüpft wird und Inhalte über das Internet verschickt oder auf das Handy downgeloaded werden. Immerhin 58 Prozent der Jugendlichen steht ein *eigener* Computer und 41 Prozent ein *eigener* Zugang zum Internet zur Verfügung. Dass eine Verzahnung von Handy-, Computer- und Internetnutzung bei Jugendlichen mittlerweile weit verbreitet ist und zukünftig das Handy zum mobilen Computer avancieren wird, bestätigen Schorb, Keilhauer, Würfel und Kießling 2008, S. 23.

Auch wenn es im Folgenden vor allem um die Risiken der Handynutzung geht, sollte nicht vergessen werden, dass das Handy für Kinder und Jugendliche ein sehr wichtiges persönliches Medium ist. Es wird von den Jugendlichen als „Schatz“ oder „Teil meines Körpers“ oder als „was ganz Privates wie ein Tagebuch“ beschrieben.

So erfüllt das Handy viele nützliche und emotionale Funktionen im jugendlichen Alltag. Beispielsweise spielt es eine wichtige Rolle für das Koordinieren und Organisieren von Aufgaben, Terminen etc. mit der Familie, für die Freizeitgestaltung und die soziale Interaktion mit Freunden, für die Pflege von Beziehungen und die private emotionale Kommunikation sowie für die Identitätsbildung und Gestaltung eines eigenen Lebensstils. Ebenso dient das Handy der Selbstdarstellung und Unterhaltung.

• *Gewalt auf dem Handy – um was geht es?*

Die Gewaltvideoproblematik betrifft das Herunterladen von gewalthaltigen und pornografischen Fotos, Videosequenzen und dergleichen aus dem Internet oder anderen Datenspeichern auf das Handy sowie die Übertragung von Handy zu Handy, wobei dies sowohl einseitig (z. B. durch Weitergabe) als auch mehrseitig (z. B. durch Tausch), online (z. B. durch Verschicken von Handy zu Handy) wie auch offline (z. B. durch das Zeigen von Fotos bzw. das Vorführen von Videoclips auf dem Handy) erfolgen kann. Als besonders problematisch gilt „Happy Slapping" sarkastisch für „fröhliches Schlagen". Es handelt sich dabei um die spontane oder inszenierte Ausübung von Gewalt (z. B. unvermitteltes Einschlagen auf ahnungslose Passanten, Verprügelung von Mitschülern, sexuelle Attacken) bei laufender (Handy-) Kamera. Die Videos, auf denen nicht nur die Opfer, sondern oft auch die Täter zu erkennen sind, werden anschließend meistens per *Bluetooth* da kostenlos verschickt oder auf Websites zur Rezeption gestellt. Es kann sich um eine strafrechtlich relevante Ausübung von Gewalt handeln. Echte Gewalt und mediale Gewalt verschmelzen miteinander. Die Opfer können aufgrund der Weiterverbreitung der Gewaltbilder (z. B. im Internet) über einen längeren Zeitraum psychisch verletzt werden.

Eine weitere problematische Variante ist „Mobile Bullying". Dies ist eine besondere Form des „Bullying" (Mobbing). Beim „Mobile Bullying" (auch E-Bullying genannt) wird *via Handy* mittels SMS, Photo oder Video jemand bedroht, beschimpft, gehänselt, schikaniert oder sexuell belästigt. Auch falsche Gerüchte, üble Nachreden oder Verleumdungen können via Handy ohne Wissen des Opfers leicht verbreitet werden. Des Weiteren können die Telefonnummern der Opfer missbraucht werden, um unter falscher Identität andere zu belästigen.

Auf der Grundlage der Medienwirkungsforschung können folgende Wirkungspotenziale bei bestimmten jugendlichen Risikogruppen relevant werden:

- Mögliche Verschmelzung von realer Gewalt und medialer Gewalt bei „Happy Slapping" und „Mobile Bullying". Für Jugendliche bestimmter Risikogruppen, die authentisch wirkende „Happy Slappping"-Videos häufig konsumieren, könnten diese z. B. als Vorlage bzw. Skript dienen, um künftig solche Videos oder ggf. „professionellere" selbst zu produzieren.
- Es kann zu einer weitreichenden Demütigung der Opfer und Manifestierung ihres Opferstatus führen, wenn Bilder von Opfern verbreitet werden. Im Fall der Handyvideos findet die Verbreitung nicht nur im engeren Umfeld statt, sondern sie werden über das Internet einer anonymen Öffentlichkeit zugänglich gemacht, was aus Sicht des Opfers eine mediale Fortschreibung seines Opferstatus' bedeutet.
- Brutale und exzessive Gewaltdarstellungen (z. B. Tötungsszenen, Enthauptungen, Verstümmelungen) sind aufgrund ihres extremen Grads an Grausamkeit für Kinder und Jugendliche schwer „verdaulich".
- Kinder und Jugendliche sind bei Gewaltdarstellungen, die sie als „echt" und realistisch empfinden, in der Regel emotional besonders stark involviert. Bei drastischen Bildern können sie mit Angst reagieren, die nicht bewältigt werden und über lange Zeit anhalten kann (vgl. dazu auch Grimm/Kirste/Weiss 2005).
- Gewaltdarstellungen, die aus dem Zusammenhang gerissen werden, sind für Kinder und Jugendliche oft nicht einordenbar: Isolierte Gewaltakte, die weder

in einem Handlungszusammenhang stehen noch einen erkennbaren Informationshintergrund aufweisen, werden nicht sanktioniert und können auch nicht ‚erklärt' oder negativ bewertet werden.

- Durch einen regelmäßigen und langfristigen Konsum problematischer Videos können Desensibilisierungseffekte „das ist doch voll normal" eintreten. Diese können die emotionale Ebene (Abstumpfung gegenüber Gewalt) und die kognitive Ebene (Gewalt ist ein legitimes Mittel, um Probleme zu lösen oder sich durchzusetzen) betreffen. Der Verlust von Empathie (Mitleiden, Mitfühlen) kann mit einer Gewaltbereitschaft (aggressive Gedanken, Emotionen und aggressives Verhalten) einhergehen.

- *Verbreitung der Videoclips und Kontrolle der Eltern*

Die im Rahmen der oben genannten Studie erfolgte telefonische Befragung von 804 Kindern und Jugendlichen im Alter zwischen 12 und 19 Jahren (die repräsentativ für die rund sieben Millionen 12- bis 19-jährigen Kinder und Jugendlichen in Deutschland ist) ergab zu den Fragen der Bekanntheit und des Besitzes von Gewaltvideos Folgendes: 93,1 Prozent der Kinder und Jugendlichen haben von Videos mit problematischen Inhalten zumindest schon einmal gehört, selbst schon einmal gesehen, z. B. auf dem Handy von Mitschülern, haben solche Videos 42,5 Prozent.

Vor allem Gewaltvideos, selbst gemachte Videos, in denen andere verprügelt werden („Happy Slapping"), Sexvideos und selbst gemachte Videos, in denen andere in schlimmen oder peinlichen Situationen gezeigt werden („Mobile Bullying"), sind zwischen 66 Prozent und 77 Prozent der Kinder und Jugendlichen ein Begriff. Solche Videos schon einmal gesehen hat immerhin jedes vierte Kind im Alter von 12 bis 13 Jahren und fast 40 Prozent der 14- bis 15-Jährigen. Es sind eher formal niedriger gebildete Jungen, die mit solchen Videos in Kontakt kommen. 5,4 Prozent der Kinder und Jugendlichen geben an, dass sie selbst schon einmal Videos mit problematischen Inhalten auf ihrem Mobiltelefon hatten oder haben. Die Videos stammen nach Auskunft der Jugendlichen v. a. aus dem Internet bzw. sind getauscht von anderen, die diese aus dem Internet haben.

Was die Kontrolle der Eltern betrifft, so sind die Aussagen der Kinder eindeutig: Die monatlichen Handykosten werden von den Eltern meist nicht kontrolliert. 83 Prozent der Eltern fragt auch nicht nach den Inhalten, die ihre Kinder auf ihren Handys gespeichert haben. Während die Handykosten bereits relativ wenig Anlass zur Kontrolle durch die Eltern geben, so interessieren sich Eltern noch weniger für die Inhalte, die ihre Kinder auf ihrem Handy gespeichert haben.

- *Gründe und Motive für die Nutzung von Gewaltvideos*

Die folgenden Befunde basieren auf einer qualitativen Befragung, die im Rahmen der oben genannten Studie im Zeitraum November 2006 bis Januar 2007 erfolgte. Es wurden fünf Gruppeninterviews mit Jugendlichen durchgeführt, die überwiegend zur „Risikogruppe" gehören (Schwerpunkt: männlich, 13 bis 18 Jahre, niedrige formale Bildung). Während sich in einer der Interviewgruppen in jeder Hinsicht aktive und involvierte User solcher Videos finden (Heavy Users), treten die Jugendlichen aus den anderen vier Gruppen als mehr oder weniger kritische bzw. unkritische Handygewaltvideo-Konsumenten in Erscheinung.

„Happy Slapping" – Prügeln für die Kamera?
Die Jugendlichen berichten von unterschiedlichen Varianten für Prügelvideos:
- Stattfindende Prügeleien werden mitgefilmt,
- Prügeleien werden mit dem Wissen aller Beteiligten für die Kamera inszeniert Spaßprügeleien,
- andere Jugendliche werden verprügelt, damit man dies filmen kann („Happy Slapping" im engeren Sinne),
- Schlägereien zwischen Jugendlichen werden bewusst provoziert und dann gefilmt.

Die Jugendlichen glauben, dass in ihrem Umfeld Prügeleien nur für die Kamera eher nicht oder nur selten vorkommen. Die Kamerapräsenz hat aber Einfluss darauf, wie geprügelt wird – entweder, indem sich die Jugendlichen noch stärker in Szene setzen und z. B. stärker zuschlagen, oder indem sie sich eher zurücknehmen aus Angst, das Video könnte als Beweismaterial genutzt werden.

Warum gerade auf dem Handy?
Ein wichtiger Faktor dafür, dass gerade das Handy ein so attraktives Abspiel-, Speicher- und Verbreitungsmedium für entsprechende Clips ist, ist die Mobilität. Außerdem wird die Unauffälligkeit des Mediums hervorgehoben, die ein heimliches Ansehen problematischer Clips ermöglicht. Das Handy wird von den Jugendlichen darüber hinaus als ein Medium von extrem hoher persönlicher Bedeutung und als ein privates Medium beschrieben, so dass die gewalt- und sexhaltigen Videos, die offensichtlich einen wichtigen Teil ihrer jugendlichen Lebenswelt ausmachen, zu der Eltern (bzw. Erwachsene ganz allgemein) kaum Zugang haben und auch keinen Zugang haben sollten, gerade auf dem Handy aus ihrer Perspektive besonders gut aufgehoben sind.

Was wird mit den Handyvideos gemacht – und warum?
Die Handyvideos werden angesehen, herumgezeigt, weiterverschickt und gelöscht, sobald der Speicherplatz ausgeht. Das Ansehen der Clips ist einerseits von Bedürfnissen nach Entspannung, Spaß und Unterhaltung geprägt. Außerdem geht es um die emotionale Erregung und die Faszination an schrecklichen Bildern – z. B. um die Angstlust, die „Happy Slapping"-Clips verursachen. Andererseits stehen aber auch hier die Demonstration von „Coolness" im Zentrum und der Wunsch, den anderen zu beweisen, dass man das Ansehen der Handyvideos aushält bzw. sogar genießt – auch wenn sie einem abends im Dunkeln dann vielleicht doch Angst machen.

Wichtig sind darüber hinaus der Moment des gemeinschaftlichen Erlebens und das Gefühl, eine verschworene Gemeinschaft zu sein. Das Austauschen und Verschicken der Handyvideos begründen in erster Linie soziale Motive: Es geht um das Teilen von dem, was man gerne mag und attraktiv findet, mit Freunden. Anderen – z. B. Jugendlichen, die man nicht mag, oder Personen, denen man nicht vertraut – werden die Clips verweigert oder ganz vorenthalten. Durch diese Weitergabepraxis werden demnach auch die Grenzen des Freundeskreises abgesteckt und Beziehungen definiert.

- *„Happy Slapping" und „Mobile Bullying" – Reaktionen der Jugendlichen*

Die interviewten Jugendlichen sind sich bewusst, dass die Folgen von „Mobile Bullying" und „Happy Slapping" für die Opfer negativ sind (z. B. verletztes Selbstwertgefühl, soziale Ausgrenzung) und durch die Veröffentlichungs- und Verbreitungsmöglichkeiten für solche Clips noch potenziert werden. Allerdings äußern nur die interviewten Mädchen spontan explizit Mitleid und Mitgefühl, während bei den Jungen eher ein erleichtertes „Zum Glück hat es mich nicht erwischt" im Zentrum der Reaktion steht. Insbesondere die Jungen haben erkennbar Angst davor, selbst Opfer zu werden, was gleichbedeutend mit dem Verlust von Ansehen und Respekt wäre. Die Jungen geben auch zu, dass sie entsprechende Clips bzw. Aktionen zum Teil eigentlich nicht gut finden, aber dies eben vor den anderen nicht zugeben können.

- *Motive für das Filmen von „Happy Slapping"- und „Mobile Bullying"-Clips*

Beim Filmen von Prügel- und Bullying-Videos geht es nach Auskunft der Jungen um Spaß und Aufregung sowie um die Demonstration von Macht und Stärke, um Respekt einzufordern und somit nicht Gefahr zu laufen, selbst „angemacht" oder angegriffen zu werden. Neben Unterhaltungsmotiven (Suche nach Spaß und Aufregung) spielen demnach ganz wesentlich soziale Motive eine Rolle, indem über die produzierten Handyvideos soziale Anerkennung zu erreichen versucht wird. Gleichzeitig soll gezeigt werden, dass man eher zu denen gehört, die Täter oder Macher sind. Außerdem wird eine Abgrenzung zum „Typ Opfer" signalisiert, zu dem man keinesfalls gerechnet werden möchte.

- *Allgemeine soziale Folgen von „Happy Slapping" und „Mobile „Bullying"*

Der Erfolg der Clips als Macht- und Druckmittel führt nach Meinung der befragten Jugendlichen zur Steigerung der Gewalt, da sich die Täter/Macher gegenseitig überbieten wollen und da jeder Angst hat, nachhaltig sein Gesicht zu verlieren. Dies führt zu einer Betonung und Zementierung sehr einfacher und erbarmungsloser sozialer Hierarchien unter den Jugendlichen („cooler Täter" – „uncooles Opfer"). Handyvideos werden daher von den Jugendlichen als mächtig und für die Opfer als sozial riskant erfahren.

Grundsätzlich gilt: Nachhaltig Erfolg versprechend sind gerade nicht Verbote, sondern pädagogische Maßnahmen, deren Ausgangs- und Ansatzpunkt die Jugendlichen selbst und ihre jeweiligen Nutzungsweisen und Nutzungsmotive sind, die vor dem Hintergrund ihrer jeweiligen kulturellen und sozialen Erfahrungswelt betrachtet werden müssen. Zu fragen ist also, welche Motive bei den Jugendlichen hinter der jeweiligen Art der Handyvideonutzung stehen, warum sie dieses Medium genau so nutzen, wie sie es nutzen, und was die gewalthaltigen Clips für die Jugendlichen bedeuten und wie sie diese wahrnehmen. Hiervon ausgehend muss versucht werden, den Jugendlichen alternative Handlungsorientierungen und Identifikationsmöglichkeiten zu erschließen. Ganz allgemein kommen der Medienpädagogik im Hinblick auf die Problematik gewalthaltiger Handyvideos zentrale Aufgaben zu:

· Reflexionsprozesse im Hinblick auf Gewalt bzw. die in den Handyvideos gezeigte Gewalt in Gang setzen,
· das Unrechtsbewusstsein der Kinder und Jugendlichen fördern,
· ihnen die Ursachen von (Handy-)Gewalt bewusst machen,
· sie kompetent machen im Umgang mit dem Handy bzw. den Handyvideos und
· ihnen gleichzeitig positive und aktive Zugänge zu Medien eröffnen.

Im Kontext der Frage nach den Möglichkeiten des medienpädagogischen Handelns stellt sich früher oder später auch die Frage nach der Verantwortung und den verantwortlichen Personen bzw. Instanzen. Dies kann aus rechtlicher Perspektive (siehe dazu Clausen-Muradian/Grimm 2007), aber auch aus Sicht der Medienethik thematisiert werden. Dabei geht es um die Möglichkeiten freiwilliger Selbstbeschränkung und werteorientierter Medienproduktion bzw. Medienrezeption, die bereits im Vorfeld von Gesetzen und rechtlichen Maßnahmen virulent sind.

So stellt sich die Frage nach einer ethischen Verantwortung bei Gewaltvideos auf verschiedenen Ebenen, nimmt man das medienethische Reflexionsmodell von Grimm 2002, S. 32f. zur Grundlage, das von den drei Bezugs-Ebenen der moralischen Verantwortlichkeit ausgeht: System, Akteure („Macher"), Rezipienten/Publikum. Auf der *Systemebene* ist die Verantwortung der Mobilfunkanbieter und Mobilfunkwirtschaft zu berücksichtigen. Wenngleich die Mobilfunkunternehmen und Netzbetreiber nicht für die jeweiligen gewalthaltigen Inhalte, zu denen sie den Zugang vermitteln oder die über sie weitergeleitet werden, juristisch verantwortlich gemacht werden können (es sei denn, sie haben Kenntnis davon), sind sie in der Lage, sich in Selbstkontrollorganisation zu engagieren, Eltern über die Risiken des Handys (z. B. beim

Kauf) zu informieren und ggf. Kinder-Handys mit Vorkonfigurationen bzw. Filtersystemen zu produzieren, die den Zugang zu problematischen Inhalten erschweren. Eine wesentliche Maßnahme wäre es, die Mobilfunkwirtschaft in die Entwicklung von Präventionskonzepten verstärkt einzubinden und in medienpädagogische Bildungsprojekte einzubeziehen.

Im Unterschied zur massenmedialen kann bei der individuell mobilen Gewaltproblematik der Handy-Videos die Verantwortungsebene der Akteure und die der *Rezipienten* miteinander verschmelzen, da die Jugendlichen im

Falle des Herunterladens und der Weitergabe gewalthaltiger, pornografischer oder rassistischer Inhalte sowie bei „Happy Slapping“ und „Mobile Bullying“ sowohl in der Rolle der Macher als auch der Konsumenten agieren. Unabhängig davon, dass Jugendlichen die rechtliche Tragweite ihres Handelns bewusst gemacht werden sollte, ist ihre ethisch-moralische Verantwortung klar zu benennen, was im Übrigen auch heißt, die Jugendlichen und deren Motive ernst zu nehmen. In diesem Zusammenhang erscheinen mir (resultierend aus den qualitativen Interviews mit den Jugendlichen) zwei Aspekte besonders wichtig: Die Jugendlichen als „Experten“ anzusprechen und das Thema „Empathie“ in den Mittelpunkt des medienethischen Gesprächs zu stellen.

Literatur

- Clausen-Muradian, E./Grimm, P. 2007: Gewalt und Pornografie auf Schülerhandys – Zuständigkeiten und Handlungsoptionen nach StGB, JuSchG und JMSTV. In: JugendMedienSchutz-Report. Fachzeitschrift zum Jugendmedienschutz mit Newsletter, Nr. 5/Okt. 2007, 30. Jg., S. 2–7.
- Grimm, P. 2002: Reflexion der Moral in den Medien. Entwurf einer Systematisierung medienethischer Fragen. In: Grimm, P./Capurro, R. Hrsg.: Menschenbilder in den Medien – ethische Vorbilder? Stuttgart: S. 25–45.
- Grimm, P./Kirste, K./Weiss, J. 2005: Gewalt zwischen Fakten und Fiktionen. Eine Untersuchung von Gewaltdarstellungen im Fernsehen unter besonderer Berücksichtigung ihres Realitäts- bzw. Fiktionalitätsgrades. Berlin.
- Grimm, P./Rhein, S 2007: Slapping, Bullying, Snuffing! Zur Problematik von gewalthaltigen und pornografischen Videoclips auf Mobiltelefonen von Jugendlichen. (Unter Mitarbeit von E Clausen-Muradian) Berlin.
- JIM-Studie 1998: Jugend, Information, (Multi-)Media. Basisuntersuchung zum Medienumgang 12- bis 19-Jähriger. Forschungsberichte des Medienpädagogischen Forschungsverbundes Südwest. Stuttgart.
- JIM-Studie 2005: Jugend, Information, (Multi-)Media. Basisuntersuchung zum Medienumgang 12- bis 19-Jähriger. Forschungsberichte des Medienpädagogischen Forschungsverbundes Südwest. Stuttgart.
- Schorb, B./Keilhauer, J./Würfel, M./Kiessling, M. 2008: Medienkonvergenz Monitoring Report 2008. Jugendliche in konvergierenden Medienwelten. Verfügbar unter www.medienkonvergenz-monitoring.de [Zugriffsdatum: 01.10.2008].

■ Karin Wenz

Baumhaus oder Kaserne

Soziale Strukturen in „World of Warcraft“

Medien haben unser soziales Leben in den letzten 60 Jahren ständig verändert. Putnams Untersuchung 2000 zu unserer modernen Gesellschaft bestätigt diesen Befund. Einst bedeutsame Räume für Interaktionen, so genannten „third places" dritte Räume – neutrale Räume haben dagegen an Bedeutung abgenommen (vgl. Oldenburg 1991). Durch die Zeit, die vor dem Fernsehen verbracht wird, fehlen die Stunden, die man braucht, um sich in der Familie, der Nachbarschaft oder anderen Gemeinschaften zu engagieren. Ähnlich wie das Fernsehen nehmen Computerspiele unter Umständen sehr viel Zeit in Anspruch.

Computerspiele zeichnen sich durch ihre immersive Natur aus. Das bedeutet, dass Spieler derart in die Welt des Spiels eintauchen, dass sie das Gefühl für Zeit und Raum verlieren. Csikszentmihaly 1991 bezeichnet dies als *Flow*-Erfahrung.[1] Ursache dafür ist, dass die Regeln des Spiels in einer Weise mit der Welt des Spiels verwoben sind, dass ihre Kodiertheit und Regelbasiertheit in den Hintergrund treten. Ein Teil der Faszination liegt in einer andersartigen Zeiterfahrung begründet, wenn im Spiel die Umgebung versinkt. Salen und Zimmermann 2004 konnten zeigen, dass solche Immersionen nicht nur für Computerspiele typisch sind, sondern ebenso für andere Medien, in denen die Materialität des Mediums hinter die Erfahrung von Unmittelbarkeit zurücktritt.

Ducheneaut u. a. beschreiben die Erfahrung von Spielern in dem MMORPG *World of Warcraft* als „being alone together“ 2006a, S. 407 – „gemeinsam einsam“. Wenn mehrere tausend Spieler auf einem Server gleichzeitig spielen, bedeutet dies nicht zwingend, dass sie in Gruppen spielen. In den meisten Fällen ist dem allerdings so. Im Spielerjargon heißen dies Gruppen „Gilden“. Diese zeichnen sich oft durch einen exklusiven Chat-Kanal aus, der nur den Mitgliedern einer „Gilde“ zur Verfügung steht. Im Folgenden soll eine Typologie von Gilden vorgestellt werden, so wie sie Williams u. a. 2006 beschrieben haben, und es soll die jeweils unterschiedliche Motivation der Spieler, einer solchen Gilde beizutreten, diskutiert werden.

Die Frage ist, ob Computerspiele auch als soziale Medien verstanden werden können, die in der Lage sind, neue Interaktionsräume „third places" zu eröffnen. Untersuchungen speziell zu groß angelegten Online-Spielen mit vielen Teilnehmern („Massively Multiplayer Online Role-Playing Games“ oder MMORPGs) legen diese Möglichkeit nahe. MMORPGs sind sicherlich nur eine unter vielen Möglichkeiten, die digitale Medien anbieten. Einzigartig sind sie indessen in der Art, wie sie Menschen zusammenbringen und ihnen dreidimensional gestaltete Räume für Interaktionen bieten. Wie werden diese Onlinewelten als dritte Räume genutzt und welche sozialen Strukturen bilden sich dort heraus?

Ich möchte versuchen zu zeigen, dass MMORPGs in der Tat „dritte Räume“ zu konstituieren vermögen, und dies nicht nur für ephemere unpersönliche Interaktionen, sondern auch für tiefergehende Beziehungen, die außerhalb der Spielwelt fortgesetzt werden können.

• *Halbreale Welt der Spiele*

Ein wesentlicher Unterschied zwischen virtuellen Spielräumen und der realen Umwelt besteht darin, dass jene nicht organisch entstanden sind. Entscheidungen der Designer oder ein entsprechender Computercode, sind es, die Interaktionen ermöglichen, einschränken oder gar verhindern, und zwar in einer Art und Weise, die unter Umständen gar nicht vorhergesehen wurde.

Hinzu kommen Regeln und Konventionen für die Online-Interaktion und speziell für Interaktionen in Rollenspielen – und zwar Regeln und Konventionen, die erst einmal erlernt werden müssen. Auch wenn die Regelbasiertheit von Computerspielen beim Spielen selbst in den Hintergrund rückt, so übernimmt bei Online-Spielen ein zusätzlicher Faktor eine wesentliche Rolle: Da mehrere tausend Spieler gleichzeitig auf einem Server spielen, treten spezifische Verhaltensregeln hinzu, die zum Teil von den Spieleherstellern oder den Betreibern der Spielserver, zum Teil durch Vereinbarungen der Spieler selbst geschaffen werden. Es handelt sich eher um Benimm-, denn um Spielregeln und dennoch wird das Überschreiten solcher Regeln als Regelverstoß empfunden und geahndet.

Bereits Huizinga 1950 hat die in Spielen angelegten Möglichkeiten eines im sozialen Raum sich entfaltenden Miteinanders erörtert. So wie die meisten Spiele mehrere Teilnehmer erfordern, so verlangen auch MMORPGs mehrere Spieler und darüber hinaus deren Kooperation. Juul 2005 beschreibt C omputerspiele aus diesem Grund als halb-wirklich „half-real“. Nicht real ist die Spielwelt, insofern sie auf verschiedenen Designentscheidungen und Spielregeln basiert, sehr real dagegen sind die inhärenten kulturellen Codes, nach denen die Spieler sich richten, aber auch ihre Erfahrungen in diesen Spielwelten.

Der Einfluss von Designentscheidungen auf die Gruppenbildung soll an einem einfachen Beispiel illustriert werden. So hat eine einfache Spielanweisung wie „capture the flag" („Erobere die Fahne") in einem Onlinespiel soziale Konsequenzen für das Verhalten von Gruppen:

- Es wird in zwei Teams gegeneinander gespielt.
- Innerhalb der Teams werden Strategien abgesprochen und Rollen zugewiesen.

Erweist sich die Rollenverteilung als erfolgreich, wird Spielern in der Zukunft häufig dieselbe Rolle erneut zugewiesen und damit eine bestimmte Aufgabenverteilung festgeschrieben. Bedeutsam ist, dass hier eine Entscheidung, die Teil des Spielkonzeptes ist, einen Einfluss auf die Gruppenbildung und auf Interaktionen innerhalb des Spielraumes hat. Dies soll nicht bedeuten, dass das Medium die Interaktionen vorschreibt. Spieler sind sehr phantasievoll darin, wie sie den gegebenen Rahmen nutzen, diesen überschreiten und Formen des Gegen-die-Regeln-Spielens entwickeln.

- *Gilden und Gildemeister*

Williams u. a. 2006 typologisieren Gilden nach ihrer Größe und dem Spielziel. Hinsichtlich der Größe unterschieden die Autoren kleine Gilden mit ca. 10 Spielern, mittlere Gilden mit ca. 35 Spielern, große Gilden mit bis zu 120 Spielern und riesige Gilden mit bis zu 150 Spielern.

Die kleinen Gilden werden zumeist von Spielern gegründet, die sich bereits vorher kannten. Sei es, dass es sich um Freunde, Familienmitglieder oder Arbeitskollegen handelt oder aber, dass sie sich nur online kennen und aus einem anderen Spiel oder Chat in ein anderes Spiel „wandern". Eine Migration von ganzen Gilden von einem Spiel zum anderen oder vom Server eines Spiels zu einem anderen stellt keine Seltenheit dar (vgl. Yee 2006a, 2006b).
Die mittleren Gilden bestehen häufig aus Spielern, die diese nutzen, um das notwendige Level[2] ihres Spielcharakters zu erreichen, um dann in eine große Gilde einzutreten, die ihnen Zugang zu Spielbereichen eröffnen kann, die für kleinere Gruppen nicht zugänglich sind.

Große und riesige Gilden zeichnen sich dadurch aus, dass sie besser organisiert und klarer strukturiert sind und über ein „Management" verfügen, das gewöhnlich aus einer Gruppe von Spielern besteht. Solche Gilden werden von einigen Spielern als unpersönlich und elitär empfunden, da sie zumeist nur Teilnehmer mit einem sehr hohen Spiellevel und mit großer Spielerfahrung akzeptieren.

Der wohl am meisten geschätzte und größte Gildentyp ist die „Raidgilde". Raid ist die Bezeichnung für Aufgaben, die eine Gruppe von 10, 25 bis zu 40 Spielern voraussetzen (die so genannte Raidgruppe) und ebenso ein sehr hohes

Level an Spielcharakteren erfordern. Ungefähr 35 Prozent aller Gilden haben das Ziel, solche Raids zu organisieren. Kleine und mittlere Gilden können eine solche Raidgruppe nicht zusammenstellen. Dadurch bleibt deren Mitgliedern ein Teil der Spielwelt verschlossen und somit auch die besonders seltenen und begehrten Utensilien unerreichbar, die nur in Raids erworben werden können.

Die Spielziele variieren ebenso. Das soziale Interesse an der Gruppe und daran, mit anderen online zu spielen, ist besonders bei den kleinen Gilden ausgeprägt. Dies ist bei Spielern, die sich aus ihrem realen Alltag kennen (Familie, Freunde, Arbeitskollegen) nicht verwunderlich. Die Aufrechterhaltung einer bereits bestehenden sozialen Beziehung und ihre Bekräftigung in zusätzlich zum Spiel gern genutzten Chatrooms und MSN-Chats bildet hier die Hauptmotivation zum Spielen.

Es gibt aber auch Spieler, die gern neue Menschen aus aller Welt kennenlernen wollen und deshalb ein Onlinespiel beginnen. Unabhängig von der Größe der Gilde bezeichnen alle Spieler die soziale Funktion als wichtig, wenn auch nicht immer als Hauptziel. Williams u. a. 2006 fanden heraus, dass 60 Prozent der Spieler einer Gilde den sozialen Aspekt als ihre primäre Spielmotivation anführten.

In fast allen Gilden, die länger als einen Monat bestehen, entwickelt sich ein Gefühl der Zugehörigkeit unter den Spielern, das sich durch Hilfe im Spiel oder durch Zeit für Gespräche über konkrete Probleme im Alltag außerhalb des Spiels zeigt. Vorgegebene Spielziele werden dann als zweitrangig beschrieben und die Gemeinschaft unter den Gildenmitgliedern als zentral. Manche nennen die Spielwelt auch „World of Chatcraft", in ironischer Abgrenzung zur „World of Warcraft". Es ist erstaunlich, dass in einem Spiel, das vor allem durch klar vorgegebene funktionale Ziele strukturiert ist, soziale Gilden 60 Prozent aller Gilden auf den Servern ausmachen.

• *Vorbild Militär?*

Gilden können eine entspannte, familiäre Atmosphäre haben oder eine sehr strikte hierarchische Struktur. Gilden, die gruppenweise gegeneinander antreten und vor allem am Wettkampf interessiert sind, heißen PvP (Player versus Player/Spieler gegen Spieler). In solchen Gilden spielen Status und Rang eines Spielcharakters eine zentrale Rolle. Der Status wird durch Ranglisten auf Forumsseiten betont; der Rang eines Spielers wird beispielsweise in *World of Warcraft* durch Bezeichnungen wie Scout, Sergeant bis zum Dekurio deutlich, die stark an die Hierarchie beim Militär erinnern. Kampf und die Entwicklung von Strategien sind hier dementsprechend besonders wichtig. Interessanterweise wurde in *World of Warcraft* ein PvP-System eingeführt, das an „Ego-

Shooter" wie z. B. *Counterstrike* erinnert. Innerhalb des Rollenspiels gibt es die so genannten „Battlefields", in denen Spieler in Teams gegeneinander antreten. Dies ist vergleichbar mit Counterstrike: In beiden Fällen kämpfen zwei Teams gegeneinander mit dem Ziel, das jeweils andere zu besiegen und selbst zu „überleben". *World of Warcraft* hat hier durch diese „Battlefields" eine Spielergruppe erreicht, die sonst eher selten als Teilnehmer von Rollenspielen zu finden ist.

In Raidgilden mit ihren 25 bis 40 Mitgliedern sind Management und Kommunikation wesentlich für das Gelingen. Um 40 Gildenmitglieder zusammen zu bekommen und zu koordinieren, ist ein hohes Potenzial an organisatorischem und strategischem Talent erforderlich. Die Vertrautheit mit den jeweiligen Spielstilen, den Schwächen und Stärken der anderen Spieler ist dabei der Schlüssel zum Erfolg. Die Kooperation und die Komplexität der zu bewältigenden Aufgaben in den Raids verlangt von den Spielern einige Erfahrung im Umgang miteinander. Um das Organisationsproblem zu lösen, werden von großen Gilden Internetforen unterhalten, wo außerhalb des Spiels kommuniziert werden kann. Treffpunkte und Zeiten im Spiel können so leichter abgesprochen werden, denn es ist einfacher, ab und zu im Laufe des Tages die Website des Forums zu öffnen und nachzulesen, was es an neuen Informationen gibt, als darauf zu hoffen, dass abends, wenn man selber Zeit hat, genügend Spieler online sind. Raids mit 40 Spielern erfordern zudem eine schnelle Kommunikation, die im geschriebenen Chat nicht möglich ist. Daher verlangen alle Raidgilden von ihren Mitgliedern den Gebrauch eines Voice over Internet Protocols, wie z. B. *Teamspeak* oder *Ventrillo*, und ein Headset mit Mikrofon, um die Kommunikation zu erleichtern.

Die Stimme als direktes Kommunikationsmittel vermittelt viel deutlicher einen Eindruck von der Persönlichkeit oder auch der Stimmung eines Spielers als der geschriebene Chat. Ebenso ist das Alter eines Spielers besser einschätzbar. Raidgilden sind oft sehr wählerisch, sie nehmen z. B. keine Spieler unter 18 Jahren auf und verlangen die entsprechende Hardware und Software für die Online-Kommunikation. Während nun in einem Chat jeder Spieler vorgeben kann, bereits 18 zu sein, verrät die Stimme rasch das Alter und auch Geschlecht des Spielers oder der Spielerin.

Die angestrebte Exklusivität und die spezielle Technik, mit der neue Spieler angeworben werden, verdeutlicht das Rekrutierungs-Video von *Rogues Take Zero Skill*[3], einer großen US-amerikanischen Gilde. Das Video nimmt sich wie eine Parodie auf die Rekrutierungsstrategien der US-Armee aus: Es wird deutlich gesagt, dass Kinder, aber auch Spieler mit mangelnder sozialer Kompetenz nicht aufgenommen werden. Zugleich werden die „Manager" der Gilde, deren Spielcharaktere namentlich vorgestellt werden, als Stars auf dem Server dargestellt, deren Reputation innerhalb der Spielergemeinschaft als bekannt voraus-

gesetzt wird. Es wird ein Link genannt, durch den ein interessierter Spieler zur Website der Gilde gelenkt wird. Diese erst bietet die Möglichkeit, sich bei der Gilde zu bewerben. Dabei wird eine ganze Liste an Informationen angefordert, vom Namen des eigenen Spielcharakters, des Levels, der erworbenen Ausrüstung bis hin zum Alter des Spielers und weiteren persönlichen Informationen. Auf dieser Basis wird dann entschieden, welcher Spieler aufgenommen und welcher abgelehnt wird. Dabei muss ein neuer Spieler in seiner Gilde zunächst eine Probezeit bestehen, bevor er oder sie als vollwertiges Mitglied anerkannt wird. Von Spielern, die einer Raidgilde beitreten möchten, wird nicht überdies nur verlangt, dass sie regelmäßig online sind und an Raids teilnehmen, die oft mehrere Stunden dauern, sondern auch, dass sie der Gilde gegenüber loyal sind.

- *Vorbild Sportverein?*

Diese Form des Spielens hat mit dem, was wir herkömmlich unter Spielen aus Spaß in der Freizeit kennen, wenig gemein, sie erinnert eher an Sportclubs, die ebenso erwarten, dass Spieler, die an Ausscheidungen teilnehmen möchten, regelmäßig zum Training kommen und sich die Zeit freihalten, um bei den Wettkämpfen dabei zu sein. Der Übergang vom laienhaften Spiel zum professionellen Training ist fließend. Entsprechend werden Spieler, die bereit sind, derart viel Zeit und Energie in das Spiel zu investieren, als Progamer bezeichnet „pro" wie professionell.

Die Analogie zu Sport wird deutlich: So wie ein Mannschaftsport seine eigenen Regeln, Strategien, Grenzen und sozialen Normen hat, lassen sich diese auch in *World of Warcraft* aufdecken.

Williams u. a. 2006 beschreiben die Gilden als ein Kontinuum zwischen zwei Polen: Am einen Ende der Skala finden sich die „Baumhäuser", eine eher entspannte Ansammlung von Spielern, die durch Freundschaft miteinander verbunden sind. Am anderen Ende der Skala finden wir die „Kasernen", die formeller strukturiert sind und deutliche Hierarchien aufzeigen. Interessanterweise erfordert die Mitgliedschaft in der formellen Gilde einen höheren Grad an sozialer Kompetenz, aber auch eine größere Spielbeherrschung und Kooperationsbereitschaft als die eher lockere Verbindung der „Baumhäuser". Das soziale Netzwerk in den „Kasernen" ist enger gewoben und die Verpflichtung gegenüber der Gruppe als Ganzes und den anderen Gildenmitgliedern im Einzelnen wird stärker empfunden, allerdings auch stärker kontrolliert. Hinzu kommt der Einsatz bestimmter User-Interface-Modifikationen (vgl. Taylor 2008) und weiterer Soft- und Hardware. Es scheint, dass die Verhaltensregeln, die Gilden für sich formulieren (wie z. B. Fairplay) als auch die sozialen Hierarchien und das gemeinsame Ziel (wie z. B. einen Raid erfolgreich zu beenden) die Entstehung von Gemeinschaften fördern.

Die sozialen Netzwerke dienen als Basis für die Aneignung von Wissen – im Falle von *World of Warcraft*: Wissen über die Spielmechanik, Regeln und Spielmöglichkeiten – und fördern dadurch den Erfolg und Spaß beim Spielen und das Zusammengehörigkeitsgefühl der Spieler.

Williams u. a. 2006 konnten zeigen, dass Gilden, die eine Gruppengröße von 35 überschreiten, ein Bedürfnis nach einer klaren Führung entwickeln. Während für kleinere und mittlere Gilden die Rolle eines Gildenmeisters weniger bedeutend ist, spielt sie in den großen Gilden eine wichtige Rolle. Die Gilde wird zu einem Team, vergleichbar eben mit einem Sportverein, für den der Vorstand und die Organisation ebenso bedeutsam sind wie für eine große Gilde. Die Raidgilden erfahren sich denn auch als eine Gruppe, die eher mit einem Club vergleichbar ist, denn einem Freundeskreis. In solchen Raidgilden bilden sich häufig auch Teilgruppen von Spielern heraus, die eine engere emotionale Beziehung zueinander aufbauen und zu den anderen in eher lockerer Verbindung stehen.

- *„Machinima" im Rollenspiel*

Für Spieler, die vor allem am Rollenspiel interessiert sind, gibt es spezielle Server, auf denen solche Gilden ihren Ort finden. Hier kommt es darauf an, nicht „aus der Rolle zu fallen", indem man über sich als reale Person mit seinen Alltagsproblemen spricht. Rollenspiel kann mit Improvisationstheater verglichen werden, wo für andere Spieler Musikvideos, Musicals und Shows produziert werden. Solche Videos werden auch *Machinima* genannt; der Begriff wurde von Hugh Hancock und Paul Marino 2004 eingeführt. Sie bestehen aus der Aufnahme einer Spielsequenz, auf deren Basis dann durch Nachbearbeitung neue Videos produziert werden.

Machinima-Produzenten betonen die Bedeutung dieser neuen Form zum einen mit der Medienkonvergenz, also der Verbindung von Film und Computerspiel, zum anderen aber auch damit, dass diese Gamevideos eine Möglichkeit bieten, mit sehr begrenzten Ressourcen Filme zu produzieren. Das Spektrum dieser *Machinima* reicht in der Tat vom Nachspielen von Szenen aus berühmten Dramen oder Filmen bis hin zum Schreiben eines eigenen Drehbuchs, das dann im Spiel mit mehreren Teilnehmern umgesetzt wird.

Von einzelnen Spielern, aber auch von ganzen Gilden, werden solche Videos für die „Community" der Spieler und Fans produziert. Für *World of Warcraft* etwa gibt es eine spezielle Website, auf der solche Videos gesammelt werden.[4] Zusätzlich werden sie oft auch auf YouTube einem breiteren

Publikum zur Verfügung gestellt. Häufig ist nicht zu erkennen, wer die Produzenten dieser Videos sind. In einigen Fällen werden sie von Gilden produziert und erhöhen so den Bekanntheitsgrad einer Gilde und das Interesse von anderen Spielern, ebenso zu dieser Gilde zu gehören.

World of Warcraft ist ein interessantes Beispiel, wenn wir den Aspekt des dritten Raumes untersuchen. Das Spiel selber bietet die Möglichkeit der Interaktion zwischen Spielern aus den unterschiedlichsten Alters- und Berufsgruppen. Interessanterweise wird dann bei der Bildung von Gilden der öffentliche Raum mehr und mehr wieder zu einem privaten Raum, indem der Zugang zu einer Gilde nicht in jedem Fall für alle Spieler möglich ist (siehe zum Beispiel die Raidgilden mit ihren Rekrutierungsstrategien) oder auch der Zugang zu den Foren der Gilden. Diese Foren besitzen zwar einen öffentlichen Bereich für alle Interessenten, aber bieten nur ihren Mitgliedern Zugang zum wirklich interessanten Bereich des Forums an. Zugleich wird um neue Mitglieder in den Gilden geworben und auch der Name der Gilde ins Gespräch gebracht, indem ein weiterer öffentlicher Raum, wie zum Beispiel YouTube, genutzt wird, um Werbung für die Gilde und damit auch für das Spiel selbst zu machen. *World of Warcraft* ist ein neuer dritter Raum, der aber dann viele Nebenräume anbietet, die privaten Gruppen zur Verfügung stehen. Reinschauen darf man in die Nebenräume, die den Status eines „first place" nach Oldenburg 1991 – also dem privaten Zuhause im Falle der kleinen und mittleren Gilden – und einem „second place" – dem Arbeitsplatz im Falle der grossen Raidgilden – innehaben. Ob man bleiben und mitmachen darf entscheiden die „Türsteher".

Anmerkungen

•1) Zur aktuellen Diskussion, inwieweit durch das Eintauchen in Computerspielwelten eine Gefahr der Spielsucht gegeben ist, vgl. die Untersuchung von Hoeft u. a. 2008. Siehe auch den Beitrag von Mike Große-Loheide in diesem Band.

•2) In MMORPGs besteht ein Spielziel darin, durch das Lösen von Aufgaben (den so genannten Quests), wie etwa das Besiegen von Monstern, „Erfahrungspunkte" zu sammeln, die den eigenen Spielcharakter zum nächsthöheren Level aufsteigen lassen und den Zugang zu weiterführenden Utensilien (Rüstung, Waffen, Tauschwaren) ermöglichen.

•3) Vgl. hierzu: www.youtube.com/watch?v=TW2u2cRPAwo [Zugriffsdatum: 01.10.2008].

•4) Vgl. hierzu www.worldofwarcraft.com/community/machinima/ [Zugriffsdatum: 01.10.2008].

Literatur

- Csikszentmihaly, M. 1991: Flow: The Psychology of Optimal Experience. New York.
- Dovey, J./Kennedy, H. W (2006): Game Cultures: Computer Games as New Media. New York.
- Ducheneaut, N./Yee, N./Nickell, E./Moore, R. J. 2006a: „Alone Together?“ Exploring the Social Dynamics of Massively Multiplayer Online Games. In: CHI 2006: Conference on Human Factors in Computing Systems, Montreal/Quebec/Kanada, 22.–27. April 2006, S. 407–416.
- Hoeft, F./Watson, C. L./Kesler, S. R./Bettinger, K. E./Reiss, A. L. 2008: Gender Differences in the Mesocorticolimbic System During Computer Game-Play. In: Journal of Psychiatric Research, 42/4, S. 253–258.
- Huizinga, J. 1950: Homo Ludens. New York.
- Juul, J. 2005: Half-Real. Video Games between Real Rules and Fictional Worlds. Cambridge (Massachusetts) und London.
- Oldenburg, R. 1991: The G reat Good Place. New York.
- Putnam, R. D. 2000: Bowling Alone. The collapse and revival of American community. New York.
- Salen, K./Zimmerman, E. 2004: R ules of Play: Game Design Fundamentals. Cambridge (Massachusetts).
- Taylor, T. L. 2006: Play between worlds. Exploring Online game culture. Cambridge (Massachusetts).
- Williams, D./Ducheneaut, N./Xiong, L./ Zhang, Y./Nickell, E. 2006. From Tree House to Barracks. The Social Life of Guilds. In: World of Warcraft. Games and Culture, Vol. 1, No. 4, Oktober 2006, S. 338–361.
- Yee, N. 2006a: The Psychology of Massively Multi-User Online Role-Playing Games: Motivations, Emotional Investment, Relationships and Problematic Usage. In: Schroeder, R./Axelsson, A. Hrsg.: Avatars at Work and Play: Collaboration and Interaction in Shared Virtual Environments. London: S. 187–207.
- Yee, N. 2006b: The Demographics, M otivations and Derived Experiences of Users of Massively-Multiuser Online Graphical Environments. In: Presence: Teleoperators and Virtual Environments, 15, S. 209–329.

Weiterführende Literatur

- Ducheneaut, N. /Yee, N./Nickell, E./Moore, R. J. 2006b: Building an MMO with Mass Appeal. A Look at Gameplay in World of Warcraft. In: Games and Culture, 1/4, S. 281–317.
- Ducheneaut, N./Yee, N./Nickell, E./Moore, R. J. 2007: The Life and Death of Online Gaming Communities: A Look at Guilds in World of Warcraft. CHI 2007: Conference on Human Factors in Computing Systems, San Jose/California/USA, 28. April - 3. Mai 2007,

S.839–848.

- Mortensen, T. E. (2008): Humans Playing World of Warcraft: or Deviant Strategies. In: Corneliussen, H. G./Walker Rettberg, J. Hrsg.: Digital Culture, Play, and Identity. A World of Warcraft Reader. Cambridge (Massachusetts): S. 203–223.
- Taylor, T. L. 2008: Does World of Warcraft Change everything? How a PvP Server, Multinational Playerbase, and Surveillance Mod Scene Caused me Pause. In: Corneliussen, H. G./Walker Rettberg, J. Hrsg.: Digital Culture, Play, and Identity. A World of Warcraft Reader. Cambridge (Massachusetts): S. 187–201.
- Tronstad, R. 2008: Character Identification in World of Warcraft. In: Corneliussen, H. G./Walker Rettberg, J. Hrsg.. Digital Culture, Play, and Identity. A World of Warcraft Reader. Cambridge (Massachusetts): S. 249–263.
- Wellman, B./Milena G. 1997: Netsurfers don't ride alone: virtual communities as communities.Verfügbar unter: www.chass.utoronto.ca/˜wellman/publications/netsurfers/netsurfers.pdf [Zugriffsdatum: 21.08.2008].
- Yee, N. 2003–2007: The Daedalus Project. Verfügbar unter: www.nickyee.com/daedalus/archives/pdf/3-4.pdf [Zugriffsdatum: 21.08.2008].
- Yee, N./Bailenson, J. N./Urbanek, M./Chang, F./Merget, D. 2007: The Unbearable Likeness of Being Digital: The Persistence of Nonverbal Social Norms in Online Virtual Environments. In: The Journal of CyberPsychology and Behavior, 10, S. 115–121.

■ Mike Grosse-Loheide

Exzessive Computernutzung – Ein suchtpräventiver Blickwinkel

Wer sich gegenwärtig mit Computerspieler/inne/n beschäftigt, nimmt Teil an einer leidenschaftlich geführten Debatte. Auf der einen Seite werden die wirtschaftlichen Erfolge von Computerspielen thematisiert, wie etwa von GTA IV, das am „Tag Eins" einen Umsatz von 310 Millionen Dollar einbrachte (vgl. Graff 2008, S. 2) und dessen hohe Spielqualität gefeiert wird. Die virtuelle Stadt *Liberty City*, in der das Geschehen spielt, zeugt offenkundig von einer so hohen authentischen Dichte, dass sich der Spieler in New York wähnt und die Stadt zu riechen vermeint. Mittels der gerade zum Star erkorenen Figur Niko Bellic können das Straßennetz erkundet und Aufträge erfüllt werden – wenn der Spieler, die Spielerin denn in der Lage ist, die Navigation zu bedienen. Anders gesagt, nur der Kundige kann sich in die „Handlungsstruktur des Spiels" (Klein 2008, S. 14) begeben. Das Eintauchen in Welten ist geradezu Bedingung für die Faszination des Spielens. Hierin gleicht es allen künstlichen Welten, die das Begehren, Teil eines größeren Ganzen zu sein, zu stillen verheißen.

Auf der anderen Seite ist eine Diskussion um die Wirkung solcher Spiele entbrannt, die sich zum Beispiel in dem vorübergehenden Auslieferungsstopp des Buches *Computerspieler verstehen* (Fritz 2008) der Bundeszentrale für politische Bildung ausgewirkt hat (vgl. Dahlkamp/Gatterburg 2008). Der Vorwurf lautete nicht nur, dass falsche Zitierweisen verwendet worden seien, sondern dass Erkenntnisse über negative Auswirkungen von Computerspielen fehlten. Christian Pfeiffer, Direktor des Kriminologischen Instituts Niedersachsen, weist in seinen Vorträgen immer wieder auf die Nähe von medienpädagogischen Forschern zur Computerspielindustrie hin und unterstellt jenen willfährige Argumentationen und verharmlosende Ergebnisse.

In Printmedien, wie dem Spiegel und der Süddeutschen Zeitung, finden sich Dossiers über die Gefahren von Computerspielen, der Stern berichtet über Computersucht und der Fernsehsender Arte strahlt einen Thementag aus. Eine kleine Gruppe von Experten, wie der Kinderpsychiater Bergmann und der Hirnforscher Hüther, die das Buch *Computersüchtig* (Bergmann/Hüther 2007) verfasst haben, sowie die mittlerweile verstorbene Medizinerin Grüsser-Sinopoli melden sich wiederholt als Mahner zu Wort.

Auch der Bundestag hat das Thema entdeckt: Der Ausschuss *Kultur und*

Medien hat eine Anhörung mit dem Titel „Medienabhängigkeit bekämpfen – Medienkompetenz fördern" durchgeführt (vgl. Otto 2008), in der Experten aufgefordert wurden, dreizehn Fragen über Onlinesucht zu beantworten. In den Stellungnahmen wird deutlich, dass es kein einheitliches Bild gibt. Stattdessen wird eine Kontroverse um zutreffende Kriterien für Mediensucht geführt.

Was also sind Medien-, Online-, Internet- oder Computerspielsucht? Schon diese Aufzählung macht den verwirrenden Diskussionsstand offensichtlich.

- *Was heißt hier Mediensucht?*

„Gesellschaftliche Modewellen, technologische Fortschritte und neue Verhaltensoptionen werden von Medizin und Psychologie stets auch auf ihr Suchtpotential hin betrachtet. In der öffentlichen Diskussion in Bezug auf Jugendliche ist oft voreilig und scheinbar inflationär der Suchtbegriff in Gebrauch." (Bilke 2008a, S. 6) Dieses Zitat von Oliver Bilke, Klinikdirektor für Kinder- und Jugendpsychiatrie und Psychotherapie, Vivantes Humboldt-Klinikum und Vivantes Klinikum Hellersdorf, charakterisiert die aktuelle Diskussion, die hauptsächlich aus klinischer Sicht geführt und von Selbsthilfegruppen und vereinzelten Beratungsstellen vorangetrieben wird. Zahlen, die das Aufkommen rechtfertigen sollen, sind rar, so dass Betroffenenschilderungen herhalten müssen und Fallzahlen in den vorhandenen Anlaufstellen als „Spitze des Eisbergs" bezeichnet werden. In einer Klinik in Schwerin gab es 2007 zweihundert Anfragen überwiegend von Angehörigen aus dem gesamten Bundesgebiet. Sind dies hinreichende Belege für ein unterschätztes Problem oder wird eine neue Art des „digitalen Menschenbildes" (Freyermuth 2007, S. 12) pathologisiert?

Die für Glücksspielsucht angewendeten Beschreibungen werden von einschlägigen Akteuren, wie HSO e.V. (Hilfe zur Selbsthilfe von Onlinesucht), und entsprechenden Wissenschaftlern auf Computer-, Internet-, Chat- und andere Mediensüchte übertragen. Sie lauten vgl. onmeda 2008:

1. Unstillbares Verlangen zu spielen bzw. zu chatten („Craving");
2. Dosissteigerung zur Erreichung eines befriedigenden Gefühls; Erregung und Kontrollverlust; die Unfähigkeit, aufhören zu können;
3. Stressgefühle, wenn keine Spielmöglichkeit besteht, Nervosität und Gereiztheit bei Abbruch;
4. Rückzug aus anderen Bezügen (Familie und Freundschaften);
5. Nachlassen der Arbeitskraft bzw. Leistungsfähigkeit in anderen Bereichen, besonders in Schule und Beruf;
6. Verheimlichung und Bagatellisierung der Tätigkeiten;

7. wiederholtes Scheitern bei dem Versuch, die Tätigkeit einzuschränken oder aufzugeben.

Wenn drei Kriterien erfüllt sind, wird von gefährdetem, bei vier von riskantem und darüber von chronischem Verhalten gesprochen.

Die American Psychiatric Association APA lehnte es im Sommer 2007 jedoch ab, „exzessive Nutzung von Internet- und Computerspielen als Sucht zu klassifizieren und in die für 2012 geplante Neuauflage des DSM[1] (Diagnostic and Statistical Manual of Mental Disorders) aufzunehmen" (Rötzer 2007, S. 1): „Von Sucht könne man bei Computerspielen nicht sprechen." ebd.

In Veröffentlichungen wird auf eine Studie der Berliner Charité von 2005 Bezug genommen, bei der 323 Schüler/innen zwischen 11 und 14 Jahren befragt wurden (vgl. Grüsser u. a. 2005). Ihnen wurden u. a. sieben Fragen zum Computergebrauch gestellt, die die Jugendlichen als Selbstbeobachtung beantworteten, und zwar als Lifetimeprävalenz, also auf das gesamte Leben bezogen:

- Wie lange spielst Du am Computer? Wie oft in der Woche? Hast Du nach der Schule gespielt, um Ärger zu vergessen? Hast Du etwas Wichtiges vergessen während des Spielens? Hast Du schon einmal das Gefühl gehabt, zuviel gespielt zu haben? Hattest Du Streit mit Familie oder Freunden wegen des Spielens? Hast Du ans Spielen gedacht, wenn Du nicht vor dem Computer warst, z. B. in der Schule?
- Exzessiv-Spieler war, wer mehr als 19 von maximal 28 Punkten erreichte. Diese Studie entdeckte 9 Prozent „exzessive Spieler". Ist das wirklich eine solide Grundlage?
- Die Ergebnisse zeigten auch, dass es zwar keinen Unterschied in der Anzahl der Freizeitaktivitäten gab, wohl aber schlechtere schulische Leistungen, u. a. wohl deswegen, weil die Exzessiv-Spieler abends vor dem Zubettgehen spielten und daher weniger schliefen und seltener mit Freunden über Gefühle kommunizierten allerdings gleich viel mit den Eltern.

• *Alkohol, Cannabis und Computer*

In neueren Untersuchungen hat Grüsser-Sinopoli 2000–2007 Belege gefunden, die hirnphysiologisch beweisen, dass Exzessiv-Spieler die gleichen Hirnaktivitäten zeigen wie Alkoholiker und Cannabiskonsumenten, und zwar, wenn sie eine Computerumgebung visuell wahrnehmen. Der Spieler reagiert darauf so wie ein Trinker auf den Anblick eines Bieres oder der Kiffer auf einen Joint. Grundlage für diese Reaktionsbildungen sind dieser Studie zufolge Konditionierungen durch Bilder und Reize, die sich auf Belohnungserwartungen beziehen. Diese prägen sich demnach in ein Suchtgedächtnis ein und können

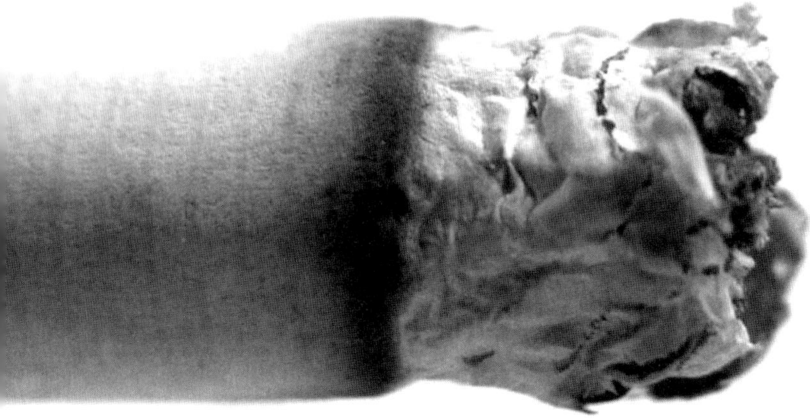

danach nicht oder nur schwer überschrieben werden. Eindeutig abhängiges Verhalten ist indessen von mehr als einem Faktor gekennzeichnet, wobei Wirkungserwartungen ein wichtiges und bisher unterschätztes Kriterium darstellen. Allerdings ist nach wie vor unklar, warum die einen exzessiv spielen und andere nicht, in welcher Art und Weise genetische Dispositionen, frühkindliche Erlebnisse und Umwelteinflüsse verantwortlich sind. In der Hirnforschung wird die „emotionale Konditionierung" (ROTH 2003, S. 147) in der frühen Kindheit von späteren Entwicklungen unterschieden, in denen der „orbitofrontale Kortex, eine gewisse zügelnde Macht" ebd., S. 150, über die Gefühlswelten erlangt und unsere Entscheidungen steuert (vgl. Roth 2008). Die Einbeziehung dieser Ergebnisse in Prävention und Therapie steht noch am Anfang (vgl. BMBF 2004, MARKOWITSCH/WELZER 2005, BERKING 2007), verspricht aber interessante und neue Einsichten.

Der Vergleich von Computersucht mit der Abhängigkeit von psychoaktiven Substanzen wie Alkohol ist mit weiteren Einschränkungen zu versehen. Körperliche Wirkungen und Folgen beim Alkoholrausch sind wesentliche Bestandteile und Voraussetzungen der Suchtprävention, d. h. Kontrollverlust, Intoxikation und Filmriss können lebensgefährliche Ausmaße annehmen sowie Gewaltexzesse und traumatisierende Erfahrungen mit sich bringen. Die körperliche Abhängigkeit, die auch auf die neuronalen Systeme wirken, hat noch ganz andere physische und gesundheitliche Konsequenzen. Körperliche

Entzugserscheinungen sind bei Alkoholsucht massiv und das „Craving", also das Verlangen nach körperlicher Entlastung, ist sicherlich unvergleichlich schmerzhafter als bei der Spiel- und Computersucht.

Betrachtet man den Verlauf von Entwicklungsstörungen in der Adoleszenz (vgl. Bilke 2008b), so fällt auf, dass es sich um einen multifaktoriellen Prozess handelt. Man spricht von „Sucht", wenn der Konsum einer bestimmten Substanz in den Mittelpunkt jeglichen Handelns tritt, die Folgen des Tuns schädlich für die Person und die nähere Umgebung sind und die Funktion dieses Verhaltens einen Flucht- oder Ersatz-Charakter hat. Meistens bedeutet dies, dass die Sucht alters- und geschlechtsspezifische Problemlösungen überlagert. Eine Person gilt dann als abhängig, wenn sie ohne den „Stoff" ihren Alltag nicht mehr gestalten kann. Diese Überlegungen liegen auch dem Versucht zugrunde, Glücksspiel als pathologisch zu definieren. Hier wird dann stoffungebundenes Suchtverhalten als Verhaltenssucht bezeichnet, wenn die oben genannten sieben Merkmale in hinreichender Anzahl auftreten. Die für Suchtprävention wichtige Frage lautet: Wie entstehen diese Suchtformen?

• *Suchtpräventive Annahmen und mediale Erlebniswelten*

In der „Erlebnisgesellschaft" (Schulze 1995) muss permanent zwischen den Erlebnisangeboten gewählt werden. Die Entscheidung für z. B. ein Urlaubsziel schließt die Absage an ein anderes ein, was dazu führen kann, dass der Reisende enttäuscht zurückkehrt. Die Suche nach „der besten aller Welten" (Schulze 2004, S. 12) verlangt nach Bewältigungsstrategien, die den emotionalen Haushalt zwischen Erwartungen und Belohnungen regeln. Der Käufer eines Geländewagens möchte seine vielleicht zwiespältigen Überlegungen in Übereinstimmung mit Glücksgefühlen bringen und steht bei der Einrichtung der Wohnung erneut vor einer Vielzahl von Kaufoptionen. Enttäuschungen und chronischer Druck, Dinge des Alltags auszuwählen, sind die Kehrseite von Belohungen für die jeweilige Entscheidung. Konsequenterweise gehört hierzu auch die Gefahr, Verhaltenssüchte zu entwickeln. Für die Suchtprävention heißt das, dazu beizutragen, dass die Menschen Kompetenzen erlangen, die sie den erwünschten Gefühlswelten erfolgreich näherbringen, und zugleich über sinnvolle Maßnahmen nachzudenken, die ihre persönliche Entwicklung zum Ziel haben: das heißt, die sie nicht stigmatisieren oder einschränken, sondern ein selbstbestimmtes Wirken ermöglichen.

Im präventiven Feld ist eine Debatte entbrannt, die zwischen den Polen eines „paternalistisch-kontrollierenden" und eines „demokratisch-emanzipatorischen" (Uhl 2007, S. 7) Weltbildes verläuft. Von der konservativen Fraktion werden Krankheitsbilder entworfen und mit quantitativen Messungen begrün-

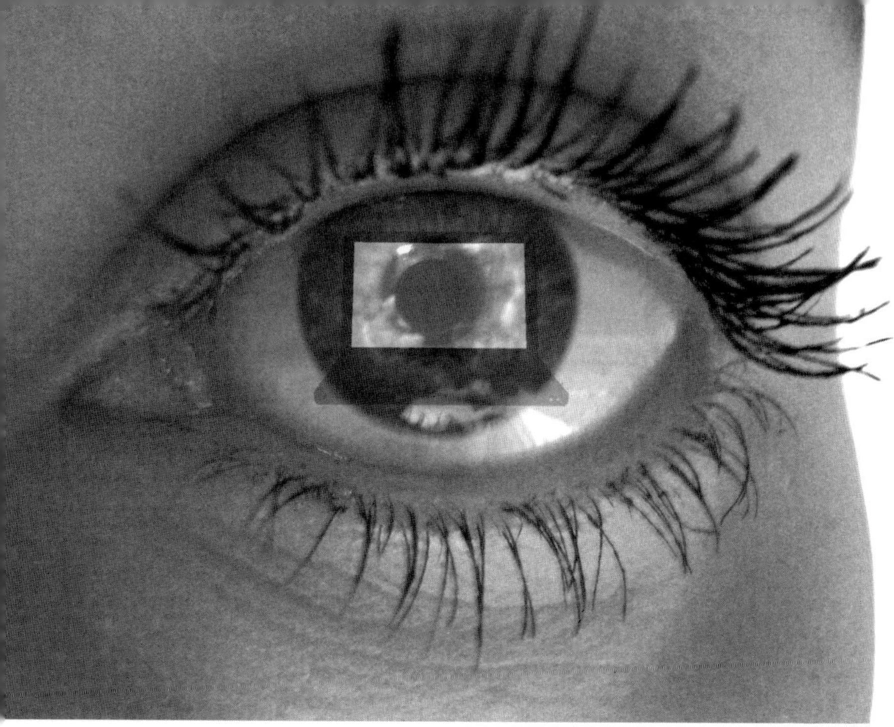

det und restriktive Maßnahmen gefordert, das andere Lager setzt sich für „Salutogenese" ein (vgl. Bengel u. a. 1999); hier werden qualitative Forschungsergebnisse postuliert, es wird die Frage gestellt, was gesund erhält in der Hoffnung, auf diesem Wege zu genaueren Aussagen über die Ursachen von Suchtentstehung zu gelangen und geeignete Maßnahmen daraus ableiten zu können.

Da Kinder und Jugendliche in die oben charakterisierten Erlebniswelten hineinwachsen, bilden sie die Hauptzielgruppe für suchtpräventive Programme in der Erziehung und Bildung. Im Mittelpunkt der Adoleszenz steht das Streben nach Balance zwischen den teils widerstreitenden innerpsychischen und körperlichen Veränderungen, den Entwicklungsaufgaben in der Interaktion mit der sozialen Umgebung und dem Erlangen von Bewältigungsstrategien, die dem Streben nach Selbstwirksamkeit dienen und kritische Phasen meistern helfen. Selbstwirksamkeit bedeutet, eine Kongruenz zwischen inneren Motiven und – möglichst selbst – gestellten Zielen herzustellen (vgl. Roth 2008, S. 254). Übertragen auf den Umgang mit Medien hieße das, die medialen Welten für die kommunikativen und sozialen Ziele in Übereinstimmung mit den psychophysischen Motiven zu bringen.

Beziehungen zunehmend selbständig aufzubauen, zu pflegen und zu organisieren, sind einige der Hauptziele und Herausforderungen in der Pubertät. Das Abwägen von Belastbarkeiten sozialer Bindungen, das Herausfinden von verbindenden Interessen, das Erproben unterschiedlicher Rollen und Auftritte, die Zugehörigkeit zu subkulturellen Gruppen und Szenen, die Auseinandersetzungen mit gesellschaftlichen Werten und Normen, das Mitteilen von Veränderungen in dieser Entwicklung lassen sich in medialer und digitaler Kommunikation durchaus erproben und realisieren. Plattformen wie Messenger, schüler- und studiVZ sowie die virtuelle 3D-Welt Second life fordern geradezu auf, sich zu zeigen und zu entwickeln. Sie verlangen einen routinierten Umgang mit und Kenntnisse über soziale Netzwerke im Internet. Die Begeisterung für die virtuellen Angebote schlägt sich auch in der Mitgliedschaft von Internetgruppen, Clans oder spielerischen Gilden nieder.

Dies trifft auch auf Onlinespiele zu, denn die gemeinsame Bewältigung von „Quests" (spielerischen Aufgaben) ist funktional und sinngebend. Die Tatsache, dass die Spielewelten durchgehend existieren und sich verändern, nötigt die Spieler zwar, ihnen ständig Aufmerksamkeit zu schenken, sie erlangen dadurch aber auch eine hohe Realitätsstufe, im Sinne einer glaubwürdigen, weil in sich stimmigen Welt. Die ständige Präsenz der Spielewelten fordert offensichtlich eine besondere Wachsamkeit oder Erregung, vor allem, wenn diese mit rauschartigen Verhaltensweisen korreliert. Die Anziehungskraft der Fantasywelten, gepaart mit einem gemeinsamen betörenden Erlebnis, schafft eine Intensität, die zum Verschmelzen von realen und virtuellen, „pseudosozialen" (Krotz 2007, S. 11) Welten beitragen. Einerseits können die Spieler Beziehungen z. B. zu anderen Mit-Spielern organisieren, andererseits dadurch die Fantasywelten entstehen lassen und diese bestimmen. In ihrem Verhalten lässt sich eine authentische Anschlusskommunikation beobachten, die gemäß den herrschenden Regeln und Codes zu einem erfolgreichen Abschluss, der Lösung einer Aufgabe und damit einer operationalen Schließung ihres Handelns führt. Dies erfolgt in virtuellen Gruppendialogen (vgl. Giesecke 2002), die freiwillig eingegangen werden und in ihrer Beziehungscharakteristik „locker" genug sind, um den pubertären Bedürfnissen nach schnellem Wandel und rascher Fluktuation zu entsprechen.

- *Mediale Räusche*

Entscheidungen werden auch in medialen, künstlichen oder künstlerischen Welten unbewusst gemäß der jeweiligen Gefühlslage getroffen. Aus der Hirnforschung wissen wir, dass das „Limbische System" oder „Belohnungssystem" (Roth 2008, S.144 u. 149) daran maßgeblich beteiligt ist. Ganz gleich welcher Herausforderung ich gegenüber stehe, dopaminerge Systeme treiben mich wiederholt und über längere Zeiträume an, in einen kurzen Glückszustand, ausgelöst durch opioide Ausschüttungen, zu gelangen. Bereits dieses

Streben wird als „Begehren“ (Klein 2002, S. 102) und in der Regel als angenehm und antreibend empfunden. Wenn die Befriedigung ungewiss ist, erhöht sich unter Umständen sogar der Drang nach Belohnung. Die Bereitschaft, Risiken einzugehen und auch psychische Grenzen auszutesten, ist typisch dafür. Ein Glücksgefühl kann sich rauschhaft äußern und darin seine Erfüllung finden. Da angenehme Zustände auf Wiederholung drängen, beginnt hier ein Kreislauf, der zu einem „Teufelskreis“ ebd., S. 146 werden kann. Allerdings unterliegt er durchaus einer rationalen Überprüfung und insofern kognitiven Einflüssen. Andere kortikale Systeme im menschlichen Gehirn haben nämlich den Auftrag, dieses Verhalten zu bewerten: Risiken abzuwägen, Gefahren zu meiden und eine ausgewogene Balance zwischen gezielter Aufmerksamkeit, Begehren und Verfolgen von Zielen möglich zu machen, also einen Ausgleich zwischen Aufwand und Nutzen herzustellen. Diese Entwicklungs- und Lernprozesse vollziehen sich in Schüben und über längere Phasen; Erkenntnissen der Hirnforschung zufolge kennzeichnen sie die Entwicklung bis zum Ende des dritten Lebensjahrzehnts.

Da Medien- oder Computersucht als Krankheitsbild bisher nicht anerkannt ist, wird gegenwärtig auf stellvertretende Begrifflichkeiten wie Exzessiv-Spieler, ausgewichen. Was meint dieser Ausdruck, wenn wir uns dem Begriff des Exzesses aus Sicht des Nutzens nähern und nicht vom Blickwinkel pathologischen Verhaltens? Dann bezeichnet er eine Maßlosigkeit im Verlangen nach und im Ausführen von einer bestimmten Handlung. Von Computerspielern ist bekannt, dass sie sich in meditativen oder rauschähnlichen Zuständen befinden können. Diese verlaufen – wie alle Räusche – nicht nur positiv, sondern vollziehen sich in anstrengenden, abschwellenden, anspannenden und entspannenden Episoden, die schließlich auf ein neues Level oder in eine Entwicklungsstufe führen, die eine neue Erfahrung darstellt. Gemeinsam ist allen Räuschen, dass Zeit- und Raumgefühl sich auflösen bzw. verengen, sodass die weitere Umgebung nicht oder nur vorbewusst erlebt wird und die Berauschten nur eine Ahnung davon haben, dass der Rauschzustand irgendwann endet. Die dann folgende Introspektion, das Erwachen und Realisieren der konkreten Realität sind wesentlich für die weitere Orientierung und Stabilisierung der Person, bevor der nächste Rausch folgt. Das Schaffen von Routinen, auch in Bezug auf PC-Spiele, ist dabei ein wichtiger, weil entlastender Vorgang. Er verschafft den Spieler/inne/n Distanz für neue Herausforderungen und genug Aufmerksamkeit für den nächsten Level. Das gemeinsame Erleben und das Hervorbringen rituellen Verhaltens in neuen virtuellen Gemeinschaften – sozusagen bei nächster Gelegenheit – ist ein Beitrag zur Selbstvergewisserung und Teil neuer gemeinschaftlicher Erfahrungen und Freundschaften.[2]

Solange das Handeln im Verhältnis zu anderen Tätigkeiten als „komplementärer“ (MISEK-SCHNEIDER 2008 S. 179), das soziale Gefüge ergänzender Teilbereich realisiert wird, besteht kein Grund zur Sorge. Besorgniserregend ist die Entwicklung dann, wenn sie sich zunehmend eindimensional vollzieht. Die ausschließliche Glückssuche, isoliert in einer einzigen Tätigkeit, ist grundsätzlich ein Alarmsignal, wenn sie einhergeht mit Abbrüchen von Beziehungen, Erschöpfungszuständen und gravierendem Leistungsabbau in anderen wichtigen Lebensbereichen wie Schule und Arbeit. Solange es sich um vorübergehende Phasen handelt, gilt es, Auswege und Alternativen anzubieten. Die WHO legt einen Zeitraum von über sechs Monaten zugrunde, nach dessen Ablauf auf problematische Muster eingewirkt werden sollte ebd. S. 170.

Der Punkt, an dem es zu gravierenden Fehlentwicklungen kommt, ist schwer bestimmbar. Das Gehirn befindet sich in der Pubertät in wichtigen Entwicklungsphasen. Die Verschaltungen und Bahnungen gelten als elementar für Fähigkeiten wie Voraussicht, Risikoabwägung, Selbstreflexion und das Bestimmen von sozial-ethischen Verhaltensnormen. Ob diese Entwicklung durch negative, somatische Marker, ähnlich wie es für den übermäßigen Cannabiskonsum postuliert wird, zu einem Suchtgedächtnis führt, ist zumindest umstritten. Gegenwärtig wird davon ausgegangen, dass durch therapeutische Verfahren eine Überschreibung oder Extinktion von süchtigen Verhaltensweisen möglich ist BMBF 2004, S. 47. Möglicherweise und durchaus plausibel ist allerdings die Annahme, dass Personen sich selbst heilen, indem sie ihr Verhalten prüfen, verändern und differenzieren. Die Erziehung sollte in solchen Fällen zu einer gelingenden Rauschphase beitragen. Das erreicht sie am ehesten, indem sie Verhalten bewusst macht, d. h. Empfindungen auf Begriffe bringt und Gefühle bewertet. Die Reflexion von Motiven und Zielen führt zu einer Selbstvergewisserung, die angemessene Veränderungen bei problematischen Verhaltensweisen fördert.

Rausch ist also in diesem Betracht weniger ein Kennzeichen von Sucht, sondern vielmehr ein vorübergehendes, zunächst unbewusst oder „ahnungsbewusst“ (DENEKE 2001, S. 225) sich abspielendes Erlebnis. In positiven Verläufen führt das zu risikobereitem, gründlichem Durchdringen der Spielewelten und fördert ein profundes Urteilsvermögen. Rauscherlebnisse sind allerdings keine notwendige Voraussetzung dafür. Je nach Temperament wird der Rausch gern erlebt oder eher gemieden. Auch der Umgang mit Alkohol ist nicht zwingend für alle zu erlernen, aber die, die ihn mögen, sollten den Umgang auch beherrschen, mit allen Risiken, die er birgt. So gesehen gibt es gute Gründe für Rauscherleben in der Jugend: „Jung sein heißt, alles zum ersten Mal erleben, heißt zu denken, man erfände die Welt neu, heißt, noch keine Grenzen zu kennen. Fliegen wollen sie und nie mehr landen.“ (BERTHEL 2008, S. 9)

• *Begleitende Gefährten*

Fakt ist, dass die Aneignung von Medienkompetenz eine wichtige Entwicklungsaufgabe vor allem für Kindern und Jugendlichen ist. Dies gilt umso mehr, je weiter sich das mediale Angebot ausdifferenziert und in alle Alltagsbereiche vordringt. Die Angebote im Internet haben in den letzten Jahren rasant zugenommen, so dass sich neben den Onlinespielen, insbesondere „Massively Multiplayer Online Role-Playing Games" (MMORPG) (groß angelegte Online-Spiele mit vielen Teilnehmern), Chats und Instantmessenger, Tagebücher in Form von Blogs, Poesiealben in studiVZ und Videorecorder bei YouTube etabliert haben. Röll nennt Medien in diesem Zusammenhang „evokative Gefährten" jugendlicher Entwicklung (vgl. Röll 2008).

Die vorhandene Medienkonvergenz erfordert und fördert unterschiedliche Umgangsweisen. Das JFF (Institut für Jugend, Film, Fernsehen) hat fünf verschiedene „Medienhandlungsprofile" beschrieben (vgl. Wagner 2008), die sich von einer eher konsumierenden bis zu einer kreativen Medienhaltung nachzeichnen lassen. Dabei fällt auf, dass ein höheres Bildungsniveau und ein kreativer Umgang mit Medien korrelieren, und dass hierbei ein besonderes Merkmal die Schaffung von medialen „Lebens-, Präsentations- oder Gestaltungsräumen" (Wagner 2008, S. 16) ist. Das „Sich-Einlassen", die „Identitätsarbeit" in den medialen Welten und Communitys bergen einerseits die „Gefahr, sich in einseitigen Medienwelten zu verlieren" und andererseits „Chancen, risikoreiche Medienangebote umzupolen" ebd., S. 19. Dies ist ein optimales Feld für ein Zusammenwirken von Suchtprävention und Medienpädagogik zur Ausbildung von Risiko- und Medienkompetenz.

Computerspiele sind Teil jugendlicher Lebenswelten. Sie sind gut integriert, weil sie Weltbezug, Sozialbezug und Selbstbezug (vgl. Fromme 2007) ermöglichen. Das heißt, sie regen Vorstellungswelten an, die neue Erfahrungen und Bilder liefern und können in vielen Fällen gemeinsam gespielt werden. Jugendliche finden mögliche Rollen, in die sie hineinschlüpfen können. PC-Spiele sind insofern und kompatibel mit den Alltagswelten.

Kinder und Jugendliche wollen und sollen sich in den Medienwelten zurechtfinden. Sie sollen ihre Lust befriedigen können und auch eine Expertise entwickeln, mit der sie die Aufgaben bewältigen und die Ziele des Spiels erreichen können. Daraus folgt zwangsläufig, dass von leidenschaftlichen Spielern ein hoher Zeitaufwand betrieben werden muss, da die komplexen Spielstrukturen dies verlangen. Hier ist der Gegensatz von Virtualität und Realität irgendwann aufgehoben, weil das Spiel Teil der Realität ist.

- *Medienprojekte mit Jugendlichen*

Jugendliche, die einen riskanten Konsum von psychoaktiven Substanzen pflegen, sind überwiegend mit ihrer persönlichen Situation unzufrieden. Bei ihrer Problembewältigung wenden sie sich lieber an Gleichaltrige und Freunde (vgl. BAUMGÄRTNER 2008). Daher sollte auf Peeransätze im Sinne des Gruppendialoges gesetzt werden. Aus suchtpräventiven Projekten wie *Kunstrausch* (vgl. GROSSE-LOHEIDE/SCHMIDT 2005) oder *Sixpack* (GROSSE-LOHEIDE/LAMPERT 2002, S. 38) wissen wir, dass sich gerade die harten Konsumenten gern äußern und ihre Gefühlswelten zum Ausdruck bringen wollen !. Initiativen wie *Creative Gaming*[3] zeigen auf, in welche künstlerisch-gestaltende Richtung die Projektarbeit gehen kann. Hier kann die Problematisierung des Verhaltens zum Gegenstand werden und Veränderungen in den Haltungen und Sichtweisen können besprochen werden. Wichtig ist es, einer Isolierung von Computerspielern zuvorzukommen, weil die von den Spielewelten ausgehenden Kräfte den einzelnen überfordern könnten.

Eine systematische Förderung von Medienkompetenz im Sinne des Orientierung Gebens, des Ausschöpfens eigener Potenziale und des Vorbeugens von einseitigen Aktivitäten ist angesichts der medialen Durchdringung des Alltags völlig unverzichtbar. Für diejenigen, die sich jetzt in den Beratungsstellen einfinden, gibt es zwar Therapieansätze, die ihnen helfen können. Die Fallzahlen sind noch klein, aber zunehmend. Die Frage, was Besorgten geraten werden soll, bleibt überwiegend unbeantwortet. Auch deshalb gilt: Manche Beratung ließe sich durch Prävention im Sinne der Medienkompetenzförderung vermeiden. Zeit wird's.

ANMERKUNGEN

•1) Das DSM legt Kriterien fest, deren gemeinsames Auftreten problematisches Verhalten klassifizieren soll.

•2) Siehe hierzu den Beitrag von Karin Wenz in diesem Band.

•3) Vgl. hierzu die Internetseite www.creative-gaming.eu [Zugriffsdatum: 02.10.2008].

LITERATUR

- BAUMGÄRTNER, T. 2008: Verbreitung, Hintergründe und Probleme des Konsums von Rauschmitteln bei Hamburger Jugendlichen und jungen Erwachsenen 2007/08. Basisbericht der Schüler- und Lehrerbefragungen zum Umgang mit Suchtmitteln (SCHULBUS). Hamburg.

- Bengel, J./Strittmatter, R./Willmann, H. 1999: Was erhält Menschen gesund? Antonovskiys Modell der Salutogenese. In: Bundeszentrale für gesundheitliche Aufklärung Hrsg.: Forschung und Praxis der Gesundheitsförderung. Band 6. Köln.
- Bergmann, W./Hüther, G. (2007): Computersüchtig. 4. Auflage. Düsseldorf.
- Berking, M. 2007: Training emotionaler Kompetenzen. TEK – Schritt für Schritt. Berlin.
- Berthel, T. 2008: Jung sein heute – Erwachsensein in schwieriger Zeit. In: SuchtMagazin, Jg. 34, Nr. 2, S. 3–10.
- Bilke, O. 2008a: Multiple Medienabhängigkeit – die sogenannte „Internetsucht“ aus entwicklungspsychiatrischer und klinischer Sicht. In: SuchtMagazin, Jg. 54, Nr. 1, S. 6–9.
- Bilke, O. 2008b: Entwicklungsstörungen bei Kindern und Jugendlichen – Ursachen neuer Suchtprobleme? Vortrag beim FDR-Kongress am 28. April 2008. Hamburg.
- BMBF, Bundesministerium für Bildung und Forschung Hrsg. 2004: Suchtforschung auf neuen Wegen. Bonn/Berlin.
- Creative Gaming. Verfügbar unter: www.creative-gaming.eu [Zugriffsdatum: 02.10.2008].
- Dahlkamp, J./Gatterburg, A. 2008: Du bist süchtig. Verfügbar unter: www.spiegel.de/netzwelt/spielzeug/0,1518,554130,00.html [Zugriffsdatum: 19.05.2008].
- Deneke, F.-W. 2001: Psychische Struktur und Gehirn. 2. überarbeitete Auflage. Stuttgart.
- Freyermuth, G. S. 2007. M enschen (Maschinen/Medien) Bilder. In: Neuß, N./Große-Loheide, M. Hrsg.: Körper . Kult. Medien. Bielefeld: S. 12–36.
- Fritz, J. Hrsg. 2008: Computerspieler verstehen. Bundeszentrale für politische Bildung. Schriftenreihe Band 671. Bonn.
- Fromme, J. 2007: Sozialisationsprobleme durch Computerspiele? Vortrag auf dem GMK-Forum „Lost? Orientierung in den Medienwelten“. 17. November 2007 Bielefeld.
- Giesecke, M. 2002: V on den Mythen der Buchkultur zu den Visionen der Informationsgesellschaft. Frankfurt am Main.
- Graff, B. 2008: Neuerfindung einer Erfindung. In: Süddeutsche Zeitung, Nr. 109, 10./11./12.5.2008, S. 2.
- Grosse-Loheide, M./Lampert C. 2002: Alkohol – Fernsehen – Jugendliche. Schriftenreihe der HAM. Bd. 21. Berlin.
- Grosse-Loheide, M./Schmidt, N. 2005: K unstrausch – Kunst ist der bessere Kick. Verfügbar unter: www.kunstrausch-hamburg.de/pdfs/KR_Broschuere.pdf [Zugriffsdatum: 02.10.2008].
- Grüsser, S./Thalemann, R./Albrecht, U./Thalemann, C. 2005: Exzessive Computernutzung im Kindesalter – Ergebnisse einer psychometrischen Erhebung. In: Wiener Klinische Schriften, 117/5–6, S. 188–195.
- Grüsser, S./Thalemann, R. 2006: Computerspielsüchtig? Rat und Hilfe. Bern.
- Grüsser-Sinopoli, S. 2000–2007: Forschungsergebnisse. Verfügbar unter: www.behavioraladdiction.com/Forschungsergebnisse.html [Zugriffsdatum: 02.10.2008].
- Klein, G. 2008: Die göttliche G ewalt des Gemachten. In: Süddeutsche Zeitung, Nr. 114, 18.05.2008, S. 14, 17.

- Klein, S. 2002: Die Glücksformel oder Wie die guten Gefühle entstehen. Reinbek bei Hamburg.
- Krotz, F. 2007: Medien, Kommunikation und die Beziehungen der Menschen. In: Schorb, B./Theunert, H. Hrsg.: Wie Beziehungen sich ins Beziehungsleben einklinken. Merz-wissenschaft 6.07. München: S. 5–14.
- Markowitsch, H. J./Welzer H. 2005: Das autobiographische Gedächtnis. Stuttgart.
- Misek-Schneider, K. 2008: Lost in Cyberspace. Können Computerspiele süchtig machen? In: Fritz, J. Hrsg. 2008: Computerspieler verstehen. Bundeszentrale für politische Bildung. Schriftenreihe Band 671. Bonn.
- Onmeda 2008: Internetsucht: Symptome. Verfügbar unter: www.onmeda.de/krankheiten/internetsucht.html?p=5 [Zugriffsdatum: 08.01.2008].
- Otto, H.-J. 2008: Medienabhängigkeit bekämpfen – Medienkompetenz stärken. BT-Drucksache 16/7836.
- Röll, F.-J. 2008: Soziokultur und Neue Medien. Vortrag beim Fonds Soziokultur am 28. Januar 2008.
- Roth, G. 2003: A us Sicht des Gehirns. Frankfurt am Main.
- Roth, G. 2008: Persönlichkeit, Entscheidung und Verhalten. 4. Auflage. Stuttgart.
- Rötzer, F. 2007: US-M ediziner: Computerspiele machen nicht süchtig. In: Telepolis, 25.06.2007. Verfügbar unter: www.heise.de/newsticker/meldung/91708 [Zugriffsdatum: 04.11.2007].
- Schulze, G. 1995: Die Erlebnisgesellschaft. 5. Auflage. Frankfurt am Main.
- Schulze, G. 2004: Die beste aller Welten. Frankfurt am Main.
- Uhl, W. 2007: Begriffe, Konzepte und Menschenbilder in der Suchtprävention. In: SuchtMagazin , Jg. 33, Nr. 4, S. 3–11.
- Wagner, U. 2008: N eue Wege durch die konvergente Medienwelt. In: ajs Informationen, 1/2008, S. 14–20.

2 Suchen – Bildung als Orientierungshilfe

■ Dorothee M. Meister/Anna-Maria Kamin

Vom E-Learning zu Lernräumen im Web 2.0

Wie die Potenziale des Web 2.0 für eine umfassende Medienbildung erschlossen werden können, wird derzeit kontrovers diskutiert. Dieser Beitrag nähert sich den Chancen und Bedingungen webbasierter Lern- und Bildungsmöglichkeiten auf der Grundlage lern- und bildungstheoretischer Überlegungen. Es werden vier Dimensionen beleuchtet, die sich aus den neuen Lernoptionen für Individuen und Gesellschaft ergeben.

• *Vom E-Learning zu Web 2.0*

Lehr- und Lernsettings digitaler Medien gerieten mit Beginn des paradigmatischen Instruktionsdesigns vor etwa 15 Jahren in den Blickpunkt der pädagogischen Diskurse. Die Lernarrangements wurden zunächst unter dem Begriff *E-Learning* (ursprünglich ein Sammelbegriff für technologiebasierte Lernprozesse) subsumiert. Besondere Beachtung fanden unter einer dezidiert mediendidaktischen Ausrichtung solche Fragen, die sich mit der lerntheoretischen Konzeption von Lernprogrammen befassten. Diese waren in der Regel offline in Form von vorgefertigten Lernprogrammen und später zunehmend auch als Online-Versionen verfügbar. Mit Aufkommen des Internet-Hypes Ende der 90er Jahre stellte sich die Frage, inwieweit jenseits fertiger Paketsoftware und strukturierter Lernprozesse dem Internet a priori Bildungsmöglichkeiten zugesprochen werden können. So wurde beispielsweise der Bildungswert des Internets (vgl. Marotzki/Meister/Sander 2000), über Bildung-Online (vgl. Otto/Kutscher 2004) sowie über Online-Lernen in verschiedenen Kontexten diskutiert (vgl. Baltes 2001, Klaner 2004, Schindler 2004, Meister 2004).

Inzwischen ist das Internet fester Bestandteil unserer Informations- und Kommunikationskultur geworden. Neue technische Möglichkeiten gestatten unter dem Label Web 2.0 Partizipation und Produktion im Netz und eröffnen so neue Dimensionen des „webbasierten Lernens". Tim O'Reilly verwendete den Begriff im Jahr 2004 erstmalig und leitete damit eine neue Epoche ein. Web 2.0-Anwendungen sind durch eine Auflösung der festen Rollenverteilung von Anbieter und Konsumenten charakterisiert. Sie bezeichnen eine

Entwicklung, die durch den technischen Fortschritt, immer schneller und stabiler werdende Internetleitungen, Drahtlosnetzwerke sowie stetig steigende Server-Kapazitäten, entstand. Dabei handelt es sich um eine Ansammlung von Prinzipien und Praktiken, die sich von der ersten Generation des Internets, mit ihrer Konzentration auf Hard- und Software, durch ihre Beteiligungsorientierung absetzt. Die zentralen Elemente dabei sind Partizipation und Authentizität. Sie beruhen auf dem Grundsatz, dass das Web als Plattform betrachtet wird, an der die Nutzer teilhaben, aktiv sind und ihre Meinung äußern können. Dem Anwender wird durch Weblogs, Communities oder Wikis die Möglichkeit eröffnet, durch Kollaboration und Sharing Wissen zu teilen, zu tauschen und gemeinsam zu produzieren.

Hinze führt für diese Elemente den Begriff „E-Learning 2.0" als neue Dimension der technischen Möglichkeiten ein (Hinze 2008, S. 248), womit er eine Synthese der Begriffe E-Learning und Web 2.0 anstrebt. „E-Learning 2.0" beinhaltet neuartige Tools in Form von Web 2.0-Anwendungen zur Wissensgenerierung, die computerbasiertes kooperatives Lernen fördern sollen. Neben den beachtlichen Aussichten wird jedoch auch auf die technischen und pädagogischen Herausforderungen im Sinne von übersteigerten Erwartungen an den Lerneffekt hingewiesen. In diesem Zusammenhang ist das Lernpotenzial dieser kooperativen Lernformen derzeit mehrfach Forschungsgegenstand (vgl. Hinze 2008, Jörissen/Marotzki 2008). Es gilt herauszuarbeiten, welche Beteiligungs- und Aktivitätsformen sowie Partizipationsstrukturen mit Bildungspotenzial sich im Web 2.0 entfalten. Auf dieser Basis sind Dimensionen eines „Web 2.0-Lernens" zu ermitteln.

- *Lernverständnis*

Wenn im Weiteren von *E-Learning* gesprochen wird, so ist zunächst das diesen Überlegungen zugrunde liegende Lern- und Bildungsverständnis zu klären. Generell, so kann im Einvernehmen mit verschiedensten pädagogischen Konzepten gesagt werden, ist Lernen ein selbstverständlicher Bestandteil des menschlichen Lebens, der dennoch nicht trivial ist, sondern der Anregung bedarf und vielfach auch Anstrengung erfordert. Schäffter fasst unter Lernen „eine kognitive Strategie, mit widerständigen Ereignissen und Erfahrungen in Auseinandersetzung mit der inneren und äußeren Umwelt umzugehen" 2001, S. 164. Damit kann Lernen auch als „Aneignung neuer Möglichkeitsräume und Optionen" ebd., S. 163 gedeutet werden. Die permanenten Lern- und Wandlungsprozesse, denen Individuen ausgesetzt sind, erfordern somit nicht nur intentionale Lernprozesse, wie sie in Schule, Hochschule, Aus- und Weiterbildung vermittelt werden, sondern ergeben sich auch spontan aus

Lebenssituationen heraus (vgl. Ecarius 1998).

Pädagogisch strukturierte Lernprozesse beruhen dabei gerade auf diesen basalen Schichten von Aneignungsprozessen, die auch als Tiefenstrukturen des Lernens bezeichnet werden (vgl. Schäffter 2001). In der Weiterbildung wird dies als Differenz von alltagsgebundenem und institutionellem Lernen gefasst, wobei letzteres in der Regel erst dann freiwillig aufgesucht wird, wenn das alltagsgebundene Lernen ein Wissensproblem nicht mehr zu lösen vermag. Lernanlässe kommen erst dann zustande, wenn die gefestigten Erwartungsstrukturen an der Außenwelt scheitern, sich also ein Widerstand bietet, beziehungsweise eine „Irritation" stattfindet.

Lerntheoretisch stimmt ein solches Lernverständnis mit Klaus Holzkamps Theorie des Lernens als Subjektwissenschaft überein (vgl. Holzkamp 1993). Der Ansatz, der auch von Vertretern konstruktivistischer Lerntheorien aufgegriffen wird, geht davon aus, dass aus Lehren nicht notwendig ein Lernen resultieren muss, denn das Subjekt braucht gute Gründe, warum es sich einen Sachverhalt aneignen möchte. Holzkamp unterscheidet daher zwischen defensivem und expansivem Lernen. Von einem expansiven Lernen wird dann gesprochen, wenn subjektive Lerngründe vorliegen, die zur Erweiterung von „Weltverfügung/Lebensqualität" ebd., S. 191 führen. In diesem Fall eignet sich das lernende Subjekt aufgrund eines Handlungsproblems dann die spezifischen Kenntnisse an, die es braucht, um seine Aktivitäten fortzusetzen, womit die Erweiterung von Handlungsmöglichkeiten und Reflexionsprozesse möglich werden. Defensives Lernen hingegen findet statt, wenn es um eine „Abwehr von Handlungseinschränkungen" ebd., S. 193 geht oder wenn Sanktionen drohen. Das Individuum lernt dann zwar auch, versucht aber, das Lernziel mit dem geringsten Aufwand zu erreichen, wodurch das Lernen einen widerständigen Charakter erhält. In diesem Fall findet weder eine umfassende Auseinandersetzung mit dem Inhalt noch eine Reflexion des Gelernten statt.

Holzkamps subjektwissenschaftliche Grundlegung des Lernens geht mit einem schleichenden Paradigmenwechsel von der Technologieorientierung zur Lernerorientierung einher. Dies scheint insbesondere auf den Bereich des computerbasierten Lernens zuzutreffen. So konstatiert Littig: „Wesentliches Charakteristikum der Lernerorientierung ist die Verwirklichung der Forderung, dass die Entwicklung von Lernprozessen, bei denen E-Learning zum Einsatz kommen soll, beim Lerner selbst anzusetzen hat." 2006, S. III. Zudem geht der Trend im Bildungsbereich dahin, die Lernenden über eine reine Interaktivität hinaus durch kooperative und kommunikative Lernformen in den Lernprozess mit einzubeziehen (vgl. Meister 2008). Diese Art des Einbezugs entspricht ebenfalls einer subjektwissenschaftlichen Perspektive des Lernens.

- *Voraussetzungen für Lern- und Bildungsprozesse durch digitale Medien*

Die Struktur des Internets mit seiner Vielzahl von Diensten und Möglichkeiten scheint zur Darbietung expansiver Lerngründe prädestiniert zu sein und damit zur Unterstützung kooperativer und interaktiver Lernprozesse. Dennoch sind die Möglichkeiten und Erwartungen, die mit dem Internet als Bildungsmedium verbunden sind, differenziert zu betrachten. Dem Nutzer wird Zugang zu zahllosen, meist aber unstrukturierten Informationen geboten. Das Netz stellt ein sich ständig änderndes globales Lexikon, ein Universum von Meinungen und Fakten, eine weltumspannende Bibliothek dar, die rund um die Uhr geöffnet ist und ständig mit neuen Produkten beliefert wird. Eine Nutzung dieses globalen Informations- und Kommunikationssystems für individuelle Lernzwecke erfordert indes gewisse Voraussetzungen. So ist es u. a. notwendig zu erkennen, dass dem Internet insgesamt kein Curriculum unterliegt (vgl. Baumann 2005). Dementsprechend müssen gewisse Lernvoraussetzungen wie die Fähigkeit zur Selektion, zur Selbststeuerung und zum selbstmotivierten Lernen erfüllt sein, um Online-Medien für Lernzwecke wirksam nutzen zu können (vgl. Meister 2004). Durch die hypertextuelle Struktur und Aktualität der Inhalte des Internets kann zwar selbständiges und lebenslanges Lernen erleichtert werden, es besteht jedoch durch die Informationsfülle die Gefahr, sich im Überangebot der Informationen zu verlieren.

Röll fordert in diesem Zusammenhang eine Pädagogik der Navigation (vgl. 2004), in der das „Lernen des Lernens“ (ebd. S. 158) zur Schlüsselkompetenz in der Wissensgesellschaft wird. Seiner Ansicht nach wird vom Lernenden immer weniger Daten- und Faktenwissen, sondern vielmehr ein reflektierter Umgang mit verschiedenen Wissensformen verlangt. Szenarien, die sich aus diesem Anspruch ergeben, sind u. a. die Forderung nach einem maßgeschneiderten Lernen, welches durch Individualität und Non-Linearität gekennzeichnet ist und den Stellenwert der Interaktivität betont. Die Entwicklung vom Faktenlernen zum Erlernen des Suchens ist ein weiterer Aspekt dieser Entwicklung. „In Zukunft wird die Gewohnheit, Daten und Fakten sowie Formeln im Gedächtnis als Sachwissen zu speichern, an Relevanz verlieren. [...] Nicht mehr die Präsenz von Faktenwissen ist wesentlich, sondern die Kenntnis, wo die notwendigen Informationen zu finden sind.“ ebd., S. 161

- *Dimensionen eines Web 2.0 Lernraums*

1. Bildungsprozesse brauchen Andockstationen

Beispiele aus allen Bereichen des Web 2.0 verdeutlichen, dass sich neue Wissensquellen in einer noch nicht bekannten Weise „beiläufig“ und alltagsgebunden zur Erschließung neuer Informationen und Lernzusammenhänge einfügen. Die Online-Medien erschließen dabei die ganze Spannbreite von Lernen und Bildung. Angefangen bei einfachen Internet-Recherchen, die vorhandene Deutungen bestärken, über den Besuch von Blogs oder Wissensnetzwerken, die bisherigen Einsichten eine neue Wendung geben oder die eigene Expertise erweitern und ergänzen können. Die Entwicklung zu Interaktion, Partizipation, Gestaltung und Kommunikation in virtuellen Welten oder virtuellen Communities führt zu einer hohen Flexibilität im Umgang mit Selbst- und Weltzuschreibungen. Damit werden letztlich neue Lern- und Bildungsgewohnheiten strukturiert (vgl. MAROTZKI 1997), aber auch neuartige kognitive und motivationale Anforderungen an die Lernenden gestellt.

Eine souveräne Beherrschung des Mediums führt demnach zur Ausweitung der bereits existierenden Lernpraxis. Irritationen im Alltag, die durch erweiterte Wissensformen beseitigt werden können, bieten eine gute Möglichkeit, relativ bequem an Informationen zu gelangen. Die Nutzung von Online-Medien bedeutet jedoch gleichzeitig, dass der Selektionsaufwand steigt, um richtige, zuverlässige, wichtige Informationen aus der Angebotsvielfalt auszuwählen. Zur Bewältigung dieser Anforderungen sind sowohl Suchstrategien, als auch klar definierte Lernziele erforderlich, die schon bestehende Kenntnisse erweitern oder optimieren. Digitales Lernen eröffnet keine Quelle der Gewissheit, vielmehr bedarf es einer Ethik, die Handlungsmuster leitet und Orientierung ermöglicht.

2. Web 2.0 kann die digitale Kluft vergrößern

Es zeichnet sich ab, dass sich für bestimmte Gruppen von Internetnutzern die Möglichkeitsräume des Lernens so erweitern, dass es zu einer strukturellen Veränderung von Lerngewohnheiten kommt. So nimmt die Häufigkeit der intensiven Nutzung digitaler Medien zu Bildungszwecken mit steigendem Rang des Schulabschlusses zu. Weitere Faktoren sind der Berufsabschluss, das Alter sowie das Geschlecht der Anwender (vgl. TREUMANN 2002). Folglich können sich einige Personenkreise in modernen Gesellschaften mit Hilfe digitaler Medien ohne großen Aufwand zahlreiche Wissensquellen erschließen, um die eigenen Interessengebiete zu erweitern, zu vertiefen und mit anderen zu teilen, so dass hier Lernen und Bildung im Lebensverlauf immer wieder neue Impulse erhalten. Ein nicht unerheblicher Teil der Bevölkerung nimmt jedoch wenig Anteil an den Möglichkeiten, die digitale Medien bieten und bleibt demnach von Entwicklungen ausgeschlossen, die mangels Medienkompetenz, Interesse oder Voraussetzungen nicht beherrscht werden. Ebenso sind einige Gruppen nicht in der Lage, die Bildungsanregungen des Netzes im Sinne von Reflexionsangeboten für sich zu nutzen.

Das lebenslange Lernen, wie Kade und Seitter 1996 es beschrieben haben, kann nur unter defizitären Bedingungen stattfinden. Es gilt, Gruppen in den Blick zu nehmen, die die Angebote im Netz nicht mit der Intention eines Bildungsgewinns nutzen können und die mithin nur schlecht in der Lage sind, aus der Vielzahl von Angeboten, eigene Blickwinkel und Orientierungen zu entwickeln, darüber die anregende Bildungsdimension aus dem Blick verlieren und sich auf reine Unterhaltung beschränken. Aufgrund verschiedener Studien zur Nutzung von digitalen Medien muss vermutet werden, dass diese Merkmale auf einen nicht unerheblichen Anteil der Bevölkerung zutreffen (vgl. Marr 2005; Dijk 2005).

Eine solche *digitale Spaltung* zwischen lernkompetenten und lerninkompetenten Nutzern bedeutet, dass Verunsicherungen bezüglich der Netzsicherheit oder Problemen mit Hard- und Software bestehen, die verhindern, dass Fähigkeiten ausgebildet werden, um verschiedenste Quellen für einen Lerngegenstand heranzuziehen. Dies hat zur Konsequenz, dass im Netz nur vertrautes Terrain beschritten und kaum Auseinandersetzung mit Neuem gesucht wird, da Orientierungslosigkeit und Verunsicherung dominieren. Die Folge dabei ist eher ein Widerstand gegen Bildungsprozesse und eine Hinwendung zur Unterhaltungsorientierung, wodurch die Lebens-, Bildungs- und Arbeitschancen erheblich reduziert werden. Da den eher gebildeten und netzversierten Bevölkerungsgruppen die Bewältigung der Anforderungen umso besser gelingt, vergrößert sich die Kluft durch digitale Medien.

3. Lernprozesse brauchen eine Erweiterung ihrer Lernarrangements

Die zahlreichen Beispiele aus dem didaktischen Einsatz von *E-Learning* in institutionalisierten Lernkontexten haben gezeigt, dass bisherige Lernarrangements der Ergänzung bedürfen, um ein zeitgemäßes Lehren und Lernen zu gewährleisten. Unter didaktischen Gesichtspunkten bietet das Online-Lernen vielfältige Unterstützungsmöglichkeiten zur Gestaltung von Lernprozessen sowie zum Erreichen von Lernzielen. Da der Lernzugang aber zunächst in Form des Selbstlernens stattfindet, werden didaktische Strukturierungen immer bedeutsamer. Einerseits benötigen Lernende eine attraktive Lernumgebung, damit ihr Interesse am Thema und an der Lernform beibehalten wird und sie expansiv lernen. Anderseits müssen die Angebote jedoch „durchdidaktisiert" sein, damit sie das Interesse der Lernenden wecken. Hilfestellung hierbei können „Peers" oder „Experten" im Netz bieten und so die Lehrenden bei ihren Aufgaben unterstützen.

Für die Profession der Lehrenden bzw. für die Bereitstellung von Angeboten bedeutet dies, dass ein größerer Bedarf an einer attraktiven Aufbereitung des Lehrstoffes für die Vermittlung vorhanden sein muss und die Bedeutung des Moderators und Begleiters von Lernprozessen steigt. Dadurch verändern sich die gewohnte Rollenteilung und Aufgabenstruktur innerhalb organisierter Lehr-Lernkontexte.

4. Ausweitung der Lernräume

Die vielfältigen globalen und spezialisierten Wissensangebote, die über mobile Medien zugänglich sind, führen letztlich dazu, dass das Lernen nicht mehr nur auf eine bestimmte Lernzeit im Lebenslauf reduziert werden kann und sich Wissensräume nicht mehr auf wenige begrenzte Orte beschränken. Die Bluetooth-Technologie, Wireless LAN an zahlreichen Access-Points und UMTS ermöglichen es zunehmend, dass durch vielfältigste Geräte Zugang zum Internet besteht. Hilfreich sind vor allem die mobilen Geräte, angefangen bei Laptops, Palms, Handys, MP3-Player usw. Für das Lernen beispielsweise auf einem Campus sind schon jetzt deutliche Veränderungen in der Kommunikation und im Lernverhalten zu bemerken; ein Trend, der als „swarming" bezeichnet wird. Dieser Begriff beschreibt den ortsunabhängigen Zusammenschluss der Lernenden zu „Schwärmen", die sich zur realen oder virtuellen Bearbeitung eines bestimmten Themas bilden. Nach einer zeitlich begrenzten Lernzone und dem Erreichen des Ziels „schwärmt" man wieder auseinander (ALEXANDER 2004, S. 32). Gleichzeitig macht sich im Lernverhalten bemerkbar, dass Informationen allgegenwärtig sind, und sich gerade über virtualisierte Formen die Realität erweitert.

Insgesamt verliert damit das „sesshafte Lernen" an Bedeutung. Die Lernenden der Zukunft sind gleichsam nomadisch immer auf Wanderschaft, um an verschiedensten Stationen das für sie bedeutsame Wissen „abzugrasen". Diese „Wanderschaft" findet allerdings nicht orientierungslos im Sinne eines *Lost in hyperspace* statt, sondern es gibt, wie auch beim realen Nomadismus, feste Wanderwege, in denen sich die Nomaden in Gruppen und in einem ganz bestimmten Rhythmus bewegen.

• *Schlussbemerkung*

Medienpädagogik und Bildungsinstitutionen kommen im Kontext der Medienbildung innerhalb digitaler Lernangebote künftig die Rolle von auf der Strecke liegenden Oasen oder Ankerpunkten zu. Somit haben die Lernenden die Möglichkeit, diese anzusteuern, um Orientierung und Struktur sowohl bei den Wissensräumen als auch im gesamten Lebenslauf zu erhalten. Die Lernenden der Zukunft müssen sich der Herausforderung stellen, sich mit diesen Hilfen souverän in den digitalen Netzwerken zu bewegen und die für sie passenden Bildungsangebote nachhaltig zu nutzen.

Literatur

- Alexander, B. 2004: Going Nomadic: Mobile Learning in Higher Education. Verfügbar unter: http://connect.educause.edu/Library/EDUCAUSE+Review/GoingNomadicMobileLearnin/40494 [Zugriffsdatum: 25.05.2008].
- Baltes, B. 2001: Online-Lernen. Schwangau.
- Baumann, T. 2005: Medienpädagogik, Internet und eLearning. Entwurf eines integrativen medienpädagogischen Programms. Zürich.
- Dijk, J. van 2005: The Deepening Divide: Inequality in the Information Society. Inequality in the Information Society. Thousand Oaks/London/New Delhi.
- Ecarius, J. Hrsg. 1998: Was will die jüngere mit der älteren Generation? Generationenbeziehungen in der Erziehungswissenschaft. Opladen.
- Hinze, U. 2008: Computerbasiertes kooperatives Lernen CSCL als technische und pädagogische Herausforderung. In: Gross, F. von/Marotzki, W./Sander, U. Hrsg.: Internet – Bildung – Gemeinschaft. Wiesbaden: S. 241–261.
- Holzkamp, K. 1993: Lernen. Subjektwissenschaftliche Grundlegung. Frankfurt am Main.
- Jörissen, B./Marotzki, W. 2008: N eue Bildungskulturen im „Web 2.0“: Artikulation, Partizipation, Syndikation. In: Gross, F. von/Marotzki, W./Sander, U. Hrsg.: Internet – Bildung – Gemeinschaft. Wiesbaden: S. 203–225.
- Kade, J./Seitter, W. 1996: Lebenslanges Lernen. Mögliche Bildungswelten. Opladen.
- Klaner, A. 2004: Lernen online. Weiterbildung im Internet. Vorteile und Besonderheiten des Online-Lernens, geeignete Lerntechniken. Baden-Baden.
- Littig, P. 2006: Entwicklungsstand von eLearning in der beruflichen A us- und Weiterbildung. In: Henning, P. A./Hoyer, H. Hrsg.: eLearning in Deutschland. Berlin: S. 109–118.
- Marotzki, W. 1997: Digitalisierte Biographien? Sozialisations- und bildungstheoretische Perspektiven virtueller Welten. In: Lenzen, D./Luhmann, N. Hrsg.: Bildung und Weiterbildung im Erziehungssystem. Lebenslauf und Humanontogenese als Medium und Form. Frankfurt am Main: S. 175–198.
- Marotzki, W./Meister, D. M./Sander, U. Hrsg. 2000: Zum Bildungswert des Internet. Opladen.
- Marr, M. 2005: Internetzugang und politische Informiertheit. Zur digitalen Spaltung der Gesellschaft. Konztanz.
- Meister, Dorothee M. Hrsg. 2004: Online-Lernen und W eiterbildung. Wiesbaden.
- Meister, D. M. im Erscheinen: Medien in der Erwachsenen- und Weiterbildung. In: Sander, U./Gross, F. von/Hugger, K. U. Hrsg.: Handbuch Medienpädagogik. Wiesbaden.
- Otto, H. U./Kutscher, N. Hrsg. 2004: Informelle Bildung Online. Perspektiven für Bildung, Jugendarbeit und Medienpädagogik. Weinheim/München.
- Röll, F.- J. 2004: V on der Instruktion zur Navigation. Ein Plädoyer für eine Pädagogik selbstgesteuerten Lernens. In: Otto, H. U./Kutscher, N. Hrsg.: Informelle Bildung Online.

Perspektiven für Bildung, Jugendarbeit und Medienpädagogik. Weinheim/München: S. 156–166.
- Schäffter, O. 2001: Weiterbildung in der Transformationsgesellschaft. Zur Grundlegung einer Theorie der Institutionalisierung. Baltmannsweiler.
- Schindler, W. Hrsg. 2004: Bildung und Lernen online. eLearning in der Jugendarbeit. München.
- Treumann, K. P. 2002: Medienkompetenz im digitalen Zeitalter. Wie die neuen Medien das Leben und Lernen Erwachsener verändern. Opladen.

■ Roland Bader

Mediale Produktion – Ein Onlinemodul zur Förderung digitaler Literalität

„To learn to use knowledge as tools" – mit dieser Formel forderten die Protagonisten des situierten Lernens ein Umdenken bezüglich der Paradigmen des Lehrens und Lernens (vgl. Brown/Collins/Duguid 1989).

Lernen und Wissen sollten praxisrelevant und anwendbar sein. Zunächst prägten Cognitive Tools die Diskussion um didaktische Potenziale der Informationstechnologie, später dann die ungeheuren Wissensbestände des Internets. Heute sind es die kommunikativen Potenziale des Web 2.0. Lernen als durch Werkzeuge strukturierte geistige Aktivität, Lernen als Suche und Verarbeitung von Informationen zu Wissen, Lernen als kommunikative, in Alltag und Lebenswelt geankerte Artikulation – verschiedene Paradigmen standen Pate für die unterschiedlichen Konzepte von Lernen, das immer aber als praktisches Tun, Manipulation von Gegenständen und Symbolen, d. h. Nutzung von Medien konzipiert war.

Die Diskussion um die lernförderlichen Potenziale von Web 2.0 steht aktuell dafür, dass Lernen und Wissensarbeit in einem umfassenden Kommunikationsbezug stehen. Wissen soll gemeinschaftlich erarbeitet, artikuliert, publiziert und reflektiert werden. Die Werkzeuge des Web 2.0 bieten gerade für die gemeinschaftliche Organisation von Lernprozessen hervorragende Plattformen. Mit diesen Web 2.0-Technologien lassen sich viele gute didaktische Ideen einfacher und kostengünstiger als je zuvor umsetzen. Die Strukturierung eigener und gemeinschaftlicher Arbeitsroutinen, die Selbststeuerung und die Kollaboration erhalten dabei für die Organisation von Lernprozessen einen neuen, größeren Stellenwert. Angesichts von Communities im Web 2.0 zerfließen die Grenzen zwischen der Geschlossenheit traditioneller Lernorte, wie Schule und Hochschule, und der offenen Präsenz und Selbstdarstellung im Internet. Qualitätsansprüche an Arbeitsergebnisse und Lernerfolge verschieben sich und machen oftmals eine Metadiskussion und -reflexion notwendig.

Alle diese Herausforderungen ließen es als notwendig erscheinen, eine online verfügbare Lernumgebung für den Erwerb von Medienkompetenzen in Lehre, Unterricht und pädagogischer Praxis zu entwickeln und dabei die neuen Möglichkeiten inhaltlich, technisch und didaktisch zu gestalten. Der Verbund *Mediale Produktion* aus vier niedersächsischen Hochschulen baut von 2007 bis

2009 mit Hilfe traditioneller Lernplattformen und unter Nutzung von Web 2.0-Technologien das Projekt *Mediale Produktion* (www.medialeproduktion.de) auf und lotet dabei neue Möglichkeiten der Lehre neu aus, insbesondere die einer Balance zwischen traditionellem Unterricht und Projektarbeit im Internet, zwischen institutioneller Geschlossenheit und Offenheit des Web.

Medienkompetenzen

Medienkompetenzen, das Leitziel des Projekts, sind die Schlüsselqualifikationen für die meisten Formen von Arbeit und Freizeitgestaltung in der Wissensgesellschaft. Sie schließen insbesondere Kompetenzen zur aktiven und kommunikativen Nutzung neuer Informations- und Kommunikationsmöglichkeiten, die das Internet bietet, ein. Das beinhaltet Wissen um die Handhabung und Nutzung dieser Möglichkeiten und ihre technischen und sozialen Hintergründe, aber auch Fähigkeiten, die nur durch die aktive Nutzung erworben werden können vgl. Schiersmann/Busse/Krause 2002. Reflexive Kommunikation bindet Wissen und Fähigkeiten zusammen und erzeugt „Erfahrung": Eine eigene persönliche Haltung, gegründet auf Orientierung in dem Feld der Möglichkeiten und Grenzen der Technologien. Lernen in diesem Kontext beinhaltet nicht nur instrumentelle Dimensionen, sondern ist auch „Identitätslernen" Schachtner 2001 oder Medienbildung, insofern es auf Artikulation, sichtbar werden, Position beziehen, Diskurs und Selbstorganisation angelegt ist.

Die Arbeit mit Medien unterstützt das Denken, das Lernen, den Ausdruck und das Hinterfragen. Medienproduktion macht Erfahrungen kommunizierbar, zwingt zur Artikulation von Sichtweisen, befördert Bildung im umfassenden Sinn der Orientierung vgl. Marotzki 2004. Medienprojekte sind der Königsweg zum Erwerb von Medienkompetenzen vgl. Baacke 1999. Neben vielfältigen sozialkommunikativen Kompetenzen beinhalten sie auch ein medienkritisches Verständnis: erkennen, wie Medien gemacht sind, welche Chancen sie bieten und welche Grenzen sie haben.

Mit den Inhalten des Moduls können Interessierte innerhalb oder außerhalb der Hochschule online Medienkompetenzen erwerben. Die Inhalts- und Lehrmodule des Projekts werden mit Lehramtsstudierenden und Studierenden pädagogischer Berufe (Soziale Arbeit, Theaterpädagogik) entwickelt und für das Selbststudium und die Projektarbeit in unterschiedlichen Fächern und Lernkontexten bereitgestellt (z. B. Seminare und Projekte in Hochschule, Weiterbildung, Unterricht der gymnasialen Oberstufe). Gerade was die Qualifikation der Studierenden von Lehramtsberufen und Pädagog/inn/en angeht, sollen die erworbenen Fähigkeiten zur aktiven Kommunikation mit Medien der späteren medialen Gestaltung von Unterricht und medienpädagogischer Angebote für Zielgruppen zugute kommen.

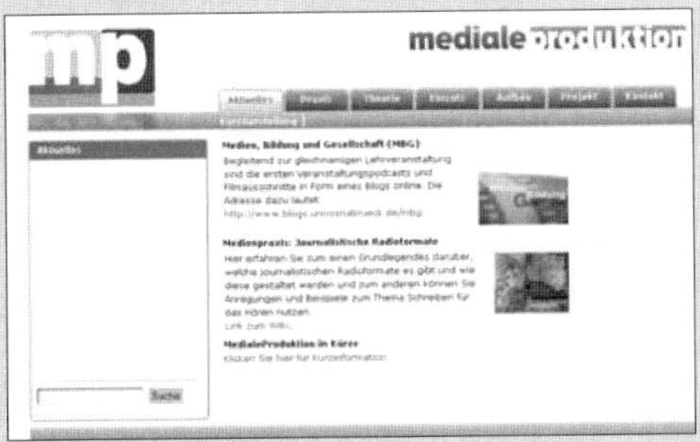

Projektpartner
Am Projekt *Mediale Produktion* sind vier Hochschulen in Niedersachsen beteiligt: die HAWK (Hochschule für Angewandte Wissenschaft und Kunst, Hildesheim Holzminden Göttingen), die Universität Osnabrück, das Zentrum für Informationsmanagement und virtuelle Lehre virtUOS, die Fachhochschule Osnabrück und die Fachhochschule Oldenburg Ostfriesland Wilhelmshaven. Das Projekt wird gefördert mit Mitteln aus ELAN Elearning Academic Network Niedersachsen im Auftrag des Ministeriums für Wissenschaft und Kultur Niedersachsen. Die Website des Projekts gibt einen Überblick über den aktuellen Stand und die Angebote und stellt den Einstieg in die Inhaltsmodule dar.

Die Inhaltsmodule von *Mediale Produktion* sind zum größten Teil im Internet frei verfügbar. Die Planung umfasst die Bereitstellung von Inhaltsmodulen zu 25 Medienthemen, darunter z. B. Filmanalyse und -bildung, Interview, Audioschnitt, Videopraxis, Web 2.0-Communities, Medienidentität, Szenische Reflexion, Gewaltprävention u. a. Die Inhalte können für die Weiterbildung oder eigene Projekte im Selbststudium genutzt werden, um mediale Gestaltungsregeln, Formate und ihre Geschichte, medienwissenschaftliches und medienpädagogisches Hintergrundwissen oder Handlungswissen in Medientechnik und Software aufzubauen.

Neben dem informellen Selbststudium sind aber auch – nach Absprache – institutionalisierte Formen der Nutzung der Inhalte von *Mediale Produktion* möglich: in der Hochschullehre, dem Unterricht in der Oberstufe oder der Weiterbildung, z. B. von Lehrkräften oder Sozialarbeitern. Aufbauend auf den Inhaltsmodulen erarbeiten die Projektpartner elf Lehrmodule für den internetgestützten Unterricht und die Onlinelehre zu Medienthemen. Diese Lehrmodule sind inhaltlich und didaktisch vollständig ausgearbeitete Lehrveranstaltungen/Unterrichtseinheiten samt aller notwendigen Materialien und der bereitgestellten technischen Infrastruktur (Lernplattform, Video- und Podcastserver, Blogs u. a.).

Handlungsorientiertes Lernen mit Medien: Das mediendidaktische Modell

Dem Projekt *Mediale Produktion* liegt ein handlungstheoretisches Konzept des Lernens zugrunde. Lernen findet als Prozess medialer Produktion in der Auseinandersetzung mit Inhalten, Werkzeugen, medialen Erfordernissen sowie mit anderen Menschen in didaktischer Anleitung und Präsentation statt. Medienproduktion ist zugleich ein Prozess der Artikulation und Formgebung wie auch der Reflexion. Medienproduktion ist in hohem Maße identitätsstiftend, denn Medienproduktion ist Kommunikation und nutzt Kommunikationsmittel, die auf den Anderen ausgerichtet sind. Botschaften müssen verstanden werden. Mediale Gestaltung und mediale Formate und Produktionsprozesse haben eine Geschichte und Traditionen, die die Erwartungen von Rezipienten strukturieren.

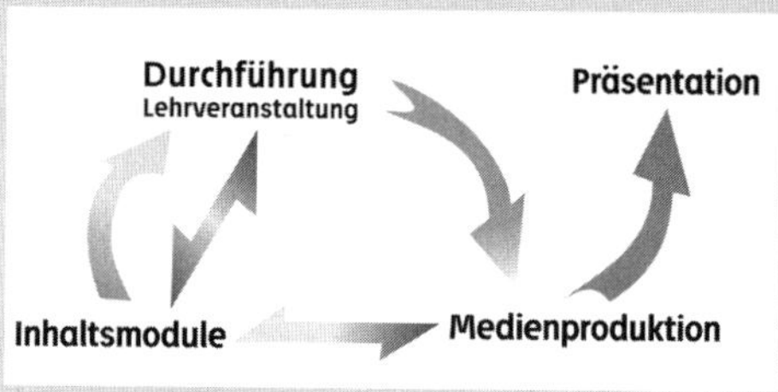

Abb.: Mediendidaktisches Design des Projekts „Mediale Produktion"

Die didaktische Modellierung des Projekts orientiert sich am Ziel des Erwerbs von Handlungskompetenzen. Handlungskompetenzen dienen der Bewältigung komplexer und verallgemeinerter beruflicher Anforderungen Arnold u. a. 2004.

Die „Aufgabe" in einem Seminar oder einer Lerngruppe steht am Beginn aller inhaltlichen und didaktischen Überlegungen und bietet den Maßstab für die Auswahl der Inhalte und der didaktischen Gestaltung. Eine solche Aufgabe soll als Leitorientierung für eine Blended Learning Lehrveranstaltung wohlüberlegt sein und muss dem Erwerb der angestrebten Kompetenzen dienen.

Die Medienproduktion (von Texten, Videos, Podcasts, Webprojekten, Präsentationen etc.) in Einzel- und Gruppenarbeit durch die Lernenden bildet das Kernstück des didaktischen Designs. Um Medien zu produzieren, benötigen Studierende einerseits Aufgabenstellungen (in den Blended Learning Lehrveranstaltungen und in den Lehrmodulen auf den Plattformen), inhaltliche Anregungen und Anleitungen (in den Inhaltsmodulen) sowie geeignete Werkzeuge wie internetgestützte Softwaretools.

Gleiches gilt für die Präsentation der Arbeitsergebnisse im Internet. Hierfür werden öffentlich verfügbare Kommunikationsmöglichkeiten, vorzugsweise Web2.0-Technologien wie Blogs, Podcastserver, Videoserver und Portfolio bereitgestellt.

- *Inhaltsmodule*

Im Zentrum der medienpraktischen Inhaltsmodule steht Handlungswissen, das notwendig ist, um Medienkompetenzen durch mediale Produktion zu erwerben. Medientheoretische Inhaltsmodule stellen medienpraktisches Handlungswissen in medieninformatische, mediensoziologische, medienwissenschaftliche und medienpädagogische Zusammenhänge und dienen der Vertiefung und der Verortung der eigenen praktischen Erfahrungen. Die Inhaltsmodule werden in Form von Wikis gemeinschaftlich von den Projektpartnern erarbeitet. Damit ist sicher gestellt, dass die Inhalte ohne Aufwand aktualisiert und externe Expert/inn/en problemlos in die Entwicklung und Nutzung eingebunden werden können. Aktuell sind etwa 15 von 25 geplanten Wikis fertig gestellt.

Inhaltsmodul „Journalistische Radioformate"

Das Inhaltsmodul „Journalistische Radioformate" macht die Lernenden mit den verschiedenen radiojournalistischen Formaten wie Moderation, gebauter Beitrag, Feature und Magazin vertraut. Unterschiede und Anforderungen werden herausgestellt, praktische Hinweise zur Gestaltung der einzelnen Formate werden gegeben. Genutzt werden kann es nicht nur, um besser zu verstehen, wie Radiosendungen oder Podcastepisoden aufgebaut sind, sondern auch, um zu entscheiden, welche Formate für einen eigenen Beitrag in Frage kommen, und wo die jeweiligen Möglichkeiten und Grenzen liegen.

Lehrmodule

Lehrmodule sind inhaltlich und didaktisch ausgearbeitete Lehrveranstaltungen oder Unterrichtseinheiten, die online oder in Form von Blended Learning durchgeführt werden können. Sie bauen auf durchgeführten Lehrveranstaltungen an Hochschulen auf, in denen die Inhaltsmodule benutzt wurden. Entsprechend werden Zeitaufwand und Voraussetzungen, mögliche Lernformen und Projektaufgaben beschrieben.

Um Flexibilität für die Lehrkraft in der Durchführung eigener Projekte, Seminare oder Unterrichtseinheiten sicherzustellen, werden die Lehrmodule in Form didaktischer Vorschläge so entwickelt, dass bei der Vorbereitung des

Onlineseminars jeder denkbare Freiraum zu Abwandlung und Variation besteht.

Die Lehrmodule sind nicht öffentlich zugänglich, sondern werden im geschlossenen Rahmen Projektpartnern zur Verfügung gestellt. Es wird angestrebt, den Kreis möglicher Kooperationspartner zu erweitern, um mit Partnern gemeinsam die Aktualität der Inhalte zu erhalten, das Spektrum der angebotenen Module zu erweitern und um Erfahrungen im Einsatz der Module mit verschiedenen Zielgruppen einfließen zu lassen.

Lehrmodul „Interview"

Ausschnitt aus dem Lehrmodul „Interview", das als *Moodle*-Kurs bereitgestellt wird.

Das Lehrmodul enthält alle notwendigen Materialien für die Durchführung einer Lehr- oder Unterrichtseinheit und schließt die Bereitstellung der technischen Infrastruktur (Lernplattform *Moodle*, Video- und Podcastserver, Content Management System für Projekte, Blogs u. a.) ein. Es enthält für Lehrende Vorschläge für die zeitliche Taktung einer Unterrichtseinheit oder eines Seminars, mögliche Aufgabenstellungen, Fallbeispiele, ergänzende Literatur, didaktische Organisation (Koordinierung der Kommunikation, Feedback, Einzel- und Gruppenarbeit), Selbstkontrollaufgaben und multimediale Dokumente.

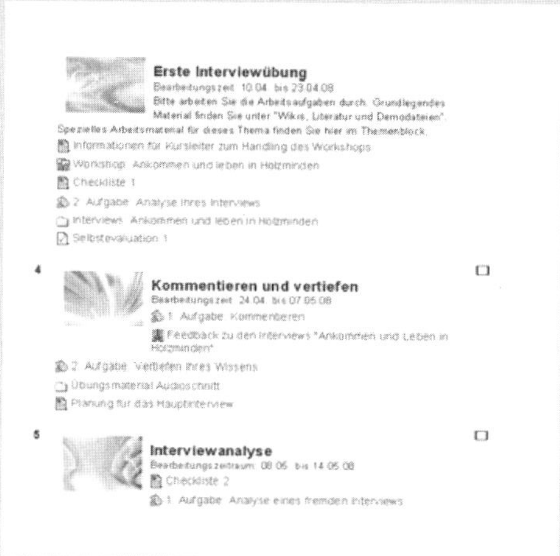

Bei der Planung einer Lehrveranstaltung oder Unterrichtseinheit können Lehrende auf der Grundlage dieser ausgearbeiteten Lehrmodule und vorhandener Inhaltsmodule mit geringem Aufwand eine Einheit planen und durchführen. Dabei können Inhaltsmodule ergänzt und aktualisiert sowie Lehrmodule mit eigenen Vorschlägen und Erfahrungen angereichert werden.

Die Werkzeuge

Um eine produktive Vielfalt an Kommunikations-, Produktions- und Präsentationsmitteln für Gruppen von Lernenden zur Verfügung zu stellen, wird neben der Lernplattform Moodle, die sich insbesondere für geschlossene Kurse und Gruppen eignet, noch eine ganze Reihe weiterer internetgestützter Software-Tools, insbesondere Web 2.0-Werkzeuge, bereitgestellt. Darunter befinden sich Wikis zum gemeinsamen Erarbeiten von Inhalten, ein Online-Videoschnitt-Tool, ein Podcastserver, eine Installation von Wordpress für die Gestaltung von Blogs, ein System für Portfolios und viele weitere Tools. Für Gruppenprojekte im Internet stehen Installationen des Content Management Systems *Websitebaker* zur Verfügung.

Aus der Fülle von Hochschul- oder Unterrichtsprojekten, die sich aus den didaktisch ausgearbeiteten Lehrmodulen und den Inhalten generieren lassen, sei hier eine vorgestellt, die wir im Wintersemester 2007/08 an der HAWK durchgeführt haben.

Die Aufgabe für die Teilnehmenden (Studierenden der Sozialen Arbeit) bestand in der Produktion von Podcastepisoden zu einem Thema, das sie sich in Kleingruppen von drei oder vier Teilnehmenden selbst gestellt haben. Der Podcast sollte ein radiotypisches Magazinformat haben, also wenigstens drei Interviews (von jeweils fünf Minuten) oder andere radiojournalistische Formate (z. B. gebaute Beiträge, Umfrage, Kommentar, Rezension o. ä.) beinhalten. Das Ergebnis sollte Moderationstexte in Form von An-, Ab- und Zwischenmoderation sowie auflockernde akustische Elemente enthalten und von zufriedenstellender Audioqualität sein.

Diese Aufgabe stellt eine komplexe Anforderungssituation dar und wirft eine Fülle von Fragen auf, die die Studierenden mit Hilfe der Materialien bearbeitet haben.

Was ist ein Podcast? Wie führe ich ein Interview? Welche Geräte brauche ich für die Aufnahme, und wie verarbeiten wir unser Rohmaterial zu einem sendefähigen Ganzen? Ist das Material überhaupt gut genug und woran erkenne ich das? Was ist eine Moderation, welche Information enthält sie und wie wird sie gestaltet?

Für die Arbeit an diesen Fragen wurden von den Studierenden die Inhaltsmodule zu den Themen Interview, Podcast, Radiojournalistische Formate und Audioschnitt genutzt. Neben Präsenztreffen diente ein *Moodle*-Kurs für die Kommunikation, die Publikation von Übungsinterviews, für Feedback und die Organisation der Gruppenarbeit.

An vier Präsenzterminen übten die Teilnehmenden Interviewführung, die Bedienung der Audiogeräte, Moderation, die Auswahl von Interviewpassagen, die für die weitere Verarbeitung geeignet erscheinen, sowie Audioschnitt; darüber hinaus dienten die Präsenztreffen der Koordination der Kleingruppen. In Einzel- und Gruppenarbeit führten die Teilnehmenden in der Produktionsphase Interviews durch und montierten diese zu Podcastepisoden. In der letzten Präsenzveranstaltung wurden die Beiträge gemeinsam angehört und publiziert (vgl. www.elearning.hawk-hhg.de/podcast/rss/Sozialcast.xml [Zugriffsdatum: 04.10.2008]).

• *Ausblick*

Wo es um das Lernen und den kommunikativen Ausdruck mit Medien geht, kann nicht mehr einfach von der klaren Trennung von Organisation und technischer Struktur einerseits und Inhalten und Didaktik andererseits ausgegangen werden. Beide Ebenen bedingen sich wechselseitig, und diese Durchdringung erfordert durchdachte Konzepte. In diesen Konzepten müssen Inhalte und Technik immer wieder neu ausbalanciert werden. Es ist die Aufgabe der Schulen und Hochschulen, Schüler wie Studierende darin zu unterstützen, am Diskurs der Wissensgesellschaft zu partizipieren und dafür relevante und interessante Inhalte und Medien zu erarbeiten sowie diese auch öffentlich zu publizieren.

Bildungsprozesse haben aber auch berechtigte Schutzinteressen und Bildungsinstitutionen haben die Pflicht, sie vor weltweitem Zugriff und unbedachter dauerhafter Speicherung zu schützen. Dies gilt auch und umso mehr, je stärker Schüler, Jugendliche und Studierende selbstverständlich und oft unüberlegt Internetcommunities zur Selbstpräsentation und Kontaktpflege nutzen. Insofern erscheint die Nutzung von Web 2.0 in der Lehre oder im Unterricht gelegentlich einfacher als sie es in der institutionellen Praxis wirklich ist.

Literatur

• Arnold, P./Kilian, L./Thillosen, A./Zimmer, G. 2004: E-Learning. H andbuch für Hochschulen und Bildungszentren – Didaktik, Organisation, Qualität. Nürnberg.
• Baacke, D. 1999. Medienkompetenz als zentrales Operationsfeld von Projekten. In: Baacke, D./Kornblum, S./Lauffer, J./Mikos; L./Thiele G. A. Hrsg: Handbuch Medien: Medienkompetenz. Modelle und Projekte . Bundeszentrale für politische Bildung. Bonn: S. 31-35.
• Brown, J. S./Collins, A./Duguid, P. 1989: Situated cognition and the culture of learning. In: Educational Researcher, 18 1, S. 32-42.
• Marotzki, W. 2004: Von der Medienkompetenz zur Medienbildung. In: Brödel, R./Kreimeyer, J. Hrsg.: Lebensbegleitendes Lernen als Kompetenzentwicklung. Analysen – Konzeptionen – Handlungsfelder. Bielefeld: S. 63-74.
• Schachtner, C. 2001: Lernziel Identität. In: medienpraktisch, 1, S. 4-9.
• Schiersmann, C./Busse, J./Krause, D. 2002: Medienkompetenz – Kompetenz für Neue Medien. Studie im Auftrag des Forum Bildung. Workshop am 14. September 2001 in Berlin. Verfügbar unter: www.blk-bonn.bund.de/papers/forum-bildung/band12.pdf [Zugriffsdatum: 20.02.08].

■ Markus Walber

Bildungsraum: Second Life?

• *Zum Umgang mit Second Life als „neuem" Medium*

Seit der Geburtsstunde der digitalen 3D-Welt Second Life im Jahr 2003 hat die Diskussion über diesen „neuen" Medienraum unterschiedliche Perspektiven z. B. hinsichtlich der gesellschaftlichen, ökonomischen oder pädagogischen Nützlichkeit hervorgebracht. Zu Beginn war die Aufmerksamkeit für *Second Life* eher gering, was sich in anfänglich niedrigen Nutzerzahlen niederschlug. Insbesondere durch die Platzierung des Themas in den Massenmedien entstand Anfang 2007 ein regelrechter Second-Life-Hype. Im Vordergrund der zahlreichen Berichterstattungen standen die ökonomischen Potenziale, die Second Life angeblich biete, weil die virtuelle Welt über das Zahlungsmittel Lindendollar an reale Wirtschaftskreisläufe angeschlossen werden könne. Reportagen über ökonomisch erfolgreiche „Second Life-Bewohner" initiierten unter dem Slogan „Alles ist Möglich" eine regelrechte Goldgräberstimmung. Dies führte dazu, dass im Frühjahr 2007 mehr als zwei Millionen registrierte Avatare Second Life bewohnt haben und monatlich ca. 100.000 neue Mitglieder hinzugekommen sind (vgl. Hamann/Uehlecke 2007, S. 8). In dieser Zeit wurde Second Life zur neuen Medien-Ikone stilisiert und von „Visionären" als Vorbote für die zukünftige Entwicklung des Internets deklariert. Insbesondere für die Implementierung von Web 2.0 Technologien versprach man sich durch Second Life eine Dynamisierung (vgl. Computerwoche 2007).

Ein knappes Jahr später ist Ernüchterung eingetreten. Bei den ökonomischen Erfolgsstorys handelt es sich um wenige Einzelfälle, die ersten großen Firmen wandern wieder ab. Ferner wird die Berichterstattung kritischer insbesondere hinsichtlich krimineller und sexueller Machenschaften in der digitalen Welt. Die Nutzergemeinde wächst zurzeit nicht mehr, allerdings bilden sich in Second Life spezifischere Anwendungskontexte heraus zu denen u. a. auch Repräsentanzen von Bildungsanbietern zählen. Man könnte vor dem Hintergrund des *Gartner Hype Cycles* sagen, dass die Phase begonnen hat, in der sich „der Wald lichtet" und ein Plateau des produktiven Nutzens entsteht (vgl. Abb. 1).

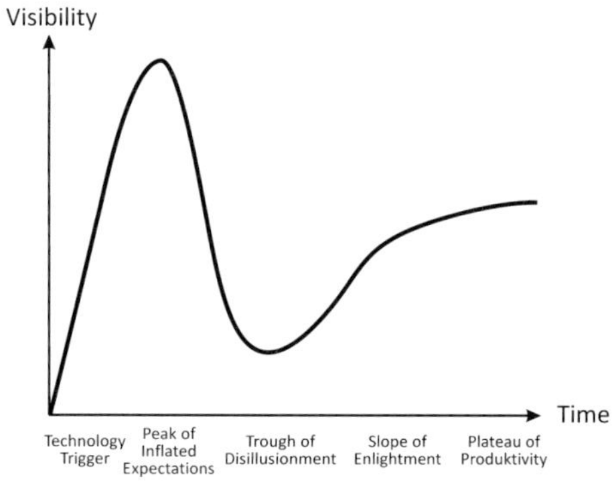

Abb. 1: Gartner Hype Cycle In Anlehnung an Fenn/Linden 2005

Im Fokus dieses Textes steht der produktive Nutzen von Second Life im Bildungsbereich. Den referentiellen Bezug zur Einschätzung der produktiven Potenziale von Second Life stellen hier klassische Formen des E-Learning und nicht etwa Präsenzlernen dar. Grundlegend hierfür wird nachfolgend die Entwicklung vom 2D- zum 3D-Lernen dargestellt, bevor Grenzen, Möglichkeiten und neue Anforderungen herausgearbeitet werden.

E-Learning 2D

Die Analyse unterschiedlicher Texte aus den 1990er Jahren spiegelt die hohen Erwartungen wider, die mit der Implementierung von E-Learning in unterschiedlichen Anwendungsbereichen verknüpft waren. Immer wieder hervorgehoben wurden die hohen Freiheitsgrade von E-Learning, die es ermöglichen sollten, den Bedürfnissen der Lernenden in hohem Maße zu entsprechen. Einschränkend wurde angemerkt, dass nur bestimmte Applikationstypen, wie z. B. Simulationen, Hypermedia und virtuelle Realitäten, ein hohes Potenzial an Freiheitsgraden liefern. Instruktionsorientierte Lernanwendungen, wie *Drill & Practice* oder tutorielle Unterweisungssysteme wurden bereits damals aus konstruktivistischem Blickwinkel eher kritisch beurteilt, da hier die Intention im Vordergrund steht, durch die Software extrinsische Motivationen auszulösen, die dazu beitragen sollen, Wissen bei dem Lernenden zu erzeugen. Da dies zu einer relativen Passivität bzw. reaktiven Aktivität des Lernenden im Lernprozess führt, sind solche Lernapplikationen kaum anschlussfähig an ein konstruktivistisches Lernverständnis (vgl. Walber 2000, S. 104).

Auf Basis der angenommenen Potenziale legitimierte die Lernsoftwareindustrie die Entwicklung von multimedialer Lernsoftware. Ferner entstand in dieser Zeit eine große Menge an sogenannten Lernplattformen, in welchen

Inhalte präsentiert wurden und E-Kommunikation ermöglicht werden sollten.

Allerdings wiesen einige Autoren damals bereits kritisch darauf hin, dass rein technologische Softwarelösungen auf der Lerneffektseite nur wenig erfolgversprechend seien, insbesondere, weil die Interaktionen mit einer Lernsoftware, auch bei hochkomplexen Lernapplikationen, auf den vom Medium thematisierten Erfahrungsraum eingeschränkt bleibe (vgl. Euler 2000, S. 10).

Vor diesem Hintergrund wurde das didaktische Ziel formuliert, E-Learning-Aspekte in soziale Lernumgebungen zu integrieren. So könne beispielsweise ein medienunterstütztes Lernszenario eine Ausgangssituation für Lernprozesse bieten, darüber hinaus aber gleichzeitig soziale Interaktionen anregen (vgl. Walber 2000, S. 108).

Sowohl Berichte aus der Praxis als auch aktuelle Studien zeigen, dass sich die in den 1990ern formulierten Erwartungen hinsichtlich des Einsatzes von E-Learning nur bedingt erfüllt haben. Nachfolgend werden diesbezüglich Ergebnisse einer 2007 durchgeführten Studie im Bereich der Weiterbildung illustriert.

- *Empirische Befunde zu klassischem E-Learning*

Aus heutiger Perspektive ergibt sich ein Spannungsfeld zwischen den verkündeten Potenzialen und den Erfahrungen aus Anwendungsrealitäten von e-basierten Lernumgebungen. Die aktuelle Studie im Weiterbildungsbereich zum Thema Selbststeuerung von Lernprozessen und Erkenntniskonstruktion (vgl. Walber 2007) liefert aufschlussreiche Ergebnisse hinsichtlich des Selbststeuerungspotenzials von klassischen Formen des E-Learning. Ein zentrales Ergebnis der Studie stellt eine Selbststeuerungstypologie dar, anhand der folgende fünf Typen empirisch differenziert werden können: 1 der Selbststeuernde, 2 der Ziel- und Inhaltssteuernde, 3 der Startentscheider, 4 der Orts- und Zeitunabhängige sowie 5 der F remdgesteuerte. Die Teilnehmenden an klassischen e-basierten Angeboten sind dabei überdurchschnittlich in den Clustern der Ziel- und Inhaltssteuernden und der Orts- und Zeitunabhängigen zu finden vgl. ebd., S. 246. Dies macht deutlich, dass E-Learner hohe Freiheitsgrade hinsichtlich der Lernlokalität, des Lernzeitpunkts, der Auswahl von Inhalten und der Setzung von Zielen haben. Das Selbststeuerungspotenzial ist bei anderen Dimensionen, wie z. B. der Wahl der sozialen Lernform oder der Methoden und der Lernmedien, überraschenderweise unterdurchschnittlich stark ausgeprägt.

Bezogen auf die Erkenntniseffekte lässt sich feststellen, dass die Teilnehmenden an reinen e-basierten Weiterbildungsangeboten eher zu den Erkenntnisschwachen zuzurechnen sind. Die positiven Erkenntnisse liegen im

Bereich von ontologischen Erkenntnissen, also dem Erwerb von Faktenwissen und Informationen vgl. ebd., S. 243. Dies verwundert, weil die Befragten E-Learning an sich einen hohen Nutzen zuschreiben (vgl. Abb. 2).

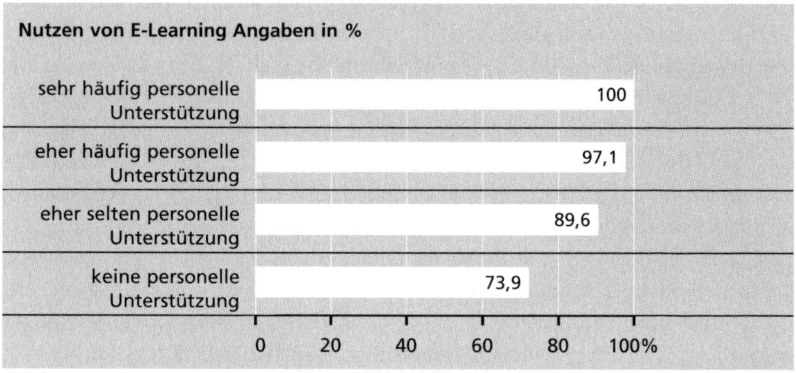

Abb. 2: Nutzen von E-Learning und personelle Unterstützung (n=315) (Walber 2007, S. 132)

Abbildung 2 verdeutlicht allerdings, dass der eingeschätzte Nutzen positiv mit dem Grad an persönlichen Interaktionen korreliert. Es kann kritisch festgestellt werden, dass E-Learning bisher vorrangig zur technologischen Bereitstellung von Inhalten genutzt wird. Bei mehr als zwei Dritteln der Befragten 69,8 Prozent wird E-Learning nur zur Distribution materieller Hilfestellungen in Form von Anleitungen, Aufgaben, Glossaren, etc. eingesetzt. E-Kommunikationselemente kommen nur in weniger als einem Drittel aller Fälle zum Einsatz. Chats 11,2 Prozent und Videokonferenzen 1,7 Prozent spielen im E-Learning-Prozess kaum eine Rolle (vgl. Abb. 3).

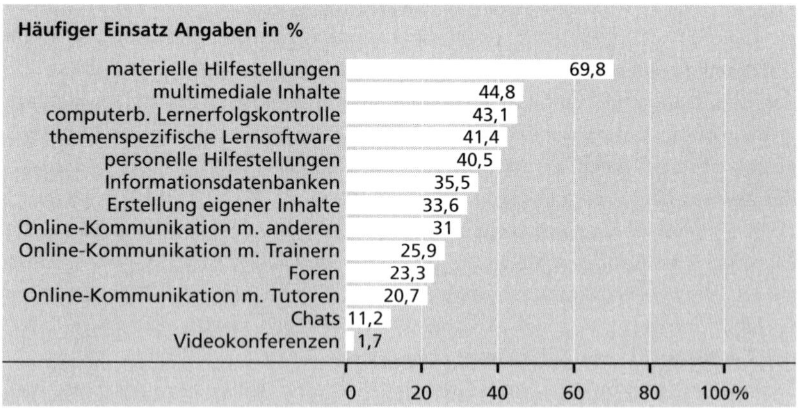

Abb. 3: E-Learning-Elemente in e-basierten Weiterbildungsangeboten n=315 (Walber 2007, S. 130)

Insgesamt zeigt sich, dass die interpersonale, insbesondere die synchrone Kommunikation bei aktuellen E-Learning-Angeboten kaum Berücksichtigung finden und somit nur in seltenen Fällen ein sozialer Lernraum entstehen kann. Es finden also vornehmlich technisch-mediale Interaktionen mit der Software bzw. der Lernplattform statt.

Das Hauptdesiderat lässt sich folglich hinsichtlich der Ermöglichung von interpersonalen Interaktionen ausmachen. Selbst wenn in aktuellen E-Learning-Angeboten synchrone und asynchrone Kommunikationstools funktional angeboten werden, bleiben diese in ihrer bestehenden Form nicht selten ungenutzt. Dadurch fehlen im Vergleich zu interpersonalen Interaktionen bei medialen Interaktionen mit einer Lernsoftware/Lernplattform erhebliche soziale Dynamiken. So werden im e-basierten Raum kaum Gefühle artikuliert, Beziehungen definiert oder etwa Konflikte reguliert.

Die empirischen Ergebnisse zeigen hingegen, dass soziale Interaktion beim E-Learning eine der entscheidenden Qualitätsdeterminanten darstellt. Nachfolgend soll dargestellt werden, ob sich aus der dimensionalen Erweiterung von 2D-Lernplattformen in virtuelle 3D-Räume eine Verbesserung der Lernqualität erwarten lässt.

- *Grenzen, Möglichkeiten von digitalen 3D-Welten*

Bei digitalen 3D-Welten, wie z. B. Second Life, handelt es sich um computerisierte online nutzbare 3D-Umgebungen. Im Gegensatz zu anderen Computerwelten ist hier die 3D-Welt annähernd vollständig von den Nützern und nicht von den Betreibern (Autoren) generiert. Mithilfe eines digitalen Stellvertreters (Avatars) können Personen miteinander synchron in Kontakt treten und gegenseitig virtuelle Waren, Dienstleistungen oder Gedanken austauschen. Die Kommunikation erfolgt per Text-Chat oder Voice-Chat. Besondere Reize der virtuellen Welt liegen in den vielfältigen Möglichkeiten zu sozialer Interaktion, dem kostengünstigen Zugang, der örtlich unabhängigen Erreichbarkeit und der einfachen Möglichkeit der Darstellung von dreidimensionalen Objekten und Simulationen (vgl. Gabler 2007, S. 39; vgl. Pätzold 2007).

Insbesondere Aspekte der virtuellen Identität und Sozialität scheinen anziehende psychologische Dynamiken auszulösen. So können beispielsweise spielerisch und unkompliziert soziale Netzwerke geknüpft werden, dabei wird immer wieder betont, dass es sich bei Second Life nicht um ein klassisches Online-Spiel handelt (Suler 2007, S. 42).

Die Erschaffung der eigenen virtuellen Identität stellt für die Nutzer eine Möglichkeit zur kreativen Beteiligung an der virtuellen Welt dar. Sie können sich hier auf Basis der eigenen Vorstellungskraft immer wieder neu erfinden und beispielsweise unterschiedliche virtuelle Identitäten ausprobieren.

Vor dem Hintergrund der oben skizzierten Grenzen von klassischen Formen des E-Learning scheinen digitale 3D-Umgebungen Potenziale zu bieten, die insbesondere zur Überwindung des sozialen Interaktionsdefizits beitragen könnten und damit bisher eingeschränkte methodische Gestaltungsmöglichkeiten vielfältig erweitern. Die Kommunikation in Second Life kann als direkt bezeichnet werden und die Kontaktaufnahme ist dadurch unproblematischer als bei klassischen Learning-Management-Systemen. Dies vereinfacht beispielsweise lebhafte inhaltliche Diskussionen sowie den Einsatz kooperativer Methoden erheblich. Auch die Möglichkeit zur gemeinsamen Exploration von themenrelevanten „Gegenden" ist möglich. Im Gegensatz zu klassischen Formen von E-Learning findet eine Integration von Lernprozessen in eine informelle Umwelt statt, die wiederum didaktisch in die Gestaltung einbezogen werden kann. Die Einbindung von Medien (Sound, Video, Präsentationen, etc.) erfolgt in den virtuellen Raum integriert, so dass Lernmedien und -umgebung eine räumliche Einheit ergeben und nicht in einem neuen „Fenster" erscheinen. Es entsteht ein ganzheitlicheres Raumerleben.

Neben den Potenzialen sollen hier auch die zu erwartenden Einschränkungen von virtuellen 3D-Welten genannt werden. Ein Problem z. B. hinsichtlich der Entstehung von sozialem Vertrauen im Lernprozess könnte sich aus der möglichen Inkonsistenz zwischen den Identitäten der Avatare und den sich dahinter verbergenden Teilnehmern ergeben. Ferner bleibt die Kommunikation zwischen den am Lernprozess beteiligten Akteuren zumindest teilweise artifiziell, weil non-verbale Kommunikationen nur in sehr begrenzter Form zu realisieren sind. Außerdem werden durch den Einsatz von Second Life zunächst neue Zugangsbarrieren geschaffen. So setzt die Partizipation am virtuellen Geschehen spezifische Medienkompetenzen voraus. Für einen reibungslosen Ablauf müssen auch die technologischen Voraussetzungen an die Hardware sichergestellt sein.

Sind diese Barrieren aber erstmal überwunden, lassen sich vielfältige Lernprozesse virtuell gestalten. Dies machen erste Erfahrungen im Projekt E-Learning 3D deutlich (vgl. Universität Bielefeld 2008). Ob sich die theoretischen Potenziale virtueller 3D-Lernwelten in der pädagogischen Praxis mit einer hohen Lernwirksamkeit nachhaltig realisieren lassen, muss in naher Zukunft empirisch geprüft werden.

• *Transversales Lernen und Anforderung an die lernenden Subjekte*

Durch die Erschließung von digitalen Lernwelten nimmt die Komplexität des Lernens weiter zu. So entstehen neue digitale Kontexte, die von den beteiligten

Akteuren in deren Lebenswelt implementiert werden müssen.

Von den Betreibern wird Second Life auch als „Metaversum“ bezeichnet. Dies beschreibt in Anlehnung an den Science-Fiktion-Roman *Snow Crash* eine Welt, die auf modernen Informations- und Kommunikationstechnologien basiert und als Welt hinter bzw. über meta der realen Welt versum existiert (vgl. STEPHENSON 2002).

Aus einer strikt konstruktivistischen Perspektive, die hier eingenommen wird, ist die Differenzierung zwischen Universum (realer Welt) und Metaversum (virtueller Welt) nicht zu begründen. Durch virtuelle Welten wie Second Life entstehen für die Nutzer lediglich potenzielle weitere Kontexte, die neben vielen anderen bereits existierenden Wirklichkeiten zu neuen Wirklichkeiten konstruiert werden können. Eine Qualitätszuschreibung (z. B. Hierarchie) zu den unterschiedlichen Wirklichkeiten kann, wenn überhaupt, nur durch das Subjekt selbst erfolgen.

Vor diesem Hintergrund stellt jeder einzelne Kontext, unabhängig vom Grad der Virtualität, für das Subjekt eine eigene Wirklichkeit dar. Wirklichkeit bezeichnet hier eine relative Welt, die erst durch konstruierendes EinWirken des Subjekts entsteht. Sie ist nicht gleichzusetzen mit einer universellen ontologischen Realität. Wirklichkeiten sind Orte des Erlebens, wogegen Realität eine Fiktion darstellt (vgl. GLASERSFELD 1997, S. 46). Realität bezeichnet also eine unnahbare Ontologie, wogegen Wirklichkeiten nahbar, weil durch Handlungen oder Wahrnehmungen des Subjekts konstruiert, sind (vgl. ebd., S. 7). So gesehen findet Leben und Lernen nicht in einem Uni- sondern in einem „Multiversum“ statt. Der Begriff „Multiversum“ ist entlehnt von Maturana, der damit „... zahlreiche Realitäten [, die] – in Abhängigkeit von den jeweiligen Validitätskriterien – Gültigkeit besitzen“ (MATURANA/PÖRKSEN 2002, S. 39) bezeichnet. Das Konstrukt der Multiversalität verdeutlicht, dass die Qualität von Erfahrungen sich zunächst nur auf den erlebten Kontext bezieht und kein Privileg der Objektivität beanspruchen kann. Erfahrungen, die von einem Subjekt in unterschiedlichen Wirklichkeiten gemacht werden, können aber Wirkungen aufeinander haben, sodass ein „Metaversum“ durch das erkennende Subjekt selbst, nicht durch eine externe Welt, geschaffen wird. „Metaversum“ beschreibt hier also das subjektive Konstrukt, das unterschiedliche Wirklichkeiten miteinander in Relationen bringt. Vor diesem Hintergrund stellt sich die Frage, welche Resonanzen Erfahrungen in Welten wie Second Life auf andere Lebenswirklichkeiten ausüben können.

Basierend auf der Annahme, dass Erkenntnis sich durch Tun, hier Lernen, des Subjekts in einer Wirklichkeit ergibt und durch wirklichkeitsimmanente Validitätskriterien bewertet wird, steht das erkennende Subjekt vor der Herausforderung, die gewonnenen Erkenntnisse in andere Wirklichkeiten zu übertragen. Das Subjekt kann in diesem Sinne auch als Schnittstelle, Interface, zwischen den Wirklichkeiten bezeichnet werden.

Eine besondere Anforderung an das Subjekt stellt die relative Flüchtigkeit von Wirklichkeiten dar. So kann sich eine Situation zum Beispiel durch das Hinzukommen einer Person oder einer Veränderung des Wetters, jederzeit dynamisch modifizieren. Vor diesem Hintergrund muss das Subjekt seine Erkenntnisse ständig an neue oder veränderte Wirklichkeitssysteme anschlussfähig machen. Es begegnet Perturbationen, die sich aus diesen Wirklichkeitsdynamiken ergeben: entweder durch die Reduktion der Komplexität der wahrgenommenen Umwelt, also durch Ausblenden der „irritierenden“ Aspekte, oder durch die Modifikation der vorhandenen Erkenntnisse. Auf diese Weise entstehen wechselseitige Beziehungen zwischen zwei Wirklichkeitssystemen. Prinzipiell können im Sinne der Multiversalität weitere Wirklichkeiten in das Beziehungssystem einbezogen werden. Die zentrale Instanz, die alle beteiligten „Versen“ miteinander relational verbindet, ist das Subjekt. Aus der Vernetzung des in unterschiedlichen Kontexten bewährten Wissens konstruiert es seine eigene Wirklichkeit zweiter Ordnung, sein Metaversum. (vgl. Abbildung 2).

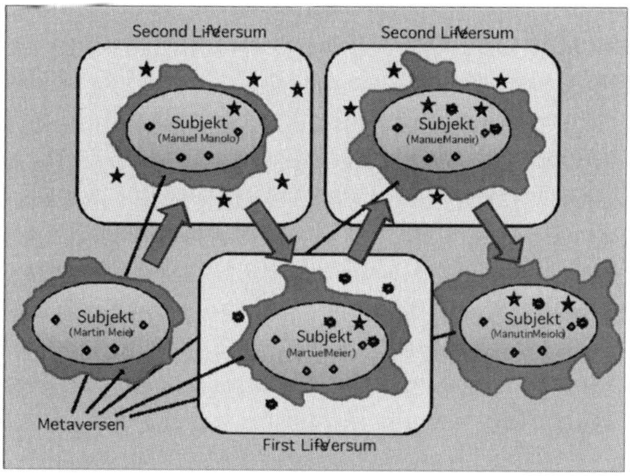

Abbildung 4: Transversales Lernen (vgl. Walber 2008, S. 79)

Die Herstellung von Anschlüssen hinsichtlich der unterschiedlichen Wirklichkeitssysteme stellt eine hohe, vom Lernsubjekt zu bewältigende, Herausforderung dar. In einem Wechselspiel muss es ständig mit veränderten situativen Anforderungen umgehen und gleichzeitig eine eigene metaversale Identität entwickeln, oder, wenn man so will: sein Leben aktiv konstruieren.

Literatur

- Computerwoche 2007: Second Life – der Turbo für das Web 2.0? Verfügbar unter: www.computerwoche.de/index.cfm?pid=254&pk=592191 [Zugriffsdatum: 21.05.2008].
- Euler, D. 2000: Multimediale und telekommunikative Lernumgebungen zwischen Potenzialität und Aktualität: Eine Analyse aus wirtschaftspädagogischer Sicht. Verfügbar unter: www.wiso.uni-erlangen.de/WiSo/BWI/WiPd/seiten/virtpubl.html [Zugriffsdatum: 11.04.2000].
- Fenn, J./Linden, H. 2005: Gartner's Hype Cycle Special Report for 2005. Verfügbar unter: www.gartner.com/DisplayDocument?doc_cd=130115 [Zugriffsdatum: 15.05.2008].
- Gabler, C. 2007: Aus Spiel soll Ernst werden. In: VDI-Nachrichten, Nr. 37, S. 39.
- Glasersfeld, E. v. 1997: Wege des Wissens. Konstruktivistische Erkundungen durch unser Denken. Heidelberg.
- Hamann, G./Uehlecke, J. 2007: Die nächste Kolonie des Kapitalismus. In einer Computerwelt namens Second Life schaffen sich Millionen einen virtuellen Kontinent – und eine neue Volkswirtschaft. Verfügbar unter: www.zeit.de/2007/02/Second-Life [Zugriffsdatum: 21.05.2008].
- Maturana, H./Varela, F. J. 1987: Der Baum der Erkenntnis. Die biologischen Wurzeln menschlichen Erkennens. Bern/München.
- Maturana, H./Pörksen, B. 2002: V om Sein zum Tun. Die Ursprünge der Biologie des Erkennens. Heidelberg.
- Matussek, M. 1997: www.heavensgate.com – Virtuelles Leben zwischen Eskapismus und Ekstase. Verfügbar unter: www.peter-matussek.de/Pub/A_16.html #_ftn12 [Zugriffsdatum: 16.03.2008].
- Pätzold, H. 2007: E-Learning 3-D – welches P otenzial haben virtuelle 3-D-Umgebungen für das Lernen mit neuen Medien? Verfügbar unter: www.medienpaed.com [Zugriffsdatum: 07.09.2007].
- Suler, J. 2007: „Das Drama des echten Lebens findet im imaginären Raum statt." In: Psychologie Heute, Heft 11, Jg. 34, S. 42–43.
- Stephenson, N. 2002: Snow Crash. München.
- Universität Bielefeld 2008: Projekt EL3 – E-Learning 3D. V erfügbar unter: http://www.e-learning3d/Projekt [Zugriffsdatum: 28.01.2008].
- Walber, M. 2000: K onstruktivistische Erkenntnistheorie als Legitimation für den Einsatz von multimedialen computerbasierten Lernumgebungen in der beruflichen Bildung. Bielefeld Diplomarbeit.
- Walber, M. 2007: S elbststeuerung im Lernprozess und Erkenntniskonstruktion. Eine empirische Studie in der Weiterbildung. Münster/New York/München/Berlin.
- Walber, M. 2008: Das mehrfache Subjekt – Lernen in unterschiedlichen Wirklichkeiten. In: Reimer, R. T. D./Walber, M. Hrsg.: Im Auge des Subjekts. Berlin, S. 71–82.

■ Daniela Reimann

Vom Bild zum interaktiven Community-Bildraum

Ästhetisch forschende Vermittlungsansätze in der Medienpädagogik

Die zunehmend konvergierenden Medientechnologien und -angebote verbinden mobile, robotische, vernetzte und interaktive Systeme zu Spielewelten, die längst Einzug in die Kinder- und Jugendzimmer gehalten haben. Das Jahrhundert des Konsumenten wird durch das mediale Zeitalter des Produzenten und Gestalters zunehmend abgelöst (vgl. Weibel 2007). Gleichzeitig wird der real-physische Raum mehr und mehr mit digitalen Daten und Systemen verbunden. Begreifbare und eingebettete Systeme (*Tangible Media/Embedded Interaction*) geben dem Digitalen die vermisste sinnlich-haptische Körperlichkeit. Die „Fühlbarkeit des Digitalen" (vgl. Petruschat 2008) ist dabei weniger als Schlagwort und Trend[1] zu verstehen und soll nicht um seiner selbst willen erprobt werden oder auf der Ebene der Verwendung neuer Interface-Konzepte für die Medienpädagogik stehen bleiben, sondern fordert die Medienpädagogik heraus, Verstehensprozesse bezüglich der immer stärker digital angereicherten Kommunikations- und Handlungsräume begreifbar zu initiieren und neue medienpädagogische Settings zu entwickeln.

In diesem Kontext wurden bereits so genannte *Mixed-Reality*-Szenarien, die in mittels digitaler Informationen erweiterten Interaktionsräumen durchgeführt wurden, erprobt (vgl. Reimann 2006). Neben den digital angereicherten physischen Räumen wird zunehmend der virtuelle Raum mit Daten aus der real-physischen Welt erweitert: *Augmented Virtuality* zeigt sich inzwischen durch die Integration von Video und Audio-Streaming die in Echtzeit übertragen werden und gemischte (Mixed Reality) Räume konstituieren. Second Life SL ist *ein* Beispiel einer solchen 3D-Internet-Community, die permanent wächst und zunehmend mit Video, Audio und anderen Medien verbunden, bereichert (vgl. Pohlke 2007) und dadurch immer komplexer und unüberschaubarer wird.Der Umgang mit analogen Bildwelten wurde durch die Digitalisierung zunehmend mit interaktiven Möglichkeiten des Nutzers verknüpft.

Im folgenden Beitrag wird ein Beispiel aus der Hochschullehre im Fach Medienpädagogik der PH Freiburg vorgestellt, das auf die Ausbildung gestalterischer und ästhetisch forschender Ansätze und Verfahren abzielte. Die „Ästhetische Forschung" (vgl. Kämpf-Jansen 2000) ist ein in der deutschen Kunstpädagogik verbreiteter kunstdidaktischer Ansatz, der unterschiedliche Verfahren ästhetischer Prozesse und künstlerischer Konzepte der Forschung integriert. Auch auf internationaler Bühne werden forschende Ansätze aus der Bildenden Kunst (*Art practice as research*) und künstlerische Praxen im Kontext von Forschung in der Kunstdidaktik thematisiert (vgl. SULLIVAN 2005). Sie werden im vorliegenden Ansatz erweiternd in die medienpädagogische Hochschullehre integriert.

- *Die 3D-Internet-Community Second Life im medienpädagogischen Kontext*

Die 3D-Internet-Community Second Life SL steht in diesem Hochschulsetting exemplarisch für erweiterte 3D-Internetwelten.[2] Es ist ein öffentlicher, interaktiver Handlungs- und Kommunikationsraum, in dem sich derzeit weltweit ca. neun Millionen Nutzer unterschiedlichster sozialer Gruppen aufhalten.[3] Die explosionsartige Verbreitung der öffentlichen Online-Welt ist nicht nur in den Medien präsent, inzwischen wird auch *aus* der virtuellen Umgebung heraus gesendet. Veranstaltungen wie Musikkonzerte oder Ausstellungseröffnungen sowie die Akquise von Personal finden direkt in Second Life statt. Nicht nur Firmen und Konzerne, sondern auch die offizielle Landesvertretung von Baden-Württemberg, Hochschulen und Bildungsinstitute bilden sich derzeit im 3D-Raum Second Life ab. Lehrveranstaltungen und wissenschaftliche Vorträge werden hier inzwischen präsentiert. Es sind nicht nur Erwachsene, sondern durch die Einrichtung der spezifischen Plattform „Second Life-Teen“[4] zunehmend auch Kinder und Jugendliche, die sich in den 3D-Internet-Welten bewegen. Grund genug, sich im Rahmen der medienpädagogischen Ausbildung mit der genaueren Erforschung der Community-Welt sowohl theoretisch als auch praktisch und gestalterisch auseinanderzusetzen.

Die kooperative Untersuchung, Gestaltung und Reflexion dieser interaktiven Welt zielte auf eine Bildung der Studierenden im Hinblick auf kulturelle Teilhabe ab sowie darauf, eine fundierte medienkritische Haltung gegenüber diesem Medienangebot einzunehmen. Eine komplexe, zunehmend unübersichtlich werdende Medienwelt wird hier im virtuellen Raum angeboten, die von den Nutzern nicht nur verwendet, sondern auch aktiv gestaltet werden kann und – im Sinne der Kunden- und Nutzerbindung – auch gestaltet werden *soll*.

Die 3D-Umgebung steht hier repräsentativ als ein exemplarisches Beispiel für immersive Räume und Gemeinschaften, die zunehmend auch digital erweitert werden, also mit Videoprojektionen, Präsentationen oder Audiodaten (Podcast) sowie Live-Schaltungen (Video-Live-Streaming) angereichert werden können, die in Second Life öffentlich präsentiert werden. Die Community-Welt wird somit zu einer digital erweiterten virtuellen Welt, die technisch auf dem Konzept der *Augmented Virtuality* (AV) basiert. Diese Erweiterung stellt die Verbindung von virtuellem und real-physischem Raum her, der zu einem gestaltbaren *Mixed Reality*-Lernraum wird (vgl. REIMANN 2006). Die Grenze zwischen real-physischen und digitalen Räumen verschwimmt immer mehr und fordert medienpädagogische und ästhetisch-künstlerische Reflexion sowie ihre Vermittlung an Studierende, Kinder und Jugendliche,[5] aber auch an Lehrkräfte und außerschulische Vermittler.

Die Gemeinschaft, zunächst verstanden im Sinne einer Community von Nutzern, wirft mit ihrer spezifischen Ästhetik nicht nur Fragen nach möglichen Szenarien für die medienpädagogische Arbeit, sondern auch im Hinblick auf ihren ästhetisch-kulturellen Bildungsgehalt auf. Eine neue Kultur der Kommunikation – vom textbasierten Chat zum hörbaren Voice-IP-Chat in 3D-Räumen – hat sich entwickelt und bereits etabliert. Vom Hypertext-orientierten World Wide Web sind wir inzwischen im Hypermedium des 3D-Internet angekommen, das für die Medienpädagogik erforscht wurde.

- *Ästhetisch-forschende Verfahren als Vermittlungsansatz im Projektseminar*

Der dem Seminar zugrundeliegende didaktische Ansatz zielte auf die Förderung eines Selbstverständnisses der Studierenden als *Forschende* ab. Sie wurden dabei angehalten, die Arbeits- und Gestaltungsprozesse sowie eigene Erkenntnisse und Forschungsfragen zu entwickeln, schriftlich und visuell in Bild, Video, Ton zu dokumentieren und vor allem im Hinblick auf medienpädagogische Anwendungsfelder zu reflektieren. Dazu diente den Studierenden ein „Ästhetisches Forschungstagebuch", das Text, Bild und Videodokumente enthielt. Das Thema der immersiven 3D-Internet-Gemeinschaften wurde theoretisch und praktisch erforscht: Als Mittel der Kommunikation und Gegenstand der Lehre sowie als Forschungsgegenstand. In Online-Workshops wurde der Frage nachgegangen, wie Second Life in der Online-Lehre eingesetzt werden kann.

Im Rahmen des Seminars „Multimediale Träume – die 3D-Internet-Community Second Life im medienpädagogischen Kontext" setzten sich Studierende des Fachs Medienpädagogik erstmals mit der Erforschung des simulierten, interaktiven und vernetzten 3D-Raums auseinander. Sie verfügten zu Seminarbeginn nicht über Vorerfahrungen, wohl aber über Meinungen und Einstellungen zu Second Life, geprägt durch die medialen Vermittlungen dieser in den Massenmedien momentan präsentesten 3D-Welt. Insbesondere zeigte sich in der Befragung eine kritische Haltung der Mehrheit der

Studierenden, die auf mögliche Gefahren für Kinder und Jugendliche sowie Erwachsene hinwiesen, aber auch positive Vermutungen bezüglich der 3D-Welt äußerten: „In Artikeln kann man des öfteren lesen, dass viele Nutzer abhängig von dieser virtuellen Welt werden. Ich selbst könnte mir dieses nicht bei mir vorstellen, aber dadurch, dass ich keine Erfahrungen damit bisher gemacht habe, bin ich sehr gespannt auf meine eigenen Erkundungstouren in Second Life und auch die damit gewonnenen Erfahrungen. Ich denke, dass es für viele eine positive Erfahrung sein kann, vor allem für die Menschen, die im realen Leben nicht das ausleben können, was sie eigentlich selbst sind." (Studentin, zit. n. Wiki des Seminars, 2007)[6]

Abb. 1: Multiline-Repräsentanz in SL; Abb. 2: Studierende erforschen SL an der PH Freiburg

In ersten Schritten erfanden, gestalteten und steuerten die Studierenden interaktive Repräsentanten ihrer selbst (Avatare). Diese Stellvertreter wurden in SL aus jeweils sieben Grundfiguren männlich/weiblich aufgebaut und individuell im Hinblick auf Körperbau, Kleidung, Frisur und Make-up gestaltet. Außerdem können in SL Objekte gebaut, Texturen integriert und Artefakte auf einfachere Weise kopiert, verändert oder eigenständig mittels der enthaltenen 3D-Werkzeuge entworfen werden.[7]

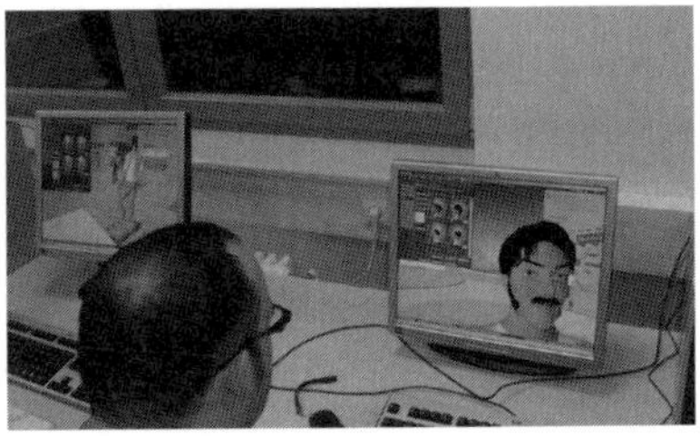

Abb. 3, 4: Avatargestaltung und -steuerung im virtuellen öffentlichen Raum

Einen wesentlichen Teilbereich der interaktiven Kunstwelt SL stellt die Schnittstelle zum Bereich Film/Video und dem Erzählen von Geschichten (*Storytelling*) her. Das sich neu konstituierende Genre des sogenannten „Machinima", eine Wortschöpfung, die sich aus den englischsprachigen Begriffen „machine", „cinema" und „animation" zusammensetzt und in Online-Welten gedrehte Filme benennt, die auch in der realen Welt präsentiert und diskutiert werden können, wird zunehmend genutzt[8]. Zur Erstellung von Machinima können Drehbücher entwickelt und Filmszenen mit Avataren gespielt werden, was sowohl die Kreativität als auch die technisch-motorische Kompetenz beim Steuern der Figuren als Darsteller und Schauspieler herausfordert.[9]

Dazu bildeten die Studierenden thematische Arbeitsgruppen zu Themenbereichen wie Kommunikation, Handlungsraum, Identitäten und Repräsentanten, spezifische Orte, Ästhetik und Anästhetik (vgl. Welsch 1990, S. 9 ff.), Musik, Erweiterungen von SL, Kaufen & Geldverdienen sowie Gender-Konstruktionen.

Abb. 5, 6: Screenshots aus dem Ästhetischen Forschungsbuch eines Studenten: in einer Bar 5 in SL sowie in einem kostenfr eien Erotik-Forum 6

Synchrone Kommunikationsformen wurden ergänzend und forschend im Rahmen von Online-Wokshops integriert. Dazu wurde eine Kooperation mit Partnern aus dem Bereich der Medienpädagogik[10] und der ästhetischen Bildung durchgeführt. Die Nutzung der Umgebung wurde dabei für kooperative und interkulturelle Bildungsprozesse im Rahmen von gemeinsamen Veranstaltungen in SL genutzt. Dabei soll das alte Modell des Frontalunterrichts gerade *nicht* auf die Eigenwelt von SL abgebildet werden, vielmehr sollen in diesem Medium neue Möglichkeiten der Kommunikation und gemeinsamen Bearbeitung von Aufgaben erprobt werden.

Abb. 7, 8: Online Workshops zur Erprobung synchroner Kommunikationsformen in der Lehre mit SL mit Michael Lange, Metaversa e.V., Berlin

Fragestellungen für die gestaltungsorientierte Medienpädagogik lassen sich wie folgt skizzieren und wurden im Seminarkontext thematisiert: Welche sozialen Realitäten und Strukturen werden im digitalen Raum sichtbar, welche Klischees ggf. reproduziert und welche Gender-relevanten Konstruktionen werden aufgeworfen? Wie ist es, ein Mitglied dieser virtuellen Gemeinschaft zu sein, und wie ist der Begriff der „Gemeinschaft" hier zu verstehen? Was macht die Faszination dieser Erlebniswelt aus? Wie lassen sich die spezifische, eigene Ästhetik des Mediums sowie die ästhetischen Erfahrungen im immersiven Raum beschreiben und nutzen? Inwiefern kann Gestaltung, Teilhabe und Partizipation zu kreativen Prozessen führen? Letztlich stellt sich auch die Frage nach den Erweiterungen der herkömmlichen medienpädagogischen Prozesse, die für die zukünftige berufliche Praxis der Studierenden denkbar sind.

- *Vom Bild zum interaktiven Bildraum: Bild- und Medienkompetenz im Virtuellen Community-Raum*

Die spezifische Ästhetik der virtuellen Welten polarisiert und fordert die Bild- und Medienkompetenz der Nutzer heraus. Second Life ist ein öffentlicher Raum, der kontinuierlich wächst und von den Nutzern selbst weiterentwickelt und gestaltet wird. Wie in der realen Welt auch, findet man in SL einen Farb- und Formenpluralismus, ein Sammelsurium von Stilen, Versatzstücken, interaktiven Objekten, und dazu sich regelmäßig verwandelnde Bewohner (Avatare), die sich immer wieder neu erfinden und teilweise skurrile Erscheinungsformen annehmen. SL ist ein öffentlicher, sich ständig verändernder Raum. Was Welsch im Begriff der Anästhetik vgl. 1990, S. 10 ff. als Gegenbegriff zur Ästhetik, ihrer Problematisierung, Bedingung und Grenze gefasst hat, führt die Frage nach der Notwendigkeit der Vermittlung einer Bild- und Medienkompetenz vor Augen, die über das bloße Wahrnehmen und Entziffern, Verstehen und Lesen, Gestalten und Reflektieren sowie das

Kommunizieren von Bildern hinaus geht und die aktive Interaktion in simulierten Kommunikations- und Handlungsräumen einbezieht. Sie schließt die aktive Bearbeitung und Veränderung des simulierten Bildraums ein: Der interaktive Avatar, gestaltet und gesteuert durch den User, greift handelnd in den Bildraum ein: Objekte werden inspiziert, kopiert, gespeichert, weitergegeben oder in Einzelarbeit beziehungsweise kooperativ neu erstellt. Kooperatives Gestalten schließt dabei die Verhandlung über ästhetische Prozesse mit ein. Der Avatar befindet sich im Prozess, ist Teil des simulierten Raums, und kann gleichzeitig Simulationen darin herstellen.

Bisher werden medienpädagogische Zugangsweisen noch weitgehend auf die Navigation, Exploration, Bildproduktion und Kommunikation im interaktiven Raum beschränkt oder vor dem Hintergrund einer weiteren Form des E-Learning, nämlich in 3D, wahrgenommen.[11] Ästhetisch-forschende Verfahren und Strategien der Medienaneignung werden weitgehend der schulischen Kunstpädagogik sowie der außerschulischen ästhetischen Bildung zugesprochen. Die Welt Second Life als Bespielwelt für den virtuellen Raum stellt hier eine Schnittstelle zur Verbindung der Disziplinen her. Das Medium wirft medienpädagogische und medienkünstlerische Fragestellungen auf. Künstlerische Projekte wurden impulsgebend in den Vermittlungsansatz integriert, um Medienpädagogik-Studenten neue Zugangsweisen zu eröffnen. Im Seminar wurden dazu ausgewählte Orte aufgesucht, die das Neue und die eigene Ästhetik des Mediums SL erforschen.

Das Zentrum für Kunst und Medientechnologie Karlsruhe führt seine künstlerischen Aktivitäten in SL im Projekttitel *ZKM_YouNiverse* zusammen, die von Philip Pocock, Gastkünstler am ZKM und Leiter der SL-Projekte, zur Erprobung des Mediums SL realisiert wurden. *ZKM_YOUniverse* enthält die Idee der Mitgestaltung durch den User bereits im Titel. Das ZKM bildet sich dabei nicht als virtuelles Museum in SL im Sinne der Nachahmung des realen Gebäudes ab, sondern präsentiert mit *ZKM_YOUniverse* seine Dependence in SL, einen Ausblick auf das Museum der Zukunft: „Ziel ist es , den Usern überall mit erweiterten 3D, Web 2.0 sowie Mobil-Plattformen eine Diskursive virtuelle Umgebung zu bieten, die antizipierend die Rolle des „aktiven Besuchers" im Museum verdeutlicht. ... Die Auseinandersetzung mit aktuellen Fragen der Kunst, Medien und Technologie, denen sich die Denkfabrik ZKM in Theorie und Praxis stellt, wird über regionale Grenzen hinweg für die ‚Prosumer' (producer, con-sumer) zugänglich und durch sie mitgestaltet." (Weibel 2007, S. 42).

Abb. 9, 10: Projekte des Zentrums für Kunst und Medientechnologie „ZKM_YouNniverse" in Second Life

- *Schnittstellen für eine integrierte disziplinübergreifende Medienbildung*

Forschungsfragen für eine ästhetisch forschende Medienbildung stellen sich nicht nur hinsichtlich der spezifischen, eigenen Ästhetik des virtuellen und interaktiven Raums, sondern vor allem auch in Bezug auf die neuen Kommunikationsformen und -kulturen, die durch medientechnische Funktionen unterstützt werden und sich im Rahmen neuer Kulturtechniken etablieren. Die Kultur selbst ist heute technologisch geworden und hat sich in unsere Existenzformen regelrecht eingeschrieben (vgl. Richard/Bruns 2004, S.71). Was bedeuten Begriffe wie „Freundschaft" sowie die Zugehörigkeit zu einer „Gruppe" in Second Life, wenn diese auf technischer Ebene per Mausklick initiiert werden und ggf. semantische und soziale Aspekte der Lebensbedeutsamkeit in den Hintergrund stellen? Wie werden Handlungen zwischen Avataren beim Treffen mit diesen fiktiven Identitäten wahrgenommen, wie weiterentwickelt und welche Bedeutung haben sie im Hinblick auf neue Qualitäten von Kontaktanbahnungen, Beziehungsknüpfungen und soziale Interaktionen im vornehmlich virtuellen Raum?

Die Produktion und die ästhetischen Prozesse der Studierenden sollten im Projektverlauf nicht auf der Ebene der Gestaltungspraxis stehen bleiben. Gerade die weiterführende Auseinandersetzung in z. B. spezifischen SL-Räumen, wie im Bereich der Sex- und Erotikangebote (s. Abb. 6), führt die beteiligten Mitglieder zu Fragestellungen, die die neuen Kommunikationsweisen und Kulturformen der zwischenmenschlichen Kontaktanbahnung und Beziehungsknüpfung berühren, und geben uns eine Vorstellung für die sich entwickelnden Szenarien. Hier zeigt sich, dass Second Life kein Forschungsfeld ist, das allein aus der Medienpädagogik heraus untersucht werden sollte, sondern dass diese Welt vor allem auch eine Schnittstelle zwischen den künstlich getrennt angelegten Einzeldisziplinen herstellt.

Unterschiedlichste Gestaltungsprozesse verknüpfen die Bereiche Design, Kunst, Medieninformatik, Psychologie und Soziologie auf semantischer sowie technisch-medialer Ebene. Die Umgebung Second Life macht den mathematischen Raum sichtbar, konstruierbar und ästhetisch gestaltbar. Durch aktive Produktion und ästhetisch-forschende Strategien werden Fragen angeregt, die durch den bloßen Umgang mit den Figuren und Artefakten der SL-Welt zu neuen Fragenstellungen für die zukünftige Medienpädagogik führen.

Anmerkungen

•1) Vgl. die gleichnamige Konferenz Tangible and Embedded Interaktion, TEI 2008, Bonn, auf der im Rahmen der AG „Begreifbare Interaktion in gemischten Wirklichkeiten", 2007 initiiert von F.-W. Bruns, B. Robben und H. Schelhowe, versucht wurde eine Schnittstelle zur Kunst- und Medienpädagogik herzustellen.

•2) Z.B. die von MTV betriebene 3D-Internet-Welt „There".

•3) Stand Wintersemester 2007/08.

•4) Vgl. Wiki „Bildung in Second Life" von Michael Lange: http://cyberwizard.de/secondlife/index.php?title=Hauptseite [Zugriffsdatum: 20.10 2008].

•5) In diesem Zusammenhang ist das SL-Teen-Grid eröffnet worden, in dem von Pädagogen geleitete Projekte realisiert werden, wie z. B. unter der Leitung von Michael Lange, Metaversa e.V. Berlin.

•6) WiKi zum Seminar „Multimediale Träume": http://wiki.strassner-online.de/doku.php?id=sl:ideen_-_meinungen_-_vorwissen_zu_bzw._ueber_sl [Zugriffsdatum: 06.10.2008].

•7) Dazu fanden Online-Workshops in SL zum Bauen von Objekten mit dem Medienpädagogen Michael Lange, Berlin, statt.

•8) Vgl. dazu die Machinima-Projekte mit Sims2 im Kontext des Multiline-Nets von Irene Schumacher am Wissenschaftlichen Institut des Jugendhilfswerk an der Universität Freiburg.

•9) Hier tut sich nicht nur ein neues Feld für die Medienpädagogik auf, sondern es lassen sich die Bezüge zu anderen Fächern durch Storyboard-Entwicklung über die Animationsfilmgestaltung herstellen.

•10) Z.B. das Multiline-Projekt am Wissenschaftlichen Institut des Jugendhilfswerk e.V. an der Universität Freiburg sowie Medien und Kommunikation e.V.

•11) Vgl. z. B. die Initiative E-Learning 3D und das „virtuelle Weiterbildungsforum" an der Fakultät für Pädagogik der Universität Bielefeld (www.E-Learning3D.de; siehe auch den Artikel von Markus Walber in diesem Band.).

Literatur

- Kämpf-Jansen, H. 2000: Ästhetische Forschung. Köln.
- Lange, M. (2007): Wiki „Bildung in Second Life". Verfügbar unter: www.cyberwizard.de/secondlife/index.php?title=Hauptseite [Zugriffsdatum: 28.02.2008].
- Petruschat, J. u. a. 2008: Die Fühlbarkeit des Digitalen (Tangibility of the Digital). In: form + zweck, Heft 22, Berlin.
- Pohlke, A. 2007: Second Life. Verstehen, erkunden, mitgestalten. Hannover.
- Reimann, D. 2006: Ästhetisch-informatische Medienbildung mit Kindern und Jugendlichen. Grundlagen, Szenarien und Empfehlungen. Oberhausen.
- Reimann, D./Biazus, M. C. 2007: Augmented Virtual 3D-Community Spaces as an Intercultural Interface for Higher Media Art Education. In: Proceedings der Jahrestagung der Gesellschaft für Informatik GI.
- Reimann, D. 2008: Die 3D-Internet-Gemeinschaft Second Life in der medienpädagogischen Bildungsarbeit – eine Kooperation zwischen Hochschule und medienpädagogischer Praxis. In: Ebele, K./Schumacher, I. Hrsg.: N etzwerke in der Bildung. Multiline das Netzwerk für Bildung, Chancengleichheit und Medienkompetenz. München.
- Reimann, D. 2008: Die 3D-Internet-C ommunity-Welt Second Life – Schnittstelle zwischen Medienpädagogik und ästhetisch-kultureller Bildung. In: PH-FR, Zeitschrift der Pädagogischen Hochschule Freiburg, Heft „Kulturelle Bildung", März 2008.
- Richard, J./Bruns, F.-W. 2004: Soll Ästhetische Erziehung ein „Smartspiel" werden? SmartSchauspiel und Ästhetische Erziehung. In: Ästhetik und Kommunikation, Heft 125, 2004.
- Sullivan, G. 2005: Art practice as research. Thousand Oaks, London, N ew Delhi
- Weibel, P. u. a. 2007: Y ou_SER. Das Jahrhundert des Konsumenten, Ausstellungskatalog (Paperback). Zentrum für Kunst und Medientechnologie. Karlsruhe.
- Welsch, W. 1990: Ästhetisches Denken. Stuttgart.

Internetseiten

Wiki zum Seminar: Multimedial Träume und Parallelwelten. Verfügbar unter: www.strassner-online.de/wiki/doku.php?id=Uebersicht [Zugriffsdatum: 06.10.2008].

Second Life Software. Verfügbar unter: www.secondlife.com. [Zugriffsdatum: 06.10.2008].

SLURL der Multiline-Repräsentanz in Second Life. Verfügbar unter: www.slurl.com/secondlife/Baden%20Wuerttemberg%202/128/27/22 [Zugriffsdatum: 06.10.2008].

■ Arne Busse

Spielend Lernen?

Serious Games in der politischen Bildung

„Poetischer Trichter. Die Teutsche Dicht- und Reimkunst, ohne behuf der lateinischen Sprache in VI Stunden einzugießen." So lautete der Titel eines Poetiklehrbuches, das der Nürnberger Barockdichter Georg Philipp Harsdörffer 1647 erstmalig veröffentlichte. Der Titel wurde in seiner Abwandlung „Nürnberger Trichter" zur humoristischen Bezeichnung für die Vorstellung eines mechanischen Lernens: dem „Eintrichtern". Zugleich war dies Ausdruck der Wunschvorstellung, die Lerninhalte mögen sich doch so einfach und wirkungsvoll in den Lernenden hineingießen lassen, wie Flüssigkeit mittels eines Trichters in die Flasche. Jede Diskussion um Bildung und Erziehung ist letztlich von diesem Leitbild bestimmt: Bedingungen zu schaffen, die den reibungslosen, verlustfreien und unwillkürlichen Transfer des Lehrinhaltes zum Lernenden gewährleisten. Heute würden wir von der Suche nach dem optimalen Interface sprechen.

In der wissenschaftlichen Diskussion um Bildung und Lernen taucht die in der Redewendung vom Nürnberger Trichter enthaltene Vorstellung eines leichtgängigen, beiläufigen Lernens wieder auf, nämlich in der seit den 70er Jahren – intensiv vor allem seit den 90er Jahren – geführten Diskussion um Begriff und Praxis des informellen Lernens.

Die Umwelt ist nicht mehr auf den persönlichen überschaubaren und beständigen Nahraum begrenzt, sondern zu einer globalisierten, „sich grundlegend verändernden Lebens-, Arbeits-, Gesellschafts- und Medienumwelt" (Dohmen 2001, S. 16) geworden. Durch diese Veränderungen würden Menschen „zu einem bewussteren, gezielteren und jeweils stärker sinnfindungs- und problemlösungsbezogenen Lernen in den verschiedensten Erfahrungs-, Wissens- und Handlungszusammenhängen in dieser Umwelt" veranlasst ebd.. S olchen sich permanent wandelnden Bedingungen, sei nicht mehr allein mit einem planmäßig, staatlich organisierten, formalen und abschließbaren Lernen gerecht zu werden Klasse 1 bis 9 oder 10, 12, 13. Notwendig werde vielmehr lebenslanges und vor allem informelles Lernen. Informelles Lernen wird – bei aller Unterschiedlichkeit oder Bandbreite der Definitionen – verstanden als handlungs- bzw. problemorientiertes Lernen, dass die konkrete Lösung einer Aufgabe oder eines Problems der persönlichen Lebenswelt erreichen will, nicht aber eigentlich einen antizipierten Lernerfolg oder ein Lernziel anstrebt (vgl. DOHMEN 2001, S. 18ff.; ZÜRCHER 2007).

In der Lebenswelt Heranwachsender stellen Medien zunehmend Orte oder Gelegenheiten des informellen Lernens dar. Medien, insbesondere elektronische Medien, sind mittlerweile integraler Bestandteil des Alltagslebens geworden. Dies betrifft den Alltag von Erwachsenen, aber mit einem besonderen Durchdringungsgrad den Alltag von Jugendlichen und jungen Erwachsenen. Medien spielen im Prozess der Identitätsbildung und Sozialisation Heranwachsender mittlerweile eine zentrale Rolle. Gleichzeitig werden Medien als Informations- und Wissenslieferanten genutzt, teilweise als Bildungsagenten. Diese Entwicklung, so Johannes Fromme, habe zu einem neuen, dritten Bereich zwischen Sozialisation und Erziehung geführt: „Zwischen die Phänomene der Sozialisation und der Erziehung schiebt sich ein Bereich des informellen Lernens – mit teilweise fließenden Grenzen nach beiden Seiten hin." (FROMME 2007, S. 20)

Die als Grundlage für einen nationalen Bildungsbericht von Rauschenbach 2004 verfasste Konzeption non-formaler und informeller Bildung im Kindes- und Jugendalter spricht von einer „Entgrenzung der ehemals getrennten sozialen Sphären von Erziehung, Instruktion, Konsum und Unterhaltung" (ebd., S. 325) und vermutet „dass sich bei einem nicht unerheblichen Anteil der Kinder und Jugendlichen die Bildungs- und Kompetenzbiographien partiell von schulischem Lernen ablösen und sich vermehrt im Kontext der Medien- und Konsumkultur ausfalten" ebd.. Christoph Klimmt konkretisiert diese „Ausfaltung" mit Blick auf Computerspiele: „Computerspiele gehören zur (veränderten) Medienökologie des 21. Jahrhunderts und dürften aus der Bildungsperspektive nicht einfach als Konkurrenz betrachtet werden, sondern können bei konstruktiver Einbindung (ganz unverhoffte) Lernprozesse unterstützen." (KLIMMT 2008, S. 62). Was Christoph Klimmt hier noch zurückhaltend formuliert, bringt Jean-Michel Berg auf die knappe Formel: „Schon seit einiger Zeit bedienen sich die sogenannten „Serious Games" des bekannten Umstands, dass man spielend am leichtesten lernt." (BERG 2008, S. 14). Womit wir bei der entscheidenden Frage wären: Lernt sich (Computerspiele) spielend leichter und kann man/können Heranwachsende dabei mehr lernen als nur zu spielen?

- *Spielen und lernen?*

Es gibt gute Gründe diese Fragen zu bejahen. Einige davon sind die Charakteristika von guten C omputerspielen, die zu einem nicht geringen Teil mit den Anforderungen an gute Lernangebote identisch sind, also diese in didaktischer Hinsicht zu erfüllen scheinen: Computerspiele sind interaktiv, sie erlauben direktes Feedback und Erfolgskontrolle und dies multimedial. Computerspiele ermöglichen erfahrungsbasiertes Lernen, insofern sie eine wiederholbare Abfolge von Versuch und Irrtum vorsehen. Die gestellten Anforderungen sind komplex, das Lernen erfolgt problem- und handlungsorientiert, involvierend und situiert. D. h. die Spielenden befinden sich in einer Lernumgebung, die sie als authentisch und herausfordernd, als hochrelevant für sich selbst ansehen. Hinzu kommt das von Spielern und Spielerinnen immer wieder beschriebene Moment des „Versinkens" in der Spielwelt, die Immersion, die eine sehr hohe Konzentration auf das Spiel verursacht. Marc Prensky nimmt für Computerspiele in Anspruch, dass diese eine Kombination motivierender Elemente vereinen, die so in keinem anderen Medium zu finden seien. Er zählt hierzu neben den schon genannten: Vergnügen, Belohnung, Struktur, Kreativität und Gemeinschaft (vgl. PRENSKY 2005, S. 101f.; vgl. auch BECTA 2006; GEBEL/GURT/WAGNER 2005; KLIMMT 2008). Insbesondere die Aspekte „Vergnügen" und „Unterhaltung" werden für die hohe Attraktivität von Computerspielen für Lernende bzw. Eignung für Lernprozesse als relevant angesehen. Da wo eine intrinsische (Bildungs-)Motivation fehlt oder schwach ist, könnte die Suche nach Spaß und Unterhaltung in unterschiedlichen Funktionen entsprechende Lernmotivation begründen (vgl. RITTERFELD/WEBER 2006, S. 406ff.). Gerade also für bildungsferne Jugendliche könnten Computerspiele eine höhere Attraktivität des Lernens bedeuten.

Computerspiel-basiertes Lernen scheint also Bedingungen herstellen zu können, die einen besseren Transfer des Lehrinhaltes zum Lernenden gewährleisten und sogar Verhaltensänderungen bewirken bzw. begünstigen. In bestimmten Bereichen lassen sich zumindest erfolgreiche Beispiele finden. Insbesondere der Bereich der gesundheitsförderlichen Spiele, der *Games for Health*, kann wissenschaftlich belegte Erfolge vorlegen. Das Spiel *Re-Mission* etwa, ein Shooter-Spiel, in dem jugendliche Krebspatienten in die Rolle des Helden oder der Heldin schlüpfen und in einem virtuellen Körper Krebszellen bekämpfen, hat offenbar positive Effekte auf die Therapiedisziplin und die psycho-soziale Verfassung junger Krebspatienten. In der Therapie von durch den Irak-Krieg verursachten posttraumatischen Belastungsstörungen (PTBS oder PTSD) sind vielversprechende Versuche mit dem Einsatz einer Virtual-Reality-Version des Actionspiels *Full Spectrum Warrior* gemacht worden (vgl. PAIR 2006). Dass im Bereich der Gesundheitsförderung und der Therapie große Potenziale für den Einsatz digitaler spielbasierter Angebote gesehen werden, zeigt sich in der aktuellen Entwicklung in den USA: die private *Robert Wood Johnson Foundation* beispielsweise kündigte 2007 ein nationales *Health Games Research* Programm, ausgestattet mit 8,25 Mio. US-Dollar an. Ziel des Programms ist, den Innovationsgrad, das Design und die Effektivität von gesundheitsfördernden digitalen Spielen zu verbessern. Auch in Deutschland zeigen Beispiele wie die *fit4games*-Kampagne der Techniker Krankenkasse oder die *games meets health*-Veranstaltung im Juli 2007 in Hamburg, dass hier Potenzial gesehen wird. Auch in kommerzieller Hinsicht: Nintendos neue Eingabegeräte, die Wii-Konsole nebst *Wii Fit* mit Balance-Board versuchen, die Spielenden in Bewegung zu bringen bzw. den bisherigen Nicht-Spielenden neue attraktive Angebote zu machen.

Auch *Gehirn-Jogging* scheint angesagt zu sein unter deutschen Gamern: Dies belegt nicht nur der Erfolg des gleichnamigen Spieltitels für die mobile Spielkonsole Nintendo DS Lite. In einer Befragung im Rahmen der Allensbacher Computer- und Technik-Analyse gaben 55 Prozent der befragten 14- bis 64-Jährigen Denkspiele als bevorzugtes Genre an, das damit den Spitzenplatz belegt. Gleichwohl verändert sich die Gewichtung deutlich, wenn nur die Altersgruppe der 14- bis 19-Jährigen in den Blick genommen wird: diese spielen zu 55 bis 57 Prozent bevorzugt Rennspiele, Strategiespiele oder Action- und Shooterspiele. Denkspiele landen bei diesen Gamern mit 41 Prozent auf dem letzten Platz, bei allerdings einer höheren Anzahl an Mehrfachnennungen (vgl. ACTA 2007).

- *Kontrollierbar, wenngleich haarsträubend gefährlich*

Offen bleibt bei dieser Betrachtung von Genrevorlieben, die inhaltliche Perspektive. Aber es gibt offenbar ein Interesse an spielerischem Kognitionstraining und eventuell sogar an mehr. „Kann man aus Computerspielen etwas für die Politik lernen?“, fragte die Bundeszentrale für politische Bildung bpb mehrere Experten und Expertinnen und veröffentlichte die Antworten in ihrem Online-Dossier zu Computerspielen[1]. Die Antworten fielen sehr unterschiedlich aus – von deutlich positiv über verhalten bis ablehnend, im Folgenden einige bejahende Stimmen:

„Aber sicher. Man kann, ja, man muss beim Computerspielen sehr aufmerksam sein, ständig neu Informationen verarbeiten, komplexe Probleme bewältigen, sich entscheiden, abwägen, Hypothesen aufstellen, prüfen, verwerfen, und das immer in kürzester Zeit.“ (Dr. Peter Vorderer, Prof. für Kommunikationswissenschaft, Center for Advanced Media Research Amsterdam).

„Ich halte insgesamt politische Lern-Effekte insbesondere bei Vielspielern für denkbar, wenn nicht wahrscheinlich, aber die empirische Forschung dazu beginnt gerade erst.“ (Dr. Christoph Klimmt, Juniorprofessor für Publizistik mit Schwerpunkt Online-Kommunikation, Universität Mainz).

„Eine wichtige Motivation für das Spielen besteht darin, dass sich der

Spieler bei angemessenem Schwierigkeitsgrad als selbstwirksam, als kompetent erlebt. Ein Spiel wird also dann als besonders unterhaltsam erlebt, wenn die Umstände zwar problematisch bis widrig sind, der Spieler jedoch letztlich siegt. ... Immer bleibt die Spielsituation kontrollierbar, wenngleich auch haarsträubend gefährlich. Das Szenario wird jedoch nie hoffnungslos, denn immer gibt es einen Ausweg. Doch gerade in einer Hoffnungslosigkeit, einer Empathie mit dem Protagonisten und einem mitfühlendem Erleben seiner Geschichte entfaltet sich der politische Wert eines Mediums. Computerspiele sind daher als unpolitisch zu bezeichnen." (Florian Rehbein und Matthias Kleimann, Mitarbeiter im Projekt „Mediennutzung und Schulleistung" des Kriminologischen Forschungsinstituts Niedersachsen (KFN)).

Die von Rehbein und Kleimann vorgenommene Klassifizierung von Computerspielen als unpolitisch widerspricht meines Erachtens nicht der Entwicklung eines politischen Bildungsangebotes als Computerspiel. In einer Kooperation zwischen dem Bildungsmedienverlag Cornelsen, dem ZDF und der bpb entstand in dieser Kategorie im vergangenen Jahr ein erstes Produkt: *Genius – Im Zentrum der Macht. Strategie – Politik* ist eine Verbindung aus Echtzeit-3D-Aufbausimulation und anspruchsvoller Lernsoftware zum Thema Politik, in dessen Rahmen der/die Spielende politische Prozesse meistern und Aufgaben lösen muss. Spielziel ist, eine politische Karriere über die Ebenen von Kommune und Land zu verfolgen und mit dem Amtsantritt als Bundeskanzler oder -kanzlerin zu krönen. In einer Verknüpfung lebenspraktischer Fragestellungen mit den Spielregeln des Rechtsstaates und der politischen Grundordnung können so Verkehrs-, Wirtschafts-, Bildungs- und Familienpolitik gestaltet und spielerisch erlernt werden. Damit verbunden müssen auch die Notwendigkeiten und Bedingungen politischer Kommunikation beherrscht und gemeistert werden.

Neben der Aufbauarbeit, wie sie dem klassischen Genre Aufbau-/Wirtschaftssimulation entspricht, müssen verschiedene Fragen beantwortet bzw. Aufgaben gemeistert werden. Im ersten Level muss beispielsweise die Frage nach den Wahlrechtsgrundsätzen beantwortet werden, in einer weiteren Aufgabe dann ein Wahllokal entsprechend eingerichtet werden. Auf den höheren Levels gilt es dann Gesetzgebungsverfahren auf Landesebene wie auf Bundesebene nicht nur zu kennen, sondern auch zu beherrschen oder in Koalitionsverhandlungen die Kunst des politischen Kompromisses zu üben. Die Möglichkeiten interaktiver Didaktik, der durch die Herausforderung eines rundenbasierten Strategiespiels erreichte Motivationsgrad und die anspruchsvolle grafische Gestaltung sollen die Spielenden besonders erfolgreich zu politischen Lernprozessen motivieren und in eine entsprechende virtuelle Lernwelt involvieren.

• *Jugendschutz als Risikomanagement*

Lernen mit, Lernen aus Computerspielen ist ein noch nicht zu Ende „gespieltes“ Thema, wir befinden uns eigentlich noch im „Tutorial“-Abschnitt. Zum einen bedarf es noch gesicherter empirischer Erkenntnisse, insbesondere in Langzeitstudien gewonnener empirischer Ergebnisse. Zwischen informellen Lernprozessen (beispielsweise mit Computerspielen) und formalen, intentionalen Lernsettings Schule kann es ein Verstärkungsverhältnis, aber unter Umständen auch ein Verdrängungsverhältnis geben (vgl. Ritterfeld/Weber 2007, S. 404; Rehbein/Kleimann/Mössle 2007). Notwendigerweise müssen bei der Entwicklung pädagogischer Konzepte für den Einsatz von Computerspielen als Lernmedien die aktuellen problemindizierenden Hinweise und die damit verbundenen Debatten (exzessives Spielen und Suchtdebatte, gewaltverherrlichende Inhalte und Wirkungsdebatte) entsprechend aufbereitet werden, unabhängig davon, ob es sich um explizite „serious games“ oder unterhaltungsorientierte Spiele handelt.

Es gibt Grenzen, bei deren Überschreitung der Jugendschutz mit gutem Grund Verbote einsetzen muss, und diese sollten Heranwachsenden auch kenntlich und deutlich gemacht werden. Ebenso gilt aber auch: „Jugendschutz in modernen Gesellschaften ist Risikomanagement. Im Zusammenwirken aller muss das höchste Schutzniveau erreicht werden, jedenfalls ein hinreichend hohes, um den verfassungsrechtlichen Schutzauftrag gegenüber der Jugend zu erfüllen.“ (Schulz 2007, S. 90). Ziel muss es dementsprechend sein, Jugendliche zu selbstverantwortlich und selbstbestimmt handelnden Mediennutzern und -nutzerinnen zu ermächtigen „empowern“, die ebenso in der Lage sind, die sensomotorischen, kognitiven, emotionalen und sozialen Herausforderungen des Computerspiels zu meistern, als auch fähig, die moralischen und politischen Implikationen zu verstehen und in ihrem Handeln zu berücksichtigen. Zum anderen befinden wir uns deshalb noch am Anfang, weil es zumindest im deutschsprachigen Raum an guten Beispielen, sprich *serious games*, mangelt. Notwendig ist die Entwicklung eines konzeptionellen Ansatzes für den Einsatz von Computerspielen im schulischen Unterricht oder anderen formalen Bildungskontexten. Offene Fragen bestehen auch hinsichtlich der Möglichkeiten und Bedingungen des Lerntransfers. Wie kommt das spielerisch erworbene Wissen in die Wirklichkeit, wie wird es aktiviert?

Für Erziehungswissenschaft und Medienpädagogik wie auch für Bildungsmanagement und pädagogische Praxis bestehen somit hinreichend Gründe, den symbolischen Raum *serious games*, ebenso wenig wie die konkrete Praxis des *digital game-based learnings*, nicht allein einer gewinnorientierten Spieleindustrie zu überlassen – bei allem Respekt und teilweiser Zustimmung zu den dort in Gang gesetzten Entwicklungen.

Anmerkung

1) www.bpb.de/compuerspiele [Zugriffsdatum: 20.10.2008]

Literatur

- Allensbacher Computer- und Technik-Analyse – ACTA 2007: Computerspiele. Am beliebtesten sind Denkspiele. In: Institut für Demoskopie Allensbach Hrsg.: Allensbacher Berichte 2008, 3, S. 4.
- Becta 2006: Computer Games in Education project: Report. Verfügbar unter: http://partners.becta.org.uk/index.php?section=rh&rid=13595 [Zugriffsdatum: 30.05.2008].
- Berg, J.-M. 2008: Das Computerspiel: Der überwältigende Erfolg einer neuen Kulturtechnik und seine Gründe. In: Süddeutsche Zeitung, 114 17./18.05.2008, S. 14.
- Dohmen, G. 2001: Das informelle Lernen. Die internationale Erschließung einer bisher vernachlässigten Grundform menschlichen Lernens für das lebenslange Lernen aller. Bonn. Verfügbar unter: www.bmbf.de/pub/das_informelle_lernen.pdf Zugriffsdatum: 30.05.2008].
- Fromme, J. 2006: Zwischen Immersion und Distanz. Lern- und Bildungspotenziale von Computerspielen. In: Kaminski, W./Lorber, M. Hrsg.: Clash of Realities. Computerspiele und soziale Wirklichkeit. München: S. 177–209.
- Fromme, J. 2007: Sozialisation in einer sich wandelnden Mediengesellschaft. In: Lauffer, J./Röllecke, R. Hrsg.: Mediale Sozialisation und Bildung. Methoden und Konzepte medienpädagogischer Projekte. Bielefeld: S. 12–29.
- Gebel, C./Gurt, M./Wagner, U. 2005: Kompetenzförderliche Potenziale populärer Computerspiele. In: Arbeitsgemeinschaft Betriebliche Weiterbildungsforschung e.V. Hrsg.: E-Lernen: Hybride Lernformen, Online-Communities, Spiele. QUEM-report 92. Berlin: S. 241–376. Verfügbar unter: www.abwf.de/content/main/publik/report/2005/report-92b.pdf [Zugriffsdatum: 30.05.2008].
- Klimmt, C. 2008: Die Nutzung von Computerspielen. Interdisziplinäre Perspektiven. In: Quandt, T./Wimmer, J./Wolling, J. Hrsg.: Die Computerspieler. Studien zur Nutzung von Computergames. Wiesbaden: S. 57–72.
- Pair, J. L. u.a. 2006: A Virtual Reality Exposure Therapy Application for Iraq War Post Traumatic Stress Disorder. In: Proceedings of the IEEE VR2006 Conference 2006: S. 64–71. Verfügbar unter: http://ict.usc.edu/files/publications/Pair%20Virtual%20Reality.pdf [Zugriffsdatum: 30.05.2008].
- Prensky, M. 2005: Computer Games and Learning: Digital Game-Based Learning. In: Raessens, J./Goldstein, J. Hrsg.: Handbook of Computer Game Studies. Cambridge/London: S. 97–122.
- Rauschenbach, T. 2004: Konzeptionelle Grundlagen für einen Nationalen Bildungsbericht – Non-formale und informelle Bildung im Kindes- und Jugendalter. Berlin.

Verfügbar unter: www.bmbf.de/pub/nonformale_und_informelle_bildung_kindes_u_jugendalter.pdf [Zugriffsdatum: 30.05.2008].

- Rehbein, F./Kleimann, M./Mössle, T. 2007: Impact of Violent Computer Games on Memory Consolidation and Concentrativeness. Postervortrag auf der APA (American Psychological Association) Convention. Verfügbar unter: www.kfn.de/versions/kfn/assets/APA_POSTER1.pdf [Zugriffsdatum: 30.05.2008].
- Ritterfeld, U./Weber, R. 2006: Video Games for Entertainment and Education. In: Vorderer, P./Bryant, J. Hrsg.: Playing Video Games. Motives, Responses, and Consequences. Mahwah/London: S. 399–413.
- Schulz, W. u. a. 2007: Das deutsche Jugendschutzsystem im Bereich der Video- und Computerspiele. Endbericht des Hans-Bredow-Instituts. Hamburg. Verfügbar unter www.hans-bredow-institut.de/presse/070628Endbericht.pdf [Zugriffsdatum: 30.05.2008].
- Zürcher, R. 2007: Informelles Lernen und der Erwerb von Kompetenzen. Theoretische, didaktische und politische Aspekte. Materialien zur Erwachsenenbildung. Wien. Verfügbar unter: www.erwachsenenbildung.at/services/publikationen/materialien_zur_eb/nr2_2007_informelles_lernen.pdf [Zugriffsdatum: 30.05.2008].

■ LEOPOLD GRÜN/HELENE HECKE

„Krieg in den Medien" – ein Lernprogramm

Eine Alternative zum Verbot von Killerspielen

Kriege und Gewalt finden überall in der Gesellschaft statt. Ihre mediale Abbildung ebenso. Für die Berichterstattung gelten dabei scheinbar andere Regeln als für fiktive Stoffe. Wie aber soll man Jugendlichen erklären, warum bestimmte Kriegsspiele indiziert sind, während in den TV-News ebenfalls Granateinschläge oder amputierte Opfer vorgeführt werden? Gibt es „gute Gewalt" in Aufklärungsfilmen – und „schlechte Gewalt" in Egoshootern?

Wenn ein Film wie *Der Soldat James Ryan* realistisches Sterben zeigt, werden weitere Widersprüche des Jugendschutzes deutlich. Zumindest für die Prüfer der Freiwilligen Selbstkontrolle Fernsehen FSF. Derlei Sequenzen kann man nicht einfach für den 20:15-Blockbuster freigeben. Andererseits liegt das Motiv dieses Filmes nun gerade nicht in der Gewaltverherrlichung. Es ist ein Antikriegsfilm. Doch ein „guter Antikriegsfilm muss", wie Medienwissenschaftler Lothar Mikos sagt, „drastische Szenen zeigen, auch wenn dies im Widerspruch zu allen Jugendschutz-Argumentationen steht."[1]

Problematische Einflüsse werden gewöhnlich an den Jugendschutz delegiert. Das bloße Fernhalten oder Verbieten ist aber weder konstruktiv noch wirkungsvoll. Denn selbst gewalthaltige Stoffe haben ihre Ambivalenzen, das sieht man an Debatten um Filme wie eben *James Ryan* oder *Black Hawk Down*. Und viel diskutierte Jugendschutzgesetze oder Fernsehfreigaben können eines nicht verhindern: Die Medienkompetenz Jugendlicher besteht vor allem aus dem Wissen wo man was findet. Und das betrifft gerade auch jugendgefährdende Inhalte. Dass etwas verboten ist, heißt noch lange nicht, dass man es nicht irgendwo herunterladen kann.

Woher sollen Jugendliche einen bewussten Umgang mit Gewaltdarstellungen beziehen? Es fehlt immer noch an standardisierten und im Lehrplan integrierten medienpädagogischen Anleitungen, die die oft stereotype Dramaturgie von so genannten „Killerspielen" oder soldatischen Superhelden durchschaubar machen und die Wirkung auf das eigene Verhalten hinterfragen. An dieser Stelle setzt das Lernprogramm *Krieg in den Medien* – kurz KIM – an.

• *Was ist „KIM"?*

Eine Arbeitsgruppe der Freiwilligen Selbstkontrolle Fernsehen hat in Zusammenarbeit mit der Bundeszentrale für politische Bildung, der Hessischen Stiftung für Friedens- und Konfliktforschung sowie dem Institut für Bildung in der Informationsgesellschaft eine Materialiensammlung erarbeitet, die genau auf dieses Problem zielt. *Krieg in den Medien* ist ein modernes und interaktives Lernprogramm, sowohl für den Einsatz im Schulunterricht geeignet (für Sek. I und II), als auch für den privaten Gebrauch. Die Einführungstouren moderieren sich selbst, fast schon wie ein Computerspiel. Denn der User soll ja gerade eigenverantwortlich mit eigenen Fragen umgehen lernen.

Sowohl vom Umfang, als auch von den Einsatzmöglichkeiten her ist diese DVD ein Novum. Die Didaktik interaktiver Lernangebote steckt bei allen technischen Möglichkeiten noch in den Kinderschuhen. Bei dieser Sammlung aber war es das Ziel, neben der reinen Wissensvermittlung über Kriege auch Methoden der medialen Inszenierungen hinterfragbar zu machen. 250 kurze Medienbeispiele erläutern das theoretische Konzept: Dazu gehören Nachrichten aus Hörfunk und Fernsehen, Filmausschnitte und Ausschnitte aus Computerkriegsspielen. Mit Texten und Zitaten wird immer wieder die Wechselwirkung zwischen Medien und Krieg veranschaulicht. Ein Konflikt wird zum Inhalt, zum Kinoerfolg oder zur Nachrichtenware. Der Content wird stets nach bestimmten Interessenlagen produziert. Die Kriegsreporterin

Bettina Gaus spricht in Bezug auf Kriegsberichterstattung gar vom „Militainment".[2] Jede mediale Inszenierung hat ihre manipulative Meta-Ebene. Diese zu erkennen wäre Zeichen echter Medienkompetenz.

- *Kriege, Inszenierungen und Propaganda*

Krieg in den Medien präsentiert sich in drei Themenblöcken: Der erste Teil klärt grundlegend Begriffe von Krieg und Medien. Mit den kulturellen Veränderungen wandeln sich auch die Formen von Gewalt. Wie spiegeln sich also Kriege im Laufe der Geschichte in zeitgenössischen Medien wider – von antiken Schlachtliedern und Flugzetteln bis hin zum dreidimensionalen Egoshooter über die alliierte Landung in der Normandie ...

Der zweite Teil vertieft Fragen nach den Mitteln der Inszenierung. Wie werden schnelle Schnittfolgen, Nahaufnahmen, Musik zu bestimmten Zwecken eingesetzt? Und vor allem: Was kommt in der Dramaturgie einiger Genres überhaupt nicht vor? Besonders Computerspiele klammern die unerträglichen Seiten der Gewalt beinahe vollständig aus. Es geht weder um Opfer, um Schmerz und Leid, noch um politische oder soziale Grundkonflikte. Jedes Medienprodukt kann nur einen schmalen Blickwinkel auf die Realität wiedergeben. Und wenige Schnitte verändern die komplette Bildaussage. Aber gerade das, was ausgeblendet bleibt, wäre vielleicht der interessantere Teil der Botschaft.

Die Dramaturgie – gerade von kommerziellen Kriegsfilmen – ist ausgerichtet auf Heldenverherrlichung und einfache Feindbilder. Viele der vorgestellten Spiele oder Filme richten sich dabei an eine Generation, die selbst nie einen Krieg erleben musste. So fällt es Jugendlichen schwer, die gelieferte Information hochzurechnen und zu differenzieren.

Wenn Jugendliche ausdauernd Spaß haben an virtuellem Nahkampf oder Vietnam-Kriegsszenarien, heißt das noch lange nicht, dass sie – wie einige Medienwirkungsforscher behaupten – ihre Gewalterfahrungen irgendwann in Echtzeit ausleben müssen. Häufig aber ist ihnen nicht bewusst, an welche brutalen Wirklichkeiten das Setting tatsächlich anknüpft. Knallige Explosionen haben nur wenig mit möglichem menschlichem Leid zu tun. Und mit politischen Hintergründen will sich in technisch faszinierenden 3D-Schlachtfeldern erst recht niemand mehr befassen.

Im dritten Teil der DVD geht es um Propaganda. Hier wird es besonders spannend. Was ist eigentlich Propaganda? Anhand von historischen Gegebenheiten werden Beispiele für den Missbrauch der Massenmedien für propagandistische Zwecke dargestellt. In den Kriegen der letzten hundert Jahre hat man immer auch die neuesten medialen Entwicklungen für die Beeinflussung des Gegners oder der eigenen Bevölkerung eingesetzt – vom Stummfilm im Ersten Weltkrieg bis zum Warblog im Dritten Golfkrieg: Die Medien ändern sich, die Propagandaformen und -methoden allerdings scheinen weitgehend die gleichen zu bleiben.

Die Grenzen zwischen einer faustdicken Lüge und geschickt geschnittenen Bildern sind dabei fließend. Selbst für den Profi ist der Unterschied nicht immer durchschaubar, für den Zuschauer nur, wenn er sich möglicher Manipulation bewusst ist. Aber wie entstehen Nachrichten überhaupt? Welche Gestaltungsmittel, Meldungen, Bilder wirken in welcher Weise?

Kriegsreporterin Bettina Gaus erläutert, wie so genanntes „Militainment“ funktioniert: „Wenn Blut geflossen ist, interessiert das jede Redaktion der Welt. Die Frage ist nur, ob man den Hintergrundbericht dazu auch noch losbekommt.“[3] – Das Warten auf Angriffe, der Ekel und die Angst sind meist keine Meldung wert. Die „eingebetteten“ „embedded“ Journalisten stehen ständig unter dem Druck, spektakuläre Bilder liefern zu müssen. Denn auch Nachrichten sind eine Ware und müssen sich verkaufen. Sie werden unter bestimmten Prämissen hergestellt und nicht immer so wertfrei präsentiert, wie man sich das vorstellen möchte. So machen sich auch die seriösesten News-Redaktionen gelegentlich zum Büttel der Propaganda, wie RTL-Korrespondentin Antonia Rados zugesteht.[4] Schließlich können sie nur jene Meldungen weitergeben, die ihnen von verschiedenen Konfliktparteien zugeliefert werden.

- *Das Material*

Die didaktische DVD *Krieg in den Medien* enthält Beispiele, wie sich die Verflechtung von Krieg und Medien in unterschiedlichen Genres darstellt: Dokumentation, Fiktion, Unterhaltung etc. Dementsprechend liefert die DVD eine große Bandbreite multimedialen Materials, so z. B. Darstellungen von spätmittelalterlichen Flugblättern, Tondokumente, Kriegsfotografien, Ausschnitte aus historischen und aktuellen Spielfilmen sowie Auszüge aus Computerspielen und Internetseiten.

Drastische Bildbeispiele konnten dabei sachgemäß nicht vermieden wer-

den. Doch in anmoderierter Form, pädagogisch eingebunden in analysierende Fragestellungen, verliert sich der Thrill am großen Leinwand-Gemetzel. Der Zuschauer wird dafür sensibilisiert, mit welchen Tricks Bildaussagen manipuliert werden können und zu welchem Zweck dies geschieht.
Angereichert ist das Material mit eigens für diese DVD geführten Interviews, in denen Experten ihre Erkenntnisse zusammenfassen und ihre Positionen erläutern. Befragt wurden neben Bettina Gaus und Antonia Rados auch der Politikwissenschaftler Prof. Dr. Herfried Münkler, der Spieletester Marek Klingelstein, der Journalist und Fernsehmoderator Thomas Kausch, der Medienwissenschaftler Lothar Mikos und der Fernsehreporter Guido Schmidtke. In diesen Gesprächen werden fiktionale Bilder mit denen der Berichterstattung verbunden und durch Erfahrungen verschiedener Akteure praktisch und theoretisch untermauert.

Zugeordnet zu jedem Themenblock und schon in den Einführungstouren gibt es vertiefende Frage- oder Diskussionsanregungen. Für den Einsatz im

Schulunterricht empfehlen sich außerdem die Arbeitsblätter sowie das umfangreiche Handbuch mit konkreten Entwürfen von didaktisch-methodischen Unterrichtseinheiten.

- *Jeder Zuschauer sein eigener Regisseur*

Kriege sind für die meisten von uns weit weg oder lange her. Doch in den Medien sind sie stets präsent. Gewalteskalation bleibt ein ewiger Kassenknüller und wird zudem in Nachrichten als zivilisatorische Notwendigkeit dargestellt. Warum aber schickt man Jugendliche – sozusagen – komplett ohne Grundausbildung in diesen medialen Schützengraben? Die meisten Eltern sind davon überfordert, ihren Nachwuchs über die fragwürdige Faszination eines großen Film-Showdowns aufzuklären.

Die konzeptionelle Umsetzung der DVD unterstützt den Diskurs über

Krieg und Frieden. Sie hilft Jugendlichen, durch die Auseinandersetzung mit Mitschülern Antworten auf nicht immer eindeutig zu beantwortende Fragen auszuhandeln, eigene Positionen zu entwickeln bzw. diese Positionen zu hinterfragen. Die DVD *Krieg in den Medien* trägt damit der Tatsache Rechnung, dass das gleiche Medium mit gleichem Inhalt bei verschiedenen Menschen aufgrund ihrer unterschiedlichen emotionalen und kognitiven Voraussetzungen ganz verschiedene Reaktionen auslösen kann. Diese Erkenntnis war bei der Entwicklung des Lernprogramms wichtig.

Denn sie trug bei zur didaktischen Devise von *Krieg in den Medien*: Am besten für den nicht nur jugendlichen Zuschauer ist es, wenn er Informationen selbst filtern kann, um gleichsam sein eigener Regisseur zu werden: an der Fernbedienung genauso wie im wirklichen Leben.

DVD-ROM *Krieg in den Medien* ist erhältlich bei der Bundeszentrale für politische Bildung; Preis: 6 Euro. Informationen und Bestellung unter: www.bpb.de/publikationen/9CI183,0,Krieg_in_den_Medien.html [Zugriffsdatum: 06.10.2008].

Anmerkungen

•1) Lothar Mikos im Experteninterview auf der DVD-ROM Krieg in den Medien, Berlin/Bonn 2007.

•2) Bettina Gaus im Experteninterview auf der DVD-ROM Krieg in den Medien, Berlin/Bonn 2007.

•3) Bettina Gaus im Experteninterview auf der DVD-ROM Krieg in den Medien, Berlin/Bonn 2007.

•4) Antonia Rados im Experteninterview.

■ Gabriele Lieber

Bilderbücher im Medienzeitalter – ein didaktischer Anachronismus?

Bilderbücher im Zusammenhang mit Medienpädagogik zu diskutieren irritiert zunächst. Das klassische Kindermedium hat nicht zuletzt durch das alltagspädagogische Verständnis von „Kindgemäßheit" das Image des Verstaubten bekommen. Wie Paus-Hasebrink und Bichler vgl. 2005 zeigen konnten, verschwinden sie allmählich aus den Kinderzimmern, insbesondere bei sozial schwächeren Familien. Für Medienkids kann es nicht „cool" sein, TV, PC oder Spielkonsole mit einem Bilderbuch zu tauschen. Oder doch? Illustratorisch und narrativ hochwertige moderne Bilderbücher haben längst den Sprung in die veränderte Bildwelt der Kinder geschafft. Könnte das didaktisch-methodische Potenzial solcher Bilderbücher ein Schlüssel zu einer nachhaltigen Förderung von Literalität sein?

• *Die Faszination der (Bild-)Medien und ihr Beitrag zur Entwicklung von (Bild-)Literalität*

Kinder im Vor- und Grundschulalter beschäftigen sich vorwiegend mit Bildmedien, allerdings vor allem in rezeptiv-konsumierender Form: Dazu gehören das Fernsehen, aber auch Computerspiele. Während das Fernsehen eher Formen passiver Medienrezeption begünstigt, besteht der Reiz von Computerspielen in der Interpassivität (vgl. Pias 2000), in einem scheinbar freien Navigieren durch ein Szenario innerhalb eines vorgedachten Netzes mit alternativen Pfaden. Eine medienbezogene Kritik- und Genussfähigkeit (vgl. Hurrelmann 2003) entwickelt sich jedoch nur im Dialog mit anderen (älteren) Kindern oder Erwachsenen. Gemeinsam ist diesen Kinder-Medien die Vorherrschaft von Bildern, zumeist in schneller Abfolge, bedingt durch den teilweise extensiven Medienkonsum der Kinder. Laut Paus-Hasebrink und Bichler nutzen die 2- bis 5-Jährigen Medien ca. 162 Minuten pro Tag, davon 90 Minuten TV vgl. 2005. Somit haben sich Seh- und auch Lesegewohnheiten erheblich verändert. Bilderlesen und Textelesen basieren zwar auf Symbolsystemen, funktionieren jedoch unterschiedlich: Während Texte sequentiell angeordnet sind, werden Bilder simultan wahrgenommen. Das, was auf Bildern – auch Buchstaben, Worte und Texte sind zunächst Bilder – erkannt wird, ist das Ergebnis einer erlernten Analyse (vgl. Fahle 2007) und muss als eigene Interpretations- und Konstruktionsleistung des Gehirns verstanden werden, das in Windeseile Abgleiche mit dem individuellen Bildarchiv zur Semantisierung der Daten leistet.

Für einen erweiterbaren Aufbau des Bildarchives im Gehirn sind frühkindliche Bilderfahrungen entscheidend. Reiche Bilderfahrungen bilden demnach die Voraussetzung für ein auf- und ausbaufähiges individuelles Bildarchiv, dessen Qualität die Basis für eine differenzierte Wahrnehmung der Umwelt darstellt und zugleich für deren Entschlüsselung und Verständnis verantwortlich ist.

Lesen baut auf diesem Seh- und Semantisierungsprozess auf. Lesen (von Bildern wie von Texten) lässt sich als aktive Sinnkonstitution beschreiben. Es gehört zu den komplexesten Hirnleistungen (vgl. Ring 2004). Beim Lernen und Kultivieren des Leseprozesses müssen Symbolfolgen erkannt und dekodiert werden. Dies bedeutet, dass auch diese abstrakten Symbole wieder in Bilder verwandelt werden müssen, um ihnen Bedeutungen zuzuordnen und sie auf ihre Relevanz und Validität zu überprüfen.

- *Lesen lernen beginnt mit dem Lesen von Bildern*

Die aktuellen kulturellen und gesellschaftlichen Entwicklungen im Medienzeitalter scheinen in vieler Hinsicht kontraproduktiv zur Entwicklung von Literalität zu sein. Zur Entwicklung von Literalität in der frühen Kindheit sind bestimmte Rahmenbedingungen, wie Zuwendung und Nähe, Verweilen und Wiederholen, eine besondere Form des Dialoges sowie die Begegnung mit der Schrift im Buch, von Bedeutung.

Traditionell nahm das Bilderbuch den wichtigsten Platz für die Entwicklung der Literalität ein. Heutzutage ist die Bilderbuchnutzung abhängig vom sozio-ökonomischen Status der Familien. So beschäftigt sich nur die Hälfte der Unterschichtkinder im Alter von 3 bis 6 Jahren täglich mit Bilderbüchern (vgl. Grüninger und Lindemann 2000). Entscheidend für die Entwicklung der Literalität ist das gemeinsame Bilderbuchlesen. Die Kinder erleben eine sprachintensive Situation, in der sie die nicht unterbrochene Zuwendung und Nähe eines Erwachsenen erfahren und genießen können. Die Kommunikationssituation ist abgeschirmt, körperliche Nähe ist im Idealfall gegeben. Bindungen und vor allen Dingen Vertrauen können aufgebaut werden. Bilder und Schrift werden in einem ständigen Wechsel von Erzählen und Zuhören gedeutet und verbalisiert.

Die Situation der Bilderbuchbetrachtung erlaubt es, das Tempo sprachlicher Anregung und Kommunikation passgenau auf das Kind abzustimmen und einen hohen Grad an Individualisierung zu erreichen. Auch die individuellen Interessen und Fähigkeiten des Kindes können so gezielt in die kommunikative Situation einbezogen werden. Die Verweildauer bei einzelnen Bildern oder Textpassagen ist flexibel handhabbar. Allerdings geht es hier um eine Integration von Verweilen, Erklären, Rückfragen und Wiederholen, nicht um eine belehrend-korrigierende Form. Im Medienzeitalter spielt insbesondere das Erfahren von Langsamkeit und Kontemplation eine entscheidende Rolle. Diese sind durch die schnellen Bildfolgen der digitalen Bilder etwa im Fernsehen oder in PC-Spielen heute nicht mehr gegeben.

Bereits Jerome Bruner vgl. 2002 konnte dazu nachweisen, dass mehrmaliges Vorlesen eines Bilderbuchs den sprachlichen Lerneffekt bei sprachlich weniger kompetenten Kindern deutlich steigert.

Bilderbücher sind reich an Kommunikationsanlässen, initiiert durch Bilder, Texte und Gespräche. Sie bieten daher vielfältige Lernimpulse an. Je nach Entwicklungsstufe des Kindes, der Art des Bilderbuches und den kindlichen Interessen können verschiedene Variationen und Abstufungen unterschieden werden, die vom einfachen Benennen der Dinge über das Definieren, Umschreiben und Erweitern, das Herstellen von Beziehungen und Abfolgen, das Entwickeln und gemeinsame Konstruieren von Bedeutung, das Herstellen von Bezügen bis hin zum Vorausdeuten reichen können. Ein gut gemachtes Bilderbuch ermöglicht dabei zahlreiche ästhetische Zugangs- und Sichtweisen auf die in Bildern und Texten erzählte Geschichte. Im Fokus steht die Art und Weise der Aktivierung des Kindes, die im Laufe des Prozesses der Betrachtung von Bilderbüchern dazu führen kann, dass das Kind selbst zum „Geschichtenerzähler" wird: Beim Erzählen eigener Geschichten entdeckt das Kind seine Freiheiten, steuert eigene Erfahrungen bei und beginnt frei zu assoziieren. Dieses „Geschichtenerzählen" kann und sollte auf möglichst verschiedenen ästhetischen Darstellungswegen geschehen: vom mündlichen Erzählen über das Zeichnen, Malen und Basteln bis hin zur Umsetzung in kleinere Spielszenen – je vielfältiger, desto besser. Je intensiver sich das Kind mit der Geschichte beschäftigt, desto höher das Potenzial für die Entwicklung seiner Literalität und v. a. auch seines Interesses für Bilderbücher im Speziellen und Bücher im Allgemeinen.

Beim gemeinsamen Bilderbuchlesen können Kinder auch einiges über Schrift und Buchkultur erfahren, wie z. B. über die Arbeit eines Autors und eines Grafikers, über den Aufbau und die traditionellen Konventionen eines Buches, etwa die Verbindung von Bild und Text, sowie über die Bestandteile der Schriftsprache aus Buchstaben, Wörtern und ganzen Sätzen etc.

Bei der Entdeckung dieser Systeme spielt die Emotionalität eine wichtige Rolle. Kinder brauchen dafür den Dialog mit Erwachsenen. Die Erlebnisse sollen Freude bereiten und zum Entdecken anregen. Kinder lernen so auch in ihrer Art unterschiedliche Geschichten kennen, die traurig, lustig, spannend oder gruselig sein können. Dazu kommen informative Texte. Damit werden die Basisvoraussetzungen für Sprachzuwachs und nachhaltige Lesefreude geschaffen. Beim Vorlesen lernen Kinder ein anderes Sprachniveau kennen als das, mit dem sie aus dem Alltagsgespräch vertraut sind. Der Wortschatz ist sehr viel reichhaltiger und der Satzbau unterscheidet sich bei Erzähl- bzw. Schriftsprache. In der Alltagssprache sind Sätze kürzer, der Satzbau ist einfacher und eintöniger, manche Sätze werden sogar abgebrochen und sind unvollständig. Mimisch-gestische Elemente unterstützten die Alltagssprache.

Zudem lernen die Kinder die Struktur von Geschichten kennen und entwickeln daraus ein Schema, bestehend aus Handlungsfiguren und dem Aufbau einer Spannungskurve. Victoria Purcell-Gates vgl. 2001 konnte zeigen, wie Kinder, die viele Bilderbücher, Märchen und Erzählungen kennen, ein Gefühl für die besonderen Merkmale von Schriftsprache bzw. geschriebener Erzählsprache, Erzählkonventionen sowie die Struktur von Geschichten entwickeln. Dies geht soweit, dass diese Kinder Bilder und Geschichten nicht nur verstehend rezipieren, sondern auch produzieren können.

- *Bilderbücher – Lesefutter für Medienkids?*

Medienkompetenz befähigt zur aktiven Teilhabe an der Medien- und Informationsgesellschaft. Sie ist ohne (Bild-)Literalität nicht möglich. Digitale Medien sind text- und bildorientiert und erfordern vielfältige DeK odierungsstrategien der Anwender. Wir gehen daher davon aus, dass Bilderbücher, insbesondere solche, die eine besondere Affinität zu medialen Produkten (Computerspielen, TV-Serien, Filmen, Comics, etc.) aufweisen, eine gute Startbasis für aktive und mündige Mediennutzer darstellen.

Das Bilderbuch hat sich seit den 90er Jahren stark verändert. Es bewegt sich in vielfältiger Weise auf Phänomene zu, die wir aus dem Medienbereich kennen, und macht sich diese zueigen. Bilderbücher richten sich an verschiedene Adressatengruppen und kennzeichnen sich heute u. a. durch Crossmedialität, Multimedia-Elemente, eine verstärkte Visualität in Bild und Text, die Einbeziehung bilderbuchfremder Techniken, das Überschreiten von Gattungsgrenzen und das Spiel mit Materialität, Medialität, Multiperspektivität, Fragmentierung und Nonlinearität (vgl. Rabus 2002).

An dieser Stelle soll exemplarisch auf zwei „medienaffine“ Werke eingegangen werden, die die Entwicklung des modernen Bilderbuchs aufzeigen. Auch sollen didaktische Potenziale angesprochen werden, die zur Entwicklung von Medienkompetenz nutzbar gemacht werden können. Beide Bücher wurden im Rahmen des Kooperationsprojektes *Schule für alle – Gießen* (www.biliaelph.de, Menü: Strandgut _ Links) eingesetzt. Im Projekt arbeiten Studierende über einen längeren Zeitraum mit Kindern mit Migrationshintergrund, deren Verbleib in der Regelschule fraglich ist. In Fallstudien werden u. a. Akzeptanz und Wirkung medienaffiner Bilderbücher in puncto Veränderung der Einstellung und Haltung zum Lesen- und Schreibenlernen beobachtet. Bei den hier vorgestellten Büchern konnte innerhalb einer Fallstudie eine motivationsfördernde Wirkung durch ästhetische Zugangsweisen zu medienaffinen Bilderbüchern beobachtet werden.

Abb. 1: Angelman – eine literarische Bilderbuch-DVD; Cover des Bilderbuchs „Angelman". Aus: Lévy/Roussel 2005

Didier Lévy und Matthieu Roussel 2005 gelingt mit ihrem Bilderbuch *Angelman* inhaltlich und illustratorisch eine ansprechende Auseinandersetzung mit 3D-animierten Filmen, deren Ästhetik und Helden. Illustratorisch werden realitätssimulierende medientechnische Bildverfahren eingesetzt. Räume und Figuren werden detailreich abgebildet, unterschiedliche Perspektiven verwendet. Alfi, ein Roboter, wird zum Sympathieträger. Die Geschichte dreht sich um einen kleinen Jungen, der einem einsamen alten Nachbarn helfen möchte, der sich später als Ex-Superheld entpuppt. Durch die sich allmählich entwickelnde Freundschaft gewinnt der alte Mann, Angelman, sein Selbstvertrauen zurück und verlässt schließlich die Realität. Der Junge hat in Alfie einen neuen Freund gewonnen. Thematisch lässt sich in pädagogischen Vermittlungszusammenhängen zum einen Aspekte der Medien- und Markenkindheit, zum anderen aber auch der *Crossmedialität* bearbeiten.

Bei *Crossmedialität* handelt es sich um Medienkomponenten, die inhaltlich aufeinander abgestimmt sind, sich ergänzen oder aufeinander verweisen (vgl. Roth 2007). Das Phänomen kennen wir schon spätestens seit den 70er Jahren mit dem Aufkommen von Zeichentrickfilmen, wie z. B. *Biene Maja* oder *Heidi* frühe Animés: Im Mittelpunkt stand die TV-Serie, aber parallel dazu wurde ein Medienverbund aus Hörkassetten, Comics bis hin zu Merchandising-Produkten vermarktet. Durch die Einbindung digitaler Medien wurden crossmediale Möglichkeiten erweitert. Momentan erleben wir den Versuch einer crossmedialen Vermarktung von Bilderbüchern durch die sogenannte Bilderbuch-DVD. Neben einer Vermarktungsstrategie von Kindermedien kann in deren crossmedialer Aneignung auch ein pädagogischer Mehrwert gesehen werden. Es gibt Hinweise darauf, dass Crossmedia eine kreative Mediennutzung anregt, indem Fans beginnen zu sammeln und zu ordnen, zu tauschen und zu archivieren sowie beispielsweise Homepages zu ihrem Helden zu gestalten. Es besteht eine Gefahr der Kommerzialisierung von kindlichen ästhetischen Zugangsweisen. Auf der anderen Seite könnte man positiv bewerten, dass die Fans durch diese Aktivitäten aus ihrer passiven Konsumentenrolle heraustreten. Dies könnte durchaus zum Ablösungsprozess beitragen. Durch ihre Aktivitäten im Zusammenhang mit der Crossmedia-Aneignung erweitern die Fans ihre Kompetenzen hinsichtlich instrumenteller, kritischer und gestalterischer Aspekte. Zusätzlich können soziale und emotionale Kompetenzen durch die Auseinandersetzung in Fan-Gemeinden entwickelt werden.

Vom Aufbau her wird in *Angelman* eine Geschichte in der Geschichte erzählt. Durch die Sammlung von Merchandising-Produkten und das Fotoalbum entwickelt sich in der Rahmenhandlung die Geschichte von *Angelman* und den damit verknüpften Erinnerungen des alten Mannes. Die Verzahnung seiner Biografie mit der des verkörperten Superheldens wird greifbar. Der pädagogische Mehrwert des Bilderbuchs *Angelman* ist damit vielfältig beschreibbar. Medienkinder bekommen Anknüpfungspunkte für ihre eigene Beschäftigung mit Comic-, Film- und Animéhelden und ihren Sammeltätigkeiten in diesem Zusammenhang geboten. Damit setzt das Bilderbuch an der Alltagswelt der Kinder an und gibt Impulse zur Auseinandersetzung mit der eigenen Medienkindheit. Crossmedia-Aneignung wird in diesem Bilderbuch selbst zum Thema gemacht. Ästhetisch betrachtet bietet das Buch die Möglichkeit zum Aufbau von Gütekriterien für 3D-Animationen im Film- und PC-Spielbereich. Gerade Kinder, v. a. auch Jungen, die sonst nur schwer zum Lesen zu bewegen sind, könnten durch die Ästhetik und Thematik des Buches erste Zugänge zur literalen Welt bekommen.

Abb. 2–4: Detektiv John Chatterton – das Bilderbuch mit Audio-CD

Abb. 2: Cover des Bilderbuchs „Detektiv John Chatterton". Aus: Pommaux 1994/2005

Abb. 3: „John Chatterton" – Adaption von Mitteln des Comics. Aus: Pommaux 1994/2005, S. 9

Abb. 4: „John Chatterton" – Ästhetik des Film noir. Aus: Pommaux 1994/2005, S. 17

Yvan Pommaux kreiert mit seinem Helden *Detektiv John Chatterton*, von dem es mittlerweile drei Bilderbücher in deutscher Übersetzung gibt, einen ganz anderen ästhetischen Zugang zur Mediengestaltung. Chatterton, ein schwarzer Kater im für Detektive typischen grauen Trenchcoat, löst schwierige Kriminalfälle, in diesem Falle eine Kindesentführung. Bei genauerer Beschäftigung mit dem Buch wird die zeitgenössische Verarbeitung des Märchens Rotkäppchen sichtbar. Dem Leser werden allmählich Bruchstücke aus dem Märchen geliefert, so dass er selbst die Rolle des Detektivs einnehmen kann.

In diesem Bilderbuch wird das Überschreiten von Gattungsgrenzen transparent. Hier haben wir es mit einem Phänomen zu tun, das allmählich aus der Kunst in die Alltagsmedien übergeht und die Komplexität unserer modernen Welt reflektiert. Auch in der Kunst lassen sich zeitgenössische Werke nur noch selten einer bestimmten Gattung zuweisen. Einstige Grenzen weichen auf. Bei Pommaux wirken viele Bilder wie comichafte Einstellungen aus Krimiserien, dazu tragen auch der Einsatz von Sprechblasen und Geräuschen bei. Die comictypische Zweidimensionalität wird an mehreren Stellen unterbrochen, an denen die Bilder wie Videostills aus dem *Film noir* wirken. Das Buch wird in der Originalversion mit einer Audio-CD-Fassung ausgeliefert und bietet damit eine Crossmedia-Aneignung an. Die Mischung von Versatzstücken aus Kriminalfilm, Detektivgeschichte und Märchen macht das Buch für Medien-kids interessant, die sich sonst nie an ein „uncooles" Medium wie das Bilderbuch und v. a. mit einem Märchen als Inhalt heranwagen würden. Interessant ist dabei auch der Aufbau einer Serie, vergleichbar einer TV-Serie, so dass die Kinder immer wieder neue Abenteuer ihres Heldens miterleben können.

Ein vergleichsweise einfacher Einstieg wird durch den sparsamen Einsatz von Texten und die gute Verständlichkeit der Bilder gewährleistet. Für gänzlich buchfern aufgewachsene Kinder bietet die Audio-CD einen motivierenden Einstieg. Zugleich eignet sich das Bilderbuch auch zur Aufarbeitung von mit Märchenmotiven spielenden, häufig 3D-animierten Filmen. Gerade Kinder, die gerne Zeichentrickfilme anschauen, können vielfältige Anknüpfungspunkte in diesem Buch finden. Bei der Bilderbuchbetrachtung bietet es sich an, den Kindern die Spuren, die der Detektiv findet, während des Vorleseprozesses materiell anzubieten. Dies verstärkt den kreativen Umgang mit Medien.

• *Fazit*

Auf dem Bilderbuchmarkt gibt es inzwischen eine Vielzahl qualitativ hochwertiger medienaffiner Bilderbücher. Besonders hervorzuheben ist ihr didaktisches Potenzial hinsichtlich der Lese- und Bilderlesemotivation von

Medienkindern. Dasselbe gilt auch für buchfern aufgewachsene Kinder und Kinder mit Migrationshintergrund. Innerhalb des Forschungsprojektes „Bildliteralität und ästhetische Alphabetisierung" beschäftigen wir uns u. a. mit den Wechselwirkungen zwischen (Bild-)Literalität und Medienkompetenz, die wir bei der Beschäftigung mit diesen Bilderbüchern bei einzelnen Kindern beobachten. Dies muss jedoch in empirischen Studien untersucht werden. Fest steht jedoch, dass dem Bilderbuch als einem klassischen Kindermedium v. a. auch durch seine moderne Weiterentwicklung ein fester Platz im Kinderzimmer zukommt. Mehr denn je übernimmt es wichtige Aufgaben bei der Entwicklung kindlicher (Bild-)Literalität, die nicht durch digitale Medien kompensiert werden können. Das Bilderbuch ist damit Wegbereiter für eine aktive Teilhabe an unserer Medienkultur und zugleich Ausdruck moderner kultureller Praxis.

Literatur

- Bruner, J. 2002: Wie das Kind sprechen lernt. Bern.
- Fahle, M. (2007): Wie kommen Bilder in das Gehirn? In: Thiele, J./Hohmeister, E. Hrsg.: Neue Impulse der Bilderbuchforschung. Baltmannsweiler: S. 48–69.
- Grüninger, C./Lindemann, F. 2000: Vorschulkinder und Medien. Eine Untersuchung zum Medienkonsum von drei- bis sechsjährigen Kindern unter besonderer Berücksichtigung des Fernsehens. Opladen.
- Hurrelmann, B. 2003: Kindermedien als Chance zum Erwerb von Medienkompetenz. In: Hurrelmann, B./Becker, S. Hrsg.: Kindermedien nutzen. Medienkompetenz als Herausforderung für Erziehung und Unterricht. Weinheim und München: S. 11–25.
- Lieber, G. Hrsg. im Erscheinen: Lehren und Lernen mit Bildern – Ein Handbuch zur Bilddidaktik. Hohengehren.
- Paus-Hasebrink, I./Bichler, M. 2005: Kindheit im Wandel – Bleiben sozial schwache Kinder auf der Strecke? Ein Plädoyer für die Intensivierung der Forschung zum Medienumgang von Kindern aus anregungsärmeren Milieus. In: TELEVIZION, 18, S. 104–107.
- Pias, K. 2000: G enießen unterstellen. Eine Theorie der „Interpassivität". In: Frankfurter Allgemeine Zeitung. Verfügbar unter: www.uni-essen.de/~bj0063/texte/interpassiv.html [Zugriffsdatum: 13.05.08].
- Purcell-Gates, V. 2001: Emergent Literacy is Emerging Knowledge of Written Language not Oral. In: Britto, P. R./Brooks-Gunn, J. Hrsg.: Young Children's Emerging Literacy Skills in the Context of Family Literacy Environments. San Francisco.
- Rabus, S. 2002: Das vielseitige Spiel mit der Assoziation... oder die Gleichzeitigkeit der ganzen Welt. Das Bilderbuch in der Medienwelt. In: Informationen zur Deutschdidaktik, 2, S. 52–64.
- Ring, K. 2004: Wann beginnt das Lesen? Neurobiologische Erkenntnisse zur Sprach- und Leseentwicklung. In: JuLit, 3, S. 3–11.
- Roth, C. 2007: Crossmedia-Aneignung: Was bringt der Medienmix den Rezipientinnen und Rezipienten. In: kjl&m extra, 10, S. 49–61.

Bilderbücher

- Lévy, D./Roussel, M. 1994/2005: Angelman. H ildesheim.
- Pommaux, Y. 2005: Detektiv John Chatterton. Weinheim und Basel.

Seite 124 bis 199

3 Finden – Hilfen, Strategien und Kriterien zur Orientierung in Medienwelten

■ Rüdiger Funiok

Spirituelle Lebenspraxis als Orientierungshilfe in der Mediengesellschaft

• *Leben in der Mediengesellschaft*

Ob man lieber von einer Wissensgesellschaft oder bescheidener von einer Informations- und Mediengesellschaft spricht – unsere gegenwärtige Gesellschaftsform ist von der wachsenden Bedeutung wertpluraler Medien gekennzeichnet. Die Charakteristika der Mediengesellschaft sind nach Jarren 2001, S. 11:

· Die Medienangebote haben sich immer mehr ausgebreitet, sowohl in quantitativer (Zahl der Medien) wie in qualitativer Hinsicht (Formate und Angebotsformen).
· Stetig zugenommen hat die Vermittlungsleistung (Programm- und Datenmenge, Rund-um-die-Uhr-Angebot) und Vermittlungsgeschwindigkeit. Alle schriftlichen, bildlichen, auditiven und audiovisuellen Datenformen besitzen durch die digitale Technik ein einheitliches Multimedia-Format und sind über dasselbe Internet zu jeder Zeit abrufbar.
· „Die Medien durchdringen immer stärker und engmaschiger alle gesellschaftlichen Bereiche (‚Medialisierung'). So müssen Organisationen mit einer ständigen Medienberichterstattung rechnen und sich auf eine entsprechende ständige Nachfrage einstellen." (Jarren 2001, S. 11)
· Die Medien haben wegen ihrer Präsenz in den meisten gesellschaftlichen Bereichen eine hohe Aufmerksamkeit und Anerkennung gewonnen.

Auch die interne und externe Kommunikation von Glaubensgemeinschaften bedient sich mit verschiedenen Kommunikationsmodi und -absichten der alten und neuen Medien: zur Glaubensverkündigung an Mitglieder und Interessierte „elektronische Kanzel", zur W ahrnehmung ihrer öffentlichen Gesprächsbeiträge Öffentlichkeitsarbeit und als Instrumente einer , auch emotionalen, Vergemeinschaftung (vgl. Döveling/Funiok 2007).

- *Die Wiederkehr von Religion in Gestalt individualisierter Religiosität*

Thomas Luckmann 1963, 1967/1991 stellte schon in den 1960er Jahren diese These auf: Im Prozess der Säkularisierung verschwindet die Religion nicht einfach aus der Gesellschaft, sie verlagert lediglich ihren Ort. Es kommt zu ihrer Privatisierung, zur individuellen Auswahl und Konstruktion von transzendentem Sinn, wobei man sich aus dem breiten Angebot des religiösen Marktes bedient. Religion ist demzufolge auf den einzelnen Menschen bezogen, von seinen Vorlieben geprägt und an seine Biografie gebunden. Die Funktion von Religion wird im Hinblick auf Krisenbewältigung gesehen, sie stellt für die Wissenssoziologie (mit Peter L. Berger) einen stabilisierenden Faktor der sozialen und individuellen Konstruktion von Welt dar. Was die religions- und sozialwissenschaftliche Forschung außerdem verstärkt interessiert, ist weniger die institutionelle Religion als das individuelle, aber immer sozial zurückgebundene *religiöse Handeln*. Die Phänomenbeschreibung von Religion betont ihre Pluralität aufgrund von Individualisierung. Diese Tendenz zeigt sich in der zunehmenden Distanz vieler „Glaubenden“ von ihrer Herkunftskirche. Es gibt immer weniger „belonging“, aber eher mehr „believing“, ein freilich individuell konstruiertes (vgl. Davies 2002).

Niklas Luhmann führt die Geschichte der modernen Phänomenbeschreibung von Religion fort, indem er auf ihre Wurzel in der Interaktion und Kommunikation verweist: „Nur in der Kommunikation hat Religion ... eine gesellschaftliche Existenz. Was in den Köpfen der zahllosen Einzelmenschen stattfindet, könnte niemals zu ‚Religion' zusammenfinden, es sei denn durch Kommunikation.“ (Luhmann 1998, S. 137) Hat die Wissenssoziologie das Produkt religiöser Kommunikation, ein Sicherheit gebendes Weltbild, betrachtet – so werden nunmehr die kommunikativen Aushandlungsprozesse und Symbolisierungen betont. Dabei ist Religion nicht nur intern auf mediale und institutionelle Unterstützung angewiesen. Das System Religion ist immer auch mit anderen kulturellen Systemen verbunden: mit Literatur, Kunst (vor allem darstellende Kunst und Musik), mit wissenschaftlichen und ethischen Diskursen in der Gesellschaft. Religion ist also nicht nur im ureigenen Bereich kommunikativ, ständig im Wandel und plural. Was als Religion gilt, wird wesentlich im öffentlichen Diskurs ausgehandelt; die Wechselwirkung von Religion mit Kunst, Literatur, Wissenschaft ist unübersehbar und keine Einbahnstraße. In der Gegenwart gibt es Verbindungen auch zur Popmusik. Religion gebraucht die Medien und die Techniken der Eventisierung (z. B. bei den Weltjugendtagen, siehe Döveling/Funiok 2007). Dabei behält selbst die katholische Kirche keine ausschließliche Definitionsmacht, sondern unterwirft sich zwangsläufig auch der Logik der Medienberichterstattung, ihrer zeitlichen und thematischen Strukturierung.

Sieht man die spezielle Leistung von Religion im gemeinsamen Diskursfeld mit Kunst, Wissenschaft, auch Politik, so fungiert Religion noch immer als Quelle tragfähiger Gegenwarts- und Zukunftsdeutungen (große Erzählungen, Mythen), vor allem aber als Tiefendimension aktueller Diskurse. Beispiele sind Filme wie Matrix (mit dem Erlöserheld Neo), Harry Potters Abenteuer mit der Macht des Bösen, der amerikanische Feldzug gegen die „Achse des Bösen". Für Deutungen von Bedrohungen werden noch immer Anleihen aus dem apokalyptischen Weltbild genommen.

Für die gegenwärtige Wahrnehmung von Religion gilt: „Die Religion hat sich aus den Glaubensgemeinschaften herausbewegt und ist zu einer zivilgesellschaftlichen Größe geworden." (Schipper 2005, S. 32) Ist damit die These von der Säkularisierung unserer Gesellschaften passé (vgl. Casanova 1994)? Offensichtlich nur teilweise; denn schließlich geht die funktionale Ausdifferenzierung der Gesellschaftsbereiche weiter und damit auch deren Emanzipation von Religion und der von ihr geprägten Moral. Das Paradigma von der Säkularisierung ist also in diesem Punkte sicher noch gültig. Aber es ist deutlich falsch zu behaupten, Religion und eine umfassende Moral seien deshalb verschwunden – zu deutlich hat die Akzeptanz und Präsenz des Religiösen auch in den modernen Gesellschaften zugenommen.

- *Spiritualität als individualisierte Religiosität*

Als „spirituell" verstehen sich heute zunehmend mehr Menschen, die eine diätetische, vegetarische oder anderweitig „achtsame" Lebensweise pflegen. Sie haben für das Thema Tod eigenständige Rituale oder Überzeugungen (aus Nahtoderfahrungen oder Wiedergeburtslehren) entwickelt und grenzen sich damit von traditionell religiösen Menschen ab. Spiritualität stellt damit eine weitere subjektive Entgrenzung von Religiosität dar (vgl. Knoblauch 2008, S. 46 f.).

Doch auch innerhalb der organisierten Religionen gibt es „Spirituelle" – zumindest ist dies seit zweieinhalb Jahrtausenden belegt. Die verfassten Religionen kennen vier Grunddimensionen (vier „C"s): den gelehrten Glaubensinhalt der heiligen Schriften und Traditionen (*Creed*), gemeinsame Rituale (*Cult*), moralische Verpflichtungen (*Code*) und die Zugehörigkeit zu einer Gemeinschaft (*Community*). Zentrales Anliegen von Religion ist es, den Bezug des Einzelnen oder einer Gruppe zur „letzten Wirklichkeit" herzustellen, aufrechtzuerhalten und plausibel zu machen. Die Annahme einer solchen letzten Wirklichkeit kennzeichnet den Standpunkt des Glaubens – deren Leugnung den Standpunkt des Atheismus. Der Glaubende versteht sich als aus der letzten Wirklichkeit herkommend und in sie zurückkehrend. Im Judentum,

Christentum und Islam nennen wir diese letzte Wirklichkeit Gott; der Buddhismus enthält sich bewusst der Aussagen über Gott, weiß sich aber von der letzte Wirklichkeit gehalten.

Im Kontext traditioneller Religiosität meint „Spiritualität" – bei aller Eingebundenheit in die Glaubensgemeinschaft und ihre dogmatischen, kultischen und moralischen Verpflichtungen – die persönliche *Erfahrungsdimension* von Religion, auch die *mystische* Dimension genannt. Dabei wird in besonders intensiver Weise erfahren, dass Gott einen schützend umschließt, vorbehaltlos annimmt und ganz persönlich meint. Diese Erfahrung kann die angesprochene Person aber auch unruhig machen, sie anfordern. Der eine fühlt sich von Gott beauftragt zur Mitarbeit bei der Glaubensverbreitung (er wird Missionar), eine andere zu karitativem Engagement sie wird Krankenschwester, ein dritter wird Erzieher aus religiösem Motiven, eine vierte bekommt Mut zu politischem Bekenntnis (zu Menschenrechtsarbeit bis hin zum Martyrium). Solche persönlichen Gottesbegegnungen und „Berufungen" können sich in einer Krisen- oder besonderen Glückserfahrung ereignen. Sie können aber auch auf einem systematischen „spirituellen Übungsweg" entstehen: nach dem konsequenten Praktizieren von Stille und Alleinsein, Askese und Formen von Konzentration (Meditation).

Demgegenüber ist „Medienreligion" etwas vergleichsweise Leichtes, Unterhaltendes – wenigstens wenn man an eine TV-Serie wie *Um Himmels willen* denkt, die man bequem auf der Couch sehen kann. Der spirituelle Übungsweg aber benötigt Wachheit und Selbstdisziplin. Dazu braucht es kein Meditationskissen, sondern eine geistige Haltung im Alltag.

- *Orientierungsfunktionen spiritueller Lebenspraxis*

Welche Orientierung gibt der Glaube – oder offener formuliert: eine praktizierte Spiritualität – in der Mediengesellschaft?

Welche Orientierung gibt der Glaube – oder offener formuliert: Was bedeutet praktizierte Spiritualität in der Mediengesellschaft?

Übung der Achtsamkeit

Heinrich Böll hat schon in den 50er Jahren in seiner Satire *Dr. Murkes gesammeltes Schweigen* diese Distanz von selbstbestimmter Lebensführung zum ständigen Gerede und Unterhaltenwerden durch die Medien liebevoll persifliert.

„Noch etwas", sagte Humhoke und zog eine gelbe Keksdose aus seinem Regal, das neben Murkes Schreibtisch stand, „was für Bandschnippel haben Sie in dieser Dose?"

Murke wurde rot. „Es sind“, sagte er, „ich sammle eine bestimmte Art von Resten.“
„Welche Art Reste?“ fragte Humhoke.
„Schweigen“, sagte Murke, „ich sammle Schweigen.“
Humhoke sah in fragend an, und Murke fuhr fort: „Wenn ich Bänder zu schneiden habe, wo die Sprechenden manchmal eine Pause gemacht haben – auch Seufzer, Atemzüge, absolutes Schweigen –, das werfe ich nicht in den Abfallkorb, sondern das sammle ich. ...“
Humhoke fragte: „Und was machen Sie mit den Schnippeln?“
„Ich klebe sie aneinander und spiele mir das Band vor, wenn ich abends zu Hause bin. Es ist noch nicht viel, ich habe erst drei Minuten – aber es wird ja auch nicht viel geschwiegen.“ (Böll 1958, S. 45 f.)

Schweigen als ein unabdingbares Moment praktizierter Spiritualität lässt die Haltung von *Achtsamkeit* entstehen. Die regelmäßig geübte persönliche Sammlung führt zur gesteigerten Sensibilität, zu einer grundsätzlichen Dankbarkeit für alles Geschehen, zur Aufmerksamkeit auch für die kleinen Dinge. Das Prinzip Achtsamkeit ist eine persönlichkeitsbildende Fundierung auch der beruflichen Professionalität, vor allem in sozialen Berufen. Die regelmäßig geübte Achtsamkeit nach innen und außen kann

- für berufliche Anforderungen sensibilisieren (gleichzeitig die Grenzen der eigenen Verantwortung sehen lernen);
- arbeitsgerechte sachliche und moralische Grundhaltungen festigen;
- die moralische Intuition und Urteilskraft stärken.

Damit werden Leitlinien und Unternehmensgrundsätze auf die Ebene persönlicher Haltungen und Handlungen konkretisiert.

Achtsamkeit ist übrigens auch das wiederholte Thema von Tich Na Than, des vietnamesischen Buddhisten, der an den Friedensverhandlungen mit den USA erheblichen Anteil hatte und jetzt in Südfrankreich ein geistliches Zentrum leitet.

Verantwortlichkeit für die eigene Mediennutzung

Der überwiegende Teil der Mediennutzung findet in der *Freizeit* statt. In ihr haben wir Verantwortung nur für uns selbst: für unsere Zeitplanung, für die Wahl der Inhalte, mit denen wir uns anregen und unterhalten lassen. Medienpädagogen haben eine grundsätzlich positive Sicht auf die rezeptive Mediennutzung, sie favorisieren daneben die aktive Mediennutzung. Aber sie dürfen nicht die Augen vor Passivität verschließen, mit der viele Menschen Medien nutzen. Religiosität als Orientierung in der Medienwelt mahnt eine bewusste Lebensgestaltung an und befähigt zu ihr.

Dazu zählen die Fähigkeit und Bereitschaft des einzelnen,
- aus den Medienangeboten mit einer *bewussten Prüfung auszuwählen;*
- die Informations- und Unterhaltungsangebote bei und/oder nach der Nutzung *kritisch zu beurteilen* – nach unterschiedlichen, genrespezifischen und gegenstandsadäquaten Kriterien – und dies vor allem bei der *politischen Berichterstattung oder Werbung* zu tun (besonders in Zeiten, in denen demokratische Werte gefährdet sind);
- bei der Medienauswahl *bedürfnisorientiert* voranzugehen – u. a. auch um eine eigene *Identität*, um individuelle Erlebnisformen und eine bewusste Lebenskultur auch über die Mediennutzung zu entwickeln.

Da unsere Freizeit begrenzt ist, kommt eine bewusste Programmauswahl nicht ohne *partiellen Medien- und Programmverzicht* aus. Die Entscheidung, eine Zeitung oder Zeitschrift zu lesen, Radio zu hören oder fernzusehen, steht immer im Kontext und in Konkurrenz zu anderen Freizeitaktivitäten, sozialen Kontaktmöglichkeiten, häuslichen Arbeiten; wird die Mediennutzung nicht begrenzt, vertut man unnötig viel Zeit. Ohne die Kardinaltugend des Maßhaltens versinken wir leicht in der Flut des Informations- und Unterhaltungsangebots.

Doch es gibt auch ein kritikloses Konsumieren von unterhaltenden oder politisch manipulierenden Medienangeboten. Deshalb bedarf unsere Freiheit in jüngeren Jahren der *Orientierung und erzieherischen Hilfe*, in späteren Jahren der *Selbstdisziplin* und *Selbstbildung*. Aus den Diktaturen des 20. Jahrhunderts wissen wir, dass sie auf die beruhigende Kraft der Medienunterhaltung gesetzt haben. Huxley beschreibt in seinem Roman *Schöne neue Welt* die „Verdunkelung" der Kritikfähigkeit durch ein Zuviel an oberflächlicher Unterhaltung. Wir bleiben nur durch Arbeit an uns selbst medienkompetent. Medienkompetenz erfordert auch Medienselbsterziehung.

Kultivierung der Bedürfnisse

Unsere Mediennutzung ist nicht nur durch unsere Interessen, sondern auch durch Bedürfnisse bestimmt. Jede Bedürfnisbefriedigung ist aber daraufhin zu befragen, inwieweit sie einer *umfassenden Selbstentfaltung* dient. Mit der Frage nach der eigenen Entfaltung ist die Verantwortung uns selbst gegenüber formuliert; das entscheidende Kriterium ist dabei die individuelle Stimmigkeit. Aber es geht nicht um puren Individualismus. Die beiden anderen Verantwortungsperspektiven gehören mit dazu: die Verantwortung für die soziale Mitwelt und für die Umwelt. Nur durch die Berücksichtigung aller drei Verantwortungsperspektiven – der Verantwortung für sich selbst, für die soziale Mitwelt und für die natürliche Umwelt – kann ein Konsum- oder Mediennutzungsstil als zugleich gerecht und mitverantwortlich gelten. Die – in liberaler Perspektive – einzig zulässige Einschränkung der „Konsumentensouveränität“ leitet sich in den Rechten Dritter her, die durch mein Konsumverhalten betroffen sind.

Wenn die beiden anderen Verantwortungsperspektiven mit im Blick sind, dann braucht das Kriterium der Stimmigkeit mit der eigenen Lebensführung und dem individuellen Lebensentwurf sich nicht verdächtigen lassen, einer Beliebigkeit Vorschub zu leisten. Mit einer in der moderner Konsum- und Glücksforschung gebräuchlichen Unterscheidung lässt sich formulieren: Werden Bedürfnisse lediglich zum Statuserhalt oder zur Kompensation von Selbstwertdefiziten befriedigt, so sind sie niedriger einzustufen als solche Bedürfnisbefriedigungen, bei denen die eigene Autonomie gewahrt, Kompetenzen gefördert und soziale Zugehörigkeit vertieft werden. Eine derart verfeinerte Bedürfnisbefriedigung dient der Weiterentwicklung des individuellen Erlebnispotentials *und* der sozialen Verantwortung.

Betonung humanistischer Werte und prosozialen Empfindens

Sicher ist Religiosität ein mehrdimensionales Phänomen und tritt nicht nur in Formen auf, die uns positiv erscheinen denken wir an den christlichen Fundamentalismus, der in den USA das Darwinsche Entwicklungsmodell bekämpft, oder die Selbstmordattentate einzelner Muslime. Aber in ihren normalen Formen bestärkt Religiosität – wie die Religionspsychologie auch empirisch belegen kann – das Selbstwertgefühl und die Selbstachtung, auch das Vertrauen auf einen umfassenden Sinn des eigenen Lebens und der Menschheitsgeschichte. Religiosität befähigt viele, mit Krankheit und Entbehrung zurechtkommen, und motiviert zu prosozialem Empfinden. Religiöse Menschen sehen Gott vor allem als Garanten für die Unantastbarkeit der Person, für die Schönheit in der Kunst, für die Wahrheit in der Wissenschaft und Philosophie sowie für die Liebe in den mitmenschlichen Beziehungen. Religionen, die durch das Feuer der Religionskritik und Aufklärung hindurchgegangen sind, haben alte Weltbild-Aussagen zurückzunehmen gelernt und Wege gefunden, Glaube und Wissen zu vereinen.

Sicher bewirken ideologische Verhetzung oder ein rigides Sozialisationsklima auch bei religiösen Menschen, dass die sich unsozial verhalten – persönliche Ängstlichkeit oder Unsicherheit mögen hinzukommen. Aber alle Religionen stimmen der Verpflichtung zu, dass wir von Gott geschaffen sind und er uns zu Hilfeleistung, zur Herstellung gerechter und friedlicher Verhältnisse auffordert. Für diese Werte stehen Religionen, an ihnen müssen sie sich messen lassen. Und religiöse Sozialisation und Erziehung – soweit sie noch stattfinden – sind an der Entwicklung von Interessen und Motiven von Heranwachsenden und Erwachsenen bis ins vierte Lebensalter beteiligt.

An demokratischen und sozialen Werten orientierte Interessen und Motive spielen auch bei der Medienrezeption oder Medienproduktion eine Rolle. Medienpädagogen betonen immer wieder, dass Medieninhalte gemäß den eigenen Interessen angeeignet werden und dass es keine einheitlichen Wirkungen gebe. Und auch bei der *aktiven* Mediengestaltung spielten die individuellen und gruppenspezifischen Interessen eine Rolle.

Deshalb muss sich die Medienpädagogik fragen lassen, ob nur das eigene Interesse an Selbstpräsentation und Visualisierung der eigenen Perspektiven zählt. Wäre es nicht besser, den anwaltschaftlichen Versuch zu wagen, für die Situation anderer Aufmerksamkeit zu gewinnen? Es geht um Transzendenz, aber hier in einem ganz weltlichen Sinn: um das Transzendieren der eigenen Person oder Subkultur. Menschen, die dazu nachhaltig in der Lage sind, sind oft religiös motiviert oder spirituell-wertorientiert, auch wenn sie sich nicht ausdrücklich religiös verstehen. So kann praktizierte Spiritualität einen wichtigen Beitrag leisten zu einer achtsamen, verantwortungsvollen Medienrezeption und im gleichen Maße zu einer auch prosozialen aktiven Medienarbeit.

Literatur

- Böll, H. 1958: Dr. Murkes gesammeltes Schweigen und andere Satiren. Köln/Berlin.
- Casanova, J. 1994: Public Religions in the Modern World. Chicago/London.
- Davies, G. 2002: Europe. The Exceptional Case. Parameters of Faith in the Modern World. London.
- Döveling, K./Funiok, R. 2007: V ergemeinschaftung durch religiöse Media Events. In: medien+erziehung, 6, S. 108–118.
- Funiok, R. 2007: Medienethik. Verantwortung in der Mediengesellschaft. Stuttgart.
- Jarren, O. 2001: „Mediengesellschaft" – Risiken für die politische Kommunikation. In: Aus Politik und Zeitgeschichte, B 41–42, S. 10–19.
- Knoblauch, H. 2008: Die populäre R eligion. In: tv diskurs, 2 (Nr. 44), S. 42–47.
- Luckmann, T. 1963: Das Problem der Religion in der modernen Gesellschaft. Institution, Person und Weltanschauung. Freiburg i. Br.
- Luckmann, T. 1967/1991: The Invisible Religion (dt. Die unsichtbare Religion). Frankfurt am Main.
- Luhmann, N. 1998: R eligion als Kommunikation. In: Tyrell, H./Krech, V./Knoblauch, H. Hrsg.: Religion als Kommunikation. Würzburg: S. 135–145.
- Schipper, B. U. 2005: Invisible Religion. Religion im öffentlichen Raum. In: Ästhetik & Kommunikation 36 (2005), H. 131 (Our own medial Jesus. Religion und Visual Culture), S. 27–32.

■ Melanie Plösser

Let´s get lost!

Möglichkeiten eines von der Queer-Theorie motivierten Wiederlesens von Medientexten

„Aufwachsen heute erfordert kompetentes Navigieren in Medienwelten. Doch die notwendige Kompetenz entsteht nicht von selbst. Kinder, Jugendliche und Familien benötigen Orientierung“ GMK 2007, S. 2. Wird die aktuelle Medienlandschaft als „Dschungel“ verstanden, in dem die Gefahr besteht, „lost“ ebd. zu gehen, eröffnet sich mit der Queer-Theorie ein Umgang mit Medientexten, der genau darauf abzielt, zu desorientieren und Vertrautes in Frage zu stellen. „Let's get lost“ kann als Aufforderung der unter dem Begriff „queer“ firmierenden Ansätze begriffen werden, tradierte Orientierungsmuster zu irritieren, vertraute Wege medialer Darstellungen von Identität zu verlassen und für bislang ausgeblendete oder nicht anerkannte Identitäten einzutreten. Das (medien-)pädagogische Potential eines solchen – gängige Deutungs- und Ordnungsmuster in Frage stellenden – Vorgehens soll in diesem Beitrag aufgezeigt werden.

Da die Queer-Theorie einen anderen Umgang mit Identitäten postuliert, wird zunächst mit Bezug auf die Ansätze der poststrukturalistischen Philosophin Judith Butler das den „queeren“ Ansätzen zu Grunde liegende „performative Verständnis von Identität“ vorgestellt. In einem zweiten Schritt werden die von der Queer-Theorie aufgezeigten „Dilemmata eines anerkennenden Umgangs mit Identität“ skizziert. Vor dem Hintergrund dieser Problematiken zielen „queere“ Ansätze auf einen „kritisch-öffnenden Umgang“ mit Identitäten ab. Verdeutlicht werden diese Ziele an den Praxen der US-amerikanischen *Queer-Bewegung*. Schließlich geht es um die „medien-pädagogischen Potenziale“ eines von der Queer-Theorie motivierten kritischen Wiederlesens von Medientexten.

• *Ein queeres Verständnis von Identität*

Queer ist ein Begriff der für einen kritischen und öffnenden Umgang mit Identitätsordnungen steht. Als eine der prominentesten Vertreterinnen der Queer-Theorie gilt die US-amerikanische Philosophin Judith Butler. Diese versteht Identität nicht als natürlich gegeben sondern als durch Sprache performativ[1] hervorgebracht. Die zwei zentralen Bedingungen, die dazu führen, dass Sprache soziale Identitäten (wie z. B. die Identität „Frau“) hervorbringt, erkennt die Queer-Theoretikerin in dem Prinzip der Wiederholung und dem Prinzip des Ausschlusses (vgl. BUTLER 1993a).

So sind für Butler sprachliche Äußerungen zum einen deshalb sozial produktiv, „weil sie sich aus Konventionen herleiten und diese wieder in Szene setzen; Konventionen, die ihre Kraft durch *sedimentierte Wiederholbarkeit* gewonnen haben" (BUTLER 1993a, S. 124). Die sprachliche Produktion von Identitäten wird hier als Effekt der Zitation von durch unablässige Wiederholungen verfestigten Normen gedacht. Anders gesagt: Dadurch, dass mit dem Ausruf „Es ist ein Mädchen" auf eine Norm Bezug genommen wird, die ihre Legitimität durch eine Kette vorausgegangener Wiederholungen erhalten hat, wirkt Sprache produktiv und kann die soziale Identität „Mädchen" erzeugen.

Zum anderen ist die Wirkmächtigkeit sprachlicher Äußerungen neben dem Prinzip der Wiederholung auch über die Konstituierung von Ausschlüssen organisiert (vgl. BUTLER 1997, S. 23). Der sprachliche Bezug auf Identitätskategorien ist also auch deshalb machtvoll, weil dieser in einer binär organisierten Ordnung stattfindet. Innerhalb dieser Ordnung gibt es auf der einen Seite anerkannte, legitime und auf der anderen Seite nicht-anerkannte, illegitime Positionen. Damit also z. B. der sprachliche Imperativ „Sei heterosexuell!" seine performative Wirkung zeitigen kann, ist ein Bereich verbotener und ausgeschlossener Positionen notwendig, nämlich der Bereich der Homosexualität. Die nach einer Entweder-Oder-Logik organisierten Identitätskategorien wie „Mann" – „Frau", „nicht-behindert" – „behindert", „heterosexuell" – „homosexuell" machen den ausschließlichen und ausschließenden Charakter dieser Ordnung deutlich. Ein Mann ist das, was nicht Frau genannt wird, heterosexuell und normal ist das, was nicht als homosexuell bezeichnet wird. Zugleich ist aber das verworfene, ausgeschlossene Andere auch der Bereich, der die legitime, anerkannte Identität erst ermöglicht. Identitäten werden damit als in einem binären Raster organisiert begriffen, innerhalb dessen die anerkannte Position (Heterosexualität, Mann-Sein, Weiß-Sein etc.) durch die gleichzeitige Produktion einer anderen, verworfenen Position gestützt wird.

- *Probleme eines anerkennenden Umgangs mit Identitäten*

Für Butler ist ein anerkennender Bezug auf Identität damit immer auch normativ und ausschließend. Durch den affirmativen Bezug auf Identitätskategorien wie z. B. der Bezug auf die Kategorie „Lesbe" werde nämlich die symbolische Entweder-Oder-Ordnung gestützt und reproduziert, innerhalb derer die eine heterosexuelle Identität als anerkannt und legitim, die andere lesbische Identität hingegen als unnormal oder anders gilt. Z udem – so gibt Butler 1993b, S. 51 zu bedenken – werde mit jedem unhinterfragten Bezug auf Identität, die Vorstellung einer natürlichen Identität immer auch re-produziert und Differenzen innerhalb der Kategorie ignoriert. So machten die Ausschlusserfahrungen schwarzer, migrierter, jüdischer oder lesbischer Frauen aus dem Feminismus nur allzu deutlich, dass jede Konstruktion einer gemeinsamen Identität „Wir Frauen“ immer auch Ausschließungen, also „Nicht-Wirs“ und Identitätszwänge erzeuge ebd.. Butlers Kritik: Die affirmative Repräsentation von Geschlechtsidentitäten bekräftige zum einen die Vorstellung einer natürlichen, wesenhaften Geschlechterdifferenz und festige die heteronormative Ordnung. Zum anderen sei jeder performative Bezug auf Identität ausschließend, insofern es immer Positionen gäbe, die sich in der jeweiligen Repräsentation nicht wieder finden würden.

Für die Queer-Theoretikerin stellt sich deshalb nicht erst die Abwertung von Homosexuellen oder Frauen, sondern bereits die symbolische Einteilung in Homo- und Heterosexuelle, in Frauen und Männern als gewaltförmig dar. Butler spricht sich deshalb für einen anderen Umgang mit Identitäten aus – einen Umgang bei dem nach solchen Ausschlüssen gesucht wird, die mit einem affirmativen Bezug auf Identität zwangsläufig einhergehen, und einen Umgang, durch den die binäre Ordnung selbst in Frage gestellt und verschoben wird. Für sie gilt es, eine Antwort auf die Frage zu finden „welche Form von subversiver Wiederholung das Regulierungsverfahren der Identität selbst in Frage stellen könnte“ (Butler 1991, S. 59). Eine solche subversive Form der Wiederholung erkennt Butler in der Begriffsgeschichte der aus dem angloamerikanischen Sprachraum stammenden Bezeichnung *queer*[2].

• *„We're here, we're queer! Get used to it!" – Queere Politik*

Umgangssprachlich ist *queer* (übersetzt: „sonderbar“, „krank“, „seltsam“, „gefälscht“) ein Schimpfwort, mit dem Personen bezeichnet werden, die gängigen geschlechtlichen und sexuellen Normen nicht entsprechen. In der jüngeren US-amerikanischen Sexualitätspolitik wurde nun genau diese Beleidigung von den Bezeichneten selbst angeeignet und im Zuge dieser Aneignung für neue Bedeutungen geöffnet. So üben insbesondere *Act-Up*-AktivistInnen[3] und die *schwul-lesbische Community* seit Ende der 1980er Jahre mit dem Begriff „queer“ Kritik an dem ausschließenden und normativen Effekten, die mit den identitätspolitischen Bezügen auf „schwul“ oder „lesbisch“ verbunden sein können (vgl. Jagose 2001; Perko 2005). Mit der Selbstbezeichnung der eigenen Position als *queer* soll deutlich gemacht werden, wie eng und gewaltförmig die symbolische Ordnung ist, innerhalb derer Heterosexualität als normal und anerkannt gilt, während Homosexualität als unnormal und unnatürlich konstruiert wird.

Die Kritik von *queer* setzt damit – genau wie Butler es fordert – einen Schritt vorher an: Queer geht es weniger um die Aufwertung schwul-lesbischer Identitäten als vielmehr um die Infragestellung und Irritation der symbolischen Unterscheidungspraxis selbst, einer Unterscheidung im Zuge derer Identitäten überhaupt erst als normal und anders, als hetero- oder homosexuell konstituiert werden. Im Gegensatz also zu einem Vorgehen, bei der die Anerkennung von Identitäten innerhalb einer bestehenden Ordnung gefordert wird, zielt queer auf die Irritation und die Infragestellung der Ordnung selber. Und mehr noch: Über die kritische Infragestellung dieser Ordnung soll auch freigelegt werden, was durch die Konstruktion binärer Oppositionen unterdrückt oder idealisiert wird, was außen vor bleibt, weil es in den gängigen Ordnungsschemata von „hetero-, oder homosexuell", von „Frau" oder „Mann" keinen Platz hat (vgl. Butler 1997, S. 310ff.). So versteht sich *queer* auch als Oberbegriff für eine Vielzahl von Sexualitäten, die sich in der binären und ausschließenden Ordnung von hetero- und homosexuell nicht wieder finden (wollen) bzw. sich deren ausschließender Logik bewusst widersetzen, so z. B. Transgender, Plurisexuelle, Drag Kings und Drag Queens, Femmes, Transsexuelle usw.

Damit wird *queer* zum Sinnbild für einen neuen Umgang mit Identitäten, einem Umgang, bei dem es nicht um die Anerkennung von Andersheit geht, sondern um die kritische Infragestellung derjenigen symbolischen Ordnung, die die Vorstellung von normal und anders immer auch erst re-produziert. Darüber hinaus steht *queer* auch als Sinnbild dafür, wie sich der Vorstellung von kohärenten und eindeutigen (Geschlechts-)Identitäten praktisch widersetzt und den gängigen Identifizierungslogiken als entweder homo- oder heterosexuell verweigert werden kann. Das Potenzial von *queer* liegt in der Verwirrung der jeweiligen Ordnungen, in dem Aufzeigen der Kontingenz und Nicht-Natürlichkeit von Identitäten und vor allem in der Sensibilisierung für marginalisierte, verworfene Identitäten.

• *Medien queer gelesen*

Heute verbirgt sich hinter *queer* zum einen eine wissenschaftliche Forschungsrichtung Queer-Theorie, die sich interdisziplinär mit den Themenfeld Sexualität und Geschlecht auseinandersetzt und dabei normative Strukturen aufzudecken sucht, als auch eine konkrete politische Praxis, der es darum geht, kulturelle Ordnungen nach den ihnen inhärenten hetero-normativen Logiken und Zwängen zu befragen und für andere Darstellungsformen von Identität einzutreten – insbesondere für solche, in denen hegemoniale Zugehörigkeitsordnungen überschritten werden[4] (vgl. dazu auch

Hieber/Villa 2007, Gross 2008, Krass 2003, Perko 2005).

Insofern *queer* als intellektuelles Modell und politischer Aktivismus auf die Irritation und die Zersetzung von Identitätsordnungen abzielt und für die Vervielfältigung von Identitäten eintritt, muss *queer* eher als Verb denn als Substantiv, nämlich als „queering" (Butler 1993, S. 315) verstanden werden. *Queer* ist mithin keine neue Identität, sondern eine praktische Strategie (vgl. Morland/Willox 2005). Als solche kann *queer* im Sinne eines *Queer Readings*, das heißt, als ein von der Queer-Theorie motiviertes, kritisches und öffnendes Wiederlesen von Medientexten nutzbar gemacht werden. Ziel eines solchen *queeren* Lesens wäre es, erstens die in den Medien re-präsentierten Identitätsordnungen nach den ihnen inhärenten Ausschlüssen und Zwängen zu befragen. Zweitens regt *queer* dazu an, nach verschobenen, sich den dominanten Identitätsordnungen widersetzenden Identitäten zu suchen, bzw. diesen einen Raum zu eröffnen.

Kritik an medial vermittelten Identitätsordnungen

Vor dem Hintergrund der Butlerschen Performativitäts-Theorie können Medien als an der (Re-)Produktion von Identitäten beteiligt verstanden werden. Dabei werden die repräsentierten Identitäten durch die Medien nicht frei erfunden oder geschaffen. Vielmehr zitieren Medien – gemäß den von Butler beschriebenen Prinzipien der Wiederholung und des Ausschlusses – vorherrschende Identitätsnormen und greifen auf bestehende Geschlechter- oder Sexualitätsordnungen zurück. Gleichwohl werden damit sowohl dominante Identitätsordnungen und Bedeutungen rezitiert als auch Bereiche anderer, „verworfener" Identitäten re-produziert.

Medien *queer* zu lesen kann vor diesem Hintergrund bedeuten, danach zu fragen, welche Identitätsnormen aber vor allem auch welche Ausschließungen in Medien, (z. B. in Fernsehserien, Spielfilmen, Büchern, Computerspielen etc.) produziert werden. Über die Frage „Wer wird hier wie re-präsentiert?" hinausgehend, fordert ein *queerer* Ansatz die Medienpädagogik dazu auf, gerade danach zu suchen, was *nicht* repräsentiert wird, was nicht sichtbar oder aber marginalisiert ist, was aber die dominante und erkennbare Position stützt. Wer taucht in den Medien nicht auf? Wer fällt aus den je präsentierten Ordnungen heraus? Auf welche binäre Logik wird Bezug genommen? Wer ist in der Fernsehserie, in dem Comic, dem Computerspiel der oder die Andere? Und inwiefern ist diese/r Andere notwendig, um die Gültigkeit der dominanten Position zu stützen bzw. überhaupt erst zu ermöglichen?

Ziel einer *queer* motivierten Medienpädagogik könnte es deshalb sein, die in Medien re-präsentierten Identitäten darauf hin zu untersuchen, inwiefern diese durch die Konstituierung eines verworfenen Anderen gestützt bzw. überhaupt erst ermöglicht werden[5]. Zugleich würde eine solche kritische Lesart auf die hierarchische und gewaltförmige Verfasstheit binärer Ordnungsmuster verweisen. Über eine solche Lesart könnte deutlich werden, dass und wie die Identität des Cowboys das Bild des unzivilisierten Indianers, wie der „starke Held" das Bild der verletzlichen, schützenswerten Frau benötigt – und zwar auch ohne dass diese gezeigt werden. Zugleich könnten die homogenisierenden und ausgrenzenden Effekte solcher Repräsentationen sichtbar gemacht werden. *Queer* sensibilisiert damit für die mit jeder Präsentation von Identität einhergehenden Normierungen und fordert die Kritik an solchen medialen Repräsentationen, in denen Identitäten als natürlich und klar voneinander abgrenzbar dargestellt werden.

Vervielfältigung von Identitäten
Indem Butler mit ihrem Performativitätsmodell deutlich macht, dass Identitäten durch Wiederholungen produziert werden, eröffnet sie auch einen Raum für Verschiebungen und Irritationen gängiger Identitätsnormen. Dadurch, dass der Identität keine Wesenhaftigkeit innewohnt, ihr kein Original zu Grunde liegt, ist die performative Wiederholung nie ganz rein, sondern impliziert immer auch die Möglichkeit einer Verschiebung und Veränderung der imaginativen Identitätsnorm (vgl. Butler 1998). Insbesondere durch Wiederholungen in anderen Kontexten oder durch bislang nicht autorisierte Zitationen könnten gängige Identitätsvorstellungen in Frage gestellt und erweitert werden (vgl. Butler 1998, S. 28). In einem zweiten Schritt kann *queer* von der Medienpädagogik deshalb auch als Aufforderung verstanden werden, Identitäten zu vervielfältigen und zu öffnen. Dazu kann die Pädagogik ihren Fokus zunächst auf solche Identitätsdarstellungen richten, die nicht eindeutig, sondern „unrein" und verschoben sind, die quer zu den gängigen Identitätsnormen liegen. Ein Wiederlesen von Medientexten würde also auch bedeuten, nach solchen Darstellungen zu suchen, die gängige Identitätsmuster verschieben und irritieren. Wo finden sich in Medien Überschreitungen von Identitätsordnungen? Gibt es Identitätsdarstellungen, die sich als widerständig gegenüber Hypostasierungen, Eindeutigkeiten, Vereinheitlichungen, Reinheiten verstehen lassen? Worin bestehen diese Verschiebungen? Und welche Normen werden in Frage gestellt?

Neben einer Sensibilität gegenüber verschiebenden Darstellungen gilt es im Rahmen von *queer* aber auch Raum für eine größere Vielfalt von Identitäten zu eröffnen, insbesondere für solche, die bislang nur marginal oder gar nicht repräsentiert wurden, für solche die sich den herrschenden Oppositionen von „Homosexualität" und „Heterosexualität", von „Frau" und „Mann", von „behindert" und „nicht-behindert", widersetzen, die bestehende Zugehörigkeitsordnungen verschieben oder mehrfach zugehörig sind. Beispiele für solche „Raum-Eröffnungen" stellen Queer-Filmfestivals dar. Neben *identities*, Wiens biennalem Queer-Filmfestival von mittlerweile internationalem Rang, gibt es seit Ende der 1990er Jahre auch in Deutschland eine Vielzahl *queerer* Filmevents, die Filmen einen Platz einräumen, in denen hetero-normative Identitätsordnungen in Frage gestellt und um Darstellungen vielfältiger Lebensweisen erweitert werden. Ziel ist dabei nicht, das Andere als „anders" sichtbar zu machen, bzw. die Anerkennung des Anderen zu fordern. Im Gegenteil: Durch die unkritische Aufnahme von vermeintlich „anderen" Identitäten in den hegemonialen Kanon (so z. B. durch die Darstellung eines schwulen Paares in einer Vorabend-Familienserie, in der Heterosexualität die Norm bleibt) wird die normative Identitätsordnung nicht notwendig hinterfragt oder erweitert. Werden marginalisierte Identitäten weiterhin als das „Andere" präsentiert, wird die Ordnung reproduziert, nicht aber verändert. Die kritische Infragestellung beginnt erst in dem Moment, in dem die scheinbare Normalität und Natürlichkeit dominanter Identitätsmuster in Frage gestellt wird und für eine Lebbarkeit der vielfältigsten Identitäten eingetreten wird (vgl. Butler 1998). An die Stelle von Identität rückt damit die Differenz; die Forderung nach der Anerkennung von Identität wird durch die Demonstration der Pluralität und Unvereinbarkeit von Identitäten abgelöst.

Die Möglichkeiten eines von der Queer-Theorie motivierten kritischen Wiederlesens von Medientexten liegen darin, für die normativen und ausschließenden Effekte von Identitätsrepräsentationen zu sensibilisieren, bislang ausgeschlossene Positionen sichtbar zu machen sowie eine Vervielfältigung von Identitätsdarstellungen anzuregen. „Queer" heißt, sich reflexiv auf unbekannte Wege einzulassen und gängige Ordnungsmuster kritisch zu hinterfragen. Die Bereitschaft, „lost" zu sein, das heißt, gängige Orientierungs-, und Ordnungsmuster zu verlassen, sich irritieren und desorientieren zu lassen, ist dafür die ebenso notwendige wie pädagogisch bedeutsame Voraussetzung. Aufgabe der Medienpädagogik wäre es demnach vor allem, vertraute Lesarten in Frage zu stellen, das heißt, dominante Logiken zu „queeren", indem diese auf ihre Zwänge und Ausschlüsse hin befragt würden. Erst dieser medienpädagogisch anzuregende „Verlust" der Orientierung macht ein Finden vielfältigerer Identitäten wie auch neue Orientierungen an anderen, weniger starren und ausschließenden Darstellungsformen möglich.

Anmerkungen

•1) Performativ sind Äußerungen, mit denen, sobald sie ausgesprochen werden, eine soziale Handlung gezeitigt wird. So wird z. B. mit dem Satz „ich gratuliere dir“ immer auch etwas getan, nämlich die soziale Praxis der Gratulation (vgl. Austin 1972).

•2) Das Verfahren eines kritischen Wiederlesens wendet Butler aber auch in ihren eigenen Arbeiten an: So macht sie etwa durch ihre dekonstruktive Analyse der im feministischen Diskurs herrschenden Unterteilung der Geschlechtsidentität in ein biologisches sex und ein soziales Geschlecht gender deutlich, dass das Verhältnis von Körper sex und sozialer Identität gender über die Matrix der Heteronormativität organisiert werde (vgl. Butler 1991). Das heißt, Geschlechtsidentitäten erscheinen dann als sozial richtig, wenn Geschlechtskörper und Geschlechtsidentität gemäß eines heteronormativen Rasters aufeinander bezogen sind. Ausgeschlossen werden damit jene, die nicht heterosexuell begehren oder sich der geforderten Eindeutigkeit der binär codierten Geschlechtermatrix verweigern.

•3) Unter dem Motto „Act Up” engagierten sich seit dem Ende der 1980er Jahre Aktivisten und Aktivistinnen der Aids-Bewegung gegen die Stigmatisierung von Menschen mit AIDS und traten für eine bessere medizinische Versorgung der HIV-Infizierten ein. Act Up ist eine Abkürzung für „AIDS Coalition To Unleash Power“ und bedeutet gleichzeitig „sich auflehnen“.

•4) Die neuere Queer-Theorie beschäftigt sich nicht nur mit der Dekonstruktion von Sexualität, sondern mit allen ausschließenden und normativen Effekten gesellschaftlicher Ordnungen und Disziplinen (vgl. etwa Gross/Winker 2007, Haschmi Yekani/Michaelis 2005).

•5) Neben dem Verweis auf die Relevanz einer kritischen Infragestellung herrschender Identitätsordnungen und die Notwendigkeit einer Vervielfältigung von Identitäten und Bezeichnungen, macht queer auch nicht vor den eigenen Selbstverständnissen und Praxen Halt. Im Gegenteil: Queer orientierte Ansätze motivieren, insbesondere die eigenen medien-pädagogischen Angebote zu hinterfragen und dabei zu reflektieren, wer mit diesen ein- und wer ausgeschlossen wird (vgl. Plösser 2005).

Literatur

• Austin, J. 1972: Z ur Theorie der Sprechakte (How to do things with words). Stuttgart.
• Butler, J. 1991: Das Unbehagen der Geschlechter. Frankfurt am Main.
• Butler, J. 1993a: Für ein sorgfältiges Lesen. In: Benhabib, S./Butler, J./Cornell, D./Fraser, N. Hrsg.: Der Streit um Differenz. Feminismus und Postmoderne in der Gegenwart. Frankfurt am Main: S. 122-132.
• Butler, J. 1993b: K ontingente Grundlagen. Der Feminismus und die Frage der Postmoderne. In: Benhabib, S./Butler, J./Cornell, D./Fraser, N. Hrsg.: Der Streit um

Differenz. Feminismus und Postmoderne in der Gegenwart. Frankfurt am Main: S. 31–58.

- Butler, J. (1997): Körper von Gewicht. Frankfurt am Main.
- Butler, J. 1998: Haß spricht. Zur Politik des Performativen. Berlin.
- GMK 2007: Programmflyer der GMK zum 24. GMK Forum Kommunikationskultur „Lost? Orientierung in Medienwelten. Konzepte für Pädagogik und Medienbildung. Bielefeld.
- Gross, M. 2008: Geschlecht und Widerstand. Post.I queer.I linksradikal ... Königstein.
- Gross, M./Winker, G. Hrsg. 2007: Queer-I Feministische Kritiken neoliberaler Verhältnisse. Münster.
- Haschemi Yekani, E./Michaelis, B. Hrsg. 2005: Quer durch die Geisteswissenschaften. Perspektiven der Queer Theory. Berlin.
- Hieber L./Villa, P.-I. 2007: Images von Gewicht. Soziale Bewegungen, Queer-Theory und Kunst in den USA. Bielefeld.
- Jagose, A. 2001: Queer Theory. Eine Einführung. Berlin.
- Krass, A. Hrsg. 2003: Queer Denken. Gegen die Ordnung der Sexualität (Queer Studies). Frankfurt am Main.
- Morland I./Willox, A. Hrsg. Queer Theory. Houndmills/New York.
- Perko, G. 2005. Queer-Theorien. Ethische, politische und logische Dimensionen plural-queeren Denkens. Köln.
- Plösser, M. 2005: Dekonstruktion – Feminismus – Pädagogik. Vermittlungsansätze zwischen Theorie und Praxis. Königstein.

■ ANGELA TILLMANN

Identitätsspielräume im Internet

Selbstbildungspraktiken von Mädchen im Internet

Medien stellen für Jugendliche eine kontinuierlich verfügbare Ressource dar, die es ihnen ermöglicht, sich symbolisch und inter- aktiv mit Rollen, Themen, Erfahrungen und Problemen auseinanderzusetzen, Zugehörigkeiten herzustellen und Kontakte von unterschiedlichster Intensität und Bedeutung zu knüpfen. Insbesondere das Internet bietet durch die neuartigen Möglichkeiten des *blogging, tagging, sharing* und *social networking* vielfältige partizipative Zugänge zur Welt. Die Auseinandersetzung mit und über Medien ist daher im höchsten Maße identitäts- und bildungsrelevant. An der Community LizzyNet (www.lizzynet.de) möchte ich im Folgenden zeigen, auf welche Weise eine Online-Community zur Auseinandersetzung mit sich und der Welt, zur Artikulation und Reflexion der eigenen Erfahrungen und gemeinsamen Wissensproduktion einladen kann.

•*Motivation zur Gründung eines Mädchen-Netzwerks*

Bei LizzyNet handelte es sich zunächst um ein nicht-kommerzielles Angebot, das Anfang 2000 von Schulen ans Netz e.V. ins Leben gerufen und im Jahr 2008 an die Unternehmensgruppe M. DuMont Schauberg MDS übergeben wurde. Das Angebot ist weiterhin kostenfrei, die Redaktion wurde übernommen.

Geschaffen wurde das Angebot, um die bestehenden Differenzen zwischen den Zugangs- und Nutzungszahlen bei Mädchen und Jungen auszugleichen. In Hinblick auf die Nutzung haben sich die Zahlen in den letzten Jahren zwar angenähert, Unterschiede bestehen aber weiterhin bei der Ausstattung mit vernetzten Rechnern, auch partizipieren die Mädchen weiterhin weniger intensiv vgl. JIM-Studie 2007. Z udem präsentieren sie sich bei der Aneignung neuer Technologien etwas zurückhaltender vgl. ebd.. Dies lässt sich u. a. damit erklären, dass die Technik als gender-differenzierender Faktor innerhalb der Ordnung der Zweigeschlechtlichkeit weiterhin eine herausgehobene Stellung einnimmt (vgl. COLLMER 1997, KLAUS/PATER/SCHMIDT 1997).

Die Mädchen lernen durch ihren Umgang mit der Technik bzw. dem Computer/Internet ihre geschlechtliche Identität auszudrücken, können sich also z. B. mit einer distanzierten Haltung als „Frau" zu erkennen geben (*doing gender*). Darüber hinaus lässt sich weiterhin ein Verteilungskampf um attraktive Online-Räume beobachten, der in Form von Schließungsmechanismen geführt wird, die sich etwa in Form eines männlichen Dominanzverhaltens, das sich in herabwürdigenden Äußerungen gegenüber Mädchen/Frauen, der Infragestellung von technischem Know how bei Mädchen/Frauen und den ausschließlich an männlichen Bedürfnissen sich orientierenden Kommunikationsinhalten äußert (vgl. SCHACHTNER/DUVAL 2004, S. 288).

Bewegen sich die Mädchen auf Seiten, die sich explizit an ihresgleichen richten, landen sie relativ schnell bei kommerziellen Anbietern, die aus pädagogischer Sicht nicht unbedenklich sind, da sie weiterhin Stereotype produzieren, also Artikel zur romantischen heterosexuellen Liebe, Traumfigur, zu Mode, Kosmetik usw. liefern. Wenngleich sich die Mädchen diese stereotypen Darstellungen nicht ungefiltert aneignen, sondern durchaus aufbrechen und mit eigenen Bedeutungen versehen, zitieren diese jedoch wieder und wieder ein Bild vom Mädchen, das viele Aspekte des Mädchenseins ausblendet, nicht zu einer reflektierten Auseinandersetzung mit der eigenen Geschlechtsidentität und Welt einlädt und keine neuen Identitätsoptionen aufzeigt. Derartige Angebote unterstützen von der inhaltlichen Ausrichtung somit keine Bildungsprozesse. Das Angebot LizzyNet bietet hier eine Alternative.

- *Das Online-Angebot LizzyNet*

LizzyNet kann in gewisser Weise als ein Angebot der außerschulischen Jugendarbeit mit einer Komm-Struktur charakterisiert werden. In einem geschützten geschlechtshomogenen Raum werden 12- bis 18-jährige Mädchen verschiedene Angebote zur Auseinandersetzung mit sich und der Welt gemacht. Es geht darum, Kompetenzen von Mädchen zu fördern, ihr Selbstwertgefühl zu stärken und ihren Handlungsspielraum zu erweitern. Hierzu finden sie ein Angebot vor, das in die vier Rubriken *Magazin, Community, Knowhow* und *Berufswelt* unterteilt ist. Die Rubriken setzen unterschiedliche Schwerpunkte. Im *Magazin* finden die Nutzerinnen Artikel von der Redaktion und den anderen Userinnen sowie verschiedene Möglichkeiten zur aktiven Teilnahme (z. B. die Online-Zeitung *LizzyPress* und Wettbewerbe), in der *Community* den Kommunikationsbereich (persönlicher E-Mail-Account und Steckbrief, Freundinnenliste, Foren, Chats, Clubs[1]), unter *Knowhow* die Internetpraxisangebote (Computerwissen, Design/Webdesign, Online-Kurse, Online-Spiele) und in der Rubrik *Berufswelt* Tipps und Tricks für die Berufsfindung und Bewerbung (Berufswegweiser, Berufsbilder). Um sicherzustellen, dass die Mädchen unter sich sein können, wurde das Angebot in einen

öffentlich zugänglichen und einen geschlossenen Bereich unterteilt, letzterer ist nur per Anmeldung zugänglich. Öffentlich sind das Magazin und die Berufswelt, geschlossen sind die *Community* und Teile der Rubrik *Knowhow* (Online-Spiele, Online-Kurse). Unterstützt werden die Mädchen in ihren Aktivitäten von erfahrenen Nutzerinnen – den LizzyScouts – und der Redaktion.

Von der Konzeption und Anlage her nimmt das Angebot Bezug auf neuere Gender-Theorien. Es knüpft allerdings mit der geschlechtshomogenen Ausrichtung auch an tradierte differenztheoretisch begründete Prinzipien der Mädchenarbeit an. Allerdings wird nicht angenommen, dass Mädchen einen anderen Nutzungsstil haben, vielmehr stellt LizzyNet den Mädchen einen Raum zur Verfügung, in dem sie ihren eigenen individuellen Nutzungsstil entwickeln und weiter ausdifferenzieren können. Geschlecht stellt damit die Eintrittskarte dar, das Ticket dient im Weiteren jedoch dazu, sich ein neues Handlungsfeld zu erschließen. Das Angebot unterstützt dabei die Bildung partieller Solidaritäten: Mädchen tun sich zusammen, weil sie gemeinsame Erfahrungen u. a. auch als Mädchen und spezifische Vorlieben teilen. Unterschiede zwischen Mädchen werden nicht ausgeblendet, vielmehr wird auf die vielfältigen Interessen und Online-Aktivitäten der Nutzerinnen hingewiesen. Auch ist das Angebot teilnehmerinnenorientiert ausgerichtet, d. h. es knüpft an die Interessen und Ideen der Mädchen an und fordert sie zur aktiven Mitarbeit auf.

Im Rahmen einer umfangreichen, alle Kodierschritte berücksichtigenden Grounded-Theory-Studie nach Strauss und Corbin[2] 1996, ist der Frage nachgegangen worden, welche Bedeutung die Internet- und im Besonderen die LizzyNet-Nutzung für die Mädchen hat. Zur Beantwortung der Frage wurden insgesamt 31 problemzentrierte Interviews mit Nutzerinnen im Alter von 12 bis 21 Jahren geführt. Um die persönliche Bedeutung des Netzwerks an Off- und Online-Beziehungen zu erfassen, wurde zu Beginn des Interviews eine Netzwerkkarte eingesetzt. Darüber hinaus wurde eine quantitative Analyse der Gesamtstichprobe bis März 2006 durchgeführt und das Netzwerk kontinuierlich teilnehmend beobachtet. Im Einzelfall wurden auch Netzdokumente (z. B. Websites) in die Analyse einbezogen. Weiterhin erfolgte eine Zuordnung der Foren-Themen zu den Handlungsthemen der Lebensphase „Jugend".

Die Interviewaussagen, vielfältigen Beiträge und Forendiskussionen der Mädchen machten insgesamt deutlich, dass das Angebot von Mädchen dazu genutzt wird, um sich darzustellen bzw. wichtige Identitätsaspekte zu kommunizieren *(Selbstkonstruktion)*, sich zu orientieren *Orientierung* , sich gegenseitig zu unterstützen *soziale Unterstützung* und Zugehörigkeit herzustellen *(soziale Zugehörigkeit)* (vgl. ausführlich Tillmann 2008).

Ihre Identität konstruieren und kommunizieren die Mädchen vor allem über performative Praktiken, indem sie sich etwa ihre Leidenschaften, Interessen und Sorgen sowohl situativ und dauerhaft als auch visuell und verbal auf persönlichen Websites, Fanpages oder Blogs, mittels computervermittelter Kommunikation (E-Mail, Foren, Chats) und anderen Partizipationsmöglichkeiten, wie z. B. über die Online-Zeitung von und für Mädchen (*LizzyPress*), inszenieren. Sie schaffen damit eine Online-Identität, die vielfältige Bezüge zur Offline-Identität aufweist, die manchmal aber auch dazu genutzt wird, um auf Ich-Aspekte aufmerksam zu machen, die im lebensweltlichen Umfeld nicht erwünscht sind (z. B. Gothic-Fantum) oder für die sich dort keine Ansprechpartnerinnen finden (vgl. Tillmann 2006).

„Ich finde es schon gut, dass man halt ohne Jungs miteinander quatschen kann, halt so über Themen, wo sie oft meinen, sie wüssten viel besser Bescheid. Dass man hier auch mal so Leute findet, viele Leute, die sich auch für Programmieren und so interessieren, halt auch Mädchen." (LizzyNet-Userin, 17 Jahre)

Unabhängig davon, ob sie Websites bauen, Artikel schreiben oder sich engagiert in Forendiskussionen einbringen, sind die Mädchen stets auf der Suche nach Anerkennung. Um diese zu erlangen, lassen sie sich immer wieder etwas Neues einfallen. Sie versehen ihre Websites mit einem Gästebuch, schlagen einen Button-Tausch vor, nehmen an Wettbewerben teil (*Awards*), fordern zu einer Rückmeldung per E-Mail auf usw. Die Rückmeldungen dienen dabei nicht nur der Selbstbestätigung, sondern auch zur Kontaktaufnahme und Integration in ein neues Netzwerk – also dazu, *Zugehörigkeit* herzustellen. Über verschiedene Formen der Mitgliedschaft werden unterschiedliche Bindungen zum Netzwerk bzw. Zugehörigkeiten hergestellt: die formale (gemeinsame E-Mail-Adresse), die nutznießende (Aktivität auf der Nehmen-Seite) und die sozial-partizipatorische Mitgliedschaft (Engagement im und für das Netzwerk). Mit unterschiedlicher Intensität und entsprechend binnen-distinktiven Subjektpositionierungen werden alle Formen der Mitgliedschaft dazu genutzt, um auf LizzyNet neue Erfahrungsräume und neue Bindungen auszutesten und das eigene soziale Netz um zunächst virtuelle Kontakte zu erweitern. Mit zunehmender Integration in das Netzwerk steigen die Verbindlichkeiten. Es lassen sich dann Bekundungen von Solidarität beobachten, d. h. die Mädchen übernehmen Verantwortung innerhalb der Community und verteidigen z. B. das Angebot gegenüber Eindringlingen, die das soziale Klima auf LizzyNet empfindlich stören.

Ein Gefühl von Zugehörigkeit stellt sich durch vielfältig praktizierte Formen von *sozialer Unterstützung* ein. In Anlehnung an das Analysemodell von Cutrona und Suhr 1992 wurden in der Studie fünf Formen sozialer Unterstützung unterschieden: *Informational Support, Tangible Aid, Emotional Support, Esteem Support, Social Nework Support.* Deutlich wurde, dass die Mädchen sich auf LizzyNet sowohl in fachlichen als auch in persönlichen Angelegenheiten beraten *(Informational Support)*, anderen Mädchen eigene Online-Tutorials, Features und ihr Expertinnenwissen zur Verfügung stellen (Tangible Aid), Trost spenden, Empathie und Zuneigung zeigen (*Emotional Support*), ihre Einstellungen und Fähigkeiten anerkennen (*Esteem Support*) und eigene Unterstützungsnetze bilden, die z. B. auch zeitweilig nicht vorhandene reale Ressourcen ergänzen können (*Social Network Support*). Die Online-Commnity und die dort geknüpften Beziehungen fungieren damit als eine soziale Ressource, auf die die Nutzerinnen jederzeit zugreifen können.

Auffällig ist, das die Bereitschaft zu Geben im Hinblick auf den persönlichen *Informational Support* und *Emotional Support* sehr groß ist und in Folge derartiger Unterstützungsleistungen häufig temporäre Online-Beziehungen entstehen (*weak ties*), die durchaus den Charakter starker Bindungen (*strong ties*) annehmen können (vgl. Granovetter 1973). Sie zeichnen sich dann durch ein hohes Maß an Intimität und eine intensive, dauerhafte Interaktion sowie Multiplexität hinsichtlich geteilter Interessen aus. Ein Medienwechsel wird angestrebt und trotz widriger Umstände, beispielsweise einer großen geographischen Distanz, realisiert. Solche starken Bindungen sind aber eher die Seltenheit, vielmehr lassen sich die Beziehungen, die online entstanden sind, eher als schwache Bindungen (*weak ties*) charakterisieren. Die Unterstützungsleistungen sind geringer, das Vertrauen in die Beziehung nicht allzu groß, trotzdem können die Kontakte von Dauer und relativ stabil sein.

Die Mädchen differenzieren zwar zwischen realen und virtuellen Freundschaften, messen ihren Online-Kontakten aber trotzdem Bedeutung zu. Auch im Rahmen dieser Kontakte zollen sich die Mädchen Anerkennung, setzen sich ehrlich mit den Meinungen und Leistungen anderer auseinander, beraten sich, machen sich gegenseitig auf andere Netzwerke aufmerksam, vernetzen sich untereinander und stellen anderen ihr Wissen und Können zur Verfügung. Auf informelle Weise schaffen sie sich damit eigene Unterstützungsbezüge. Dabei wurde auch deutlich, dass die Beziehungsnetze auf LizzyNet für die Mädchen eine Art „Schonraum“ bzw. Moratorium darstellen, in dem sie sich mit den für diese Altersphase typischen, so genannten Handlungsaufgaben auseinandersetzen – sich *orientieren*. Im Mittelpunkt steht die Suche nach einer Zukunftsperspektive, nach einem Lebensstil und einer Geschlechtsidentität. Wie in der Mädchenforschung gezeigt (z. B. Bütow 2006), nutzen die Mädchen das Unter-sich-Sein dabei vor allem zur Supervision heterosexueller Umgangsformen und zur Inszenierung von Weiblichkeit – so auch auf LizzyNet (vgl. Tillmann 2007).

- *Potenziale und Grenzen des Netzwerks*

Verschiedene Bedingungen führen dazu, das LizzyNet bildungsrelevant für Mädchen wird. Zum einen ist der offene und enthemmtere Umgang durch die *Rahmenbedingungen der computervermittelten Kommunikation* und der *freiwillige Zugang* zu nennen, der den Mädchen vor allem Spaß und Unterhaltung in Aussicht stellt. Dass LizzyNet darüber hinaus auch bildungsrelevant wird und eine identitätsstiftende Bedeutung erhält, hängt insbesondere von den *LizzyNet-spezifischen Bedingungen* ab, die lebensweltliche Anknüpfungspunkte und Identifikationsangebote jenseits klischierter Rollenbilder sowie einen Schutz vor stereotypen Zuschreibungen, sexuellen Belästigungen, männlichen Blicken und Abwertungen versprechen. In dieser besonderen Lernatmosphäre, in der männliche Technikdiskurse und heteronormative Interaktionsregeln außer Kraft gesetzt sind, werden die Mädchen motiviert, geschlechtsgebundene Unsicherheiten zu artikulieren und sich in bisher unbekannten und mädchenuntypischen Aktionsfeldern auszuprobieren. Hierfür wird ihnen eine betreute Lernumgebung mit vielfältigen Informations-, Interaktions- und Partizipationsfeldern zur Verfügung gestellt. Insbesondere die Redakteurinnen sind von großer Bedeutung. Sie werden von den Mädchen auch als „Eltern“ oder „Mamas“ der Community bezeichnet.

Diese spezifische Konstellation von Bedingungen, also die informellen

Interaktions- und Partizipationsmöglichkeiten in einem sicheren und akzeptierenden sozialen Setting als auch die von Seiten der Redaktion vorgegebenen inhaltlichen Anregungen und alternativen Orientierungsmodelle sowie deren stetige Unterstützungsbereitschaft sind verantwortlich dafür, dass die Mädchen sich neuartige Orientierungs-, Identifikations- und Handlungs- bzw. *Identitätsspielräume* schaffen (vgl. Tillmann 2008). Diese spezifischen Bedingungen markieren damit medienpädagogische Kriterien, an denen sich andere Angebote messen können, wenn sie ebenfalls Selbstbildungspraktiken von Mädchen/Jugendlichen fördern möchten.

LizzyNet stellt für die Mädchen einen Raum dar, in dem sie sich spielerisch, engagiert und auch diszipliniert die neuen Technologien aneignen und Medien bzw. das Internet für sich persönlich und zur Artikulation ihrer Interessen in der Öffentlichkeit nutzen und Medienkompetenz entwickeln. Einige der Mädchen überwinden hier auch die Grenzen der binären Geschlechterordnung (siehe hierzu auch den Artikel von Melanie Plößer in diesem Band) und positionieren sich neu, etwa als HTML-Expertin.

Es lassen sich allerdings auch Bildungsunterschiede feststellen. Mädchen aus bildungsferneren Schichten fällt es offenbar schwerer, sich neue Technologien anzueignen. Auch zeigen sie bei der Aneignung lernintensiverer Anwendungen weniger Durchhaltevermögen. Im Hinblick auf die repräsentierte Vielfalt an Mädchen fällt auf, dass Migrantinnen und Mädchen mit nichtheterosexueller Orientierung mit ihren Problemen und Themen seltener in Erscheinung treten. Offenbar sind weitere zielgruppenspezifische Angebote notwendig, damit alle Mädchen das Bildungspotenzial des Internet für sich ausschöpfen können.

Anmerkungen

•1) Clubs sind Interessengemeinschaften innerhalb des Netzwerks. Der Austausch in den Clubs wird durch verschiedene Funktionen unterstützt: einem Chat, einem Forum, einer Mailingliste, einer Mitgliederliste mit Möglichkeit der direkten Ansprache per Kurznachricht sowie einem Dateiaustausch. In jedem Club tragen in der Regel ein bis zwei Moderatorinnen die Verantwortung.

•2) Grounded Theory bezeichnet einen sozialwissenschaftlichen Forschungsansatz bzw. eine Methodologie zur systematischen Auswertung vor allem qualitativer Daten. Ziel des abduktiven Forschungsprozesses ist die Herausbildung einer materialreichen, empirisch gehaltvollen Struktur bzw. datenverankerten grounded Theorie.

- Bütow, B. 2006: Mädchen in Cliquen. Sozialräumliche Konstruktionsprozesse von Geschlecht in der weiblichen Adoleszenz. Weinheim/München.
- Collmer, S. 1997: Frauen und Männer am Computer. Aspekte geschlechtsspezifischer Technikaneignung. Wiesbaden.
- Cutrona, C. E./Suhr, J. A. 1992: Controllability of stressful events and satisfaction with spouse support behaviours. In: Communication Research, 19, S. 154-174.
- Granovetter, M. S. 1973: The strength of weak ties. American Journal of Sociology, 78, S. 1360-1380.
- JIM-Studie 2007: Jugend, Information, (Multi-)Media. Basisuntersuchung zum Medienumgang 12- bis 19-Jähriger. Forschungsberichte des Medienpädagogischen Forschungsverbundes Südwest. Stuttgart.
- Klaus, E./Pater, M./Schmidt, U. C. 1997: Das Gendering neuer Technologien. Durchsetzungsprozesse alter und neuer Kommunikationstechnologien. In: Das Argument, Jg. 39, 223, S. 803–818.
- Schachtner, C./Duval, B. 2004: Virtuelle Frauenräume: Wie Mädchen und Frauen im Netz-Medium Platz nehmen. In: Kahlert, H./Kajatin, C. Hrsg.: Arbeit und V ernetzung im Informationszeitalter. Wie neue Technologien die Geschlechterverhältnisse verändern. Frankfurt am Main: S. 279–298.
- Strauss, A./Corbin, J. 1996: Grounded Theory. Grundlagen Qualitativer Sozialforschung. Weinheim.
- Tillmann, A. 2006: Girls in Cyberspace: An Evaluation of an Online Community Supervised by Media-Educationalists. In: Hipfl, B./Hug, T. Hrsg.: Media Communities. Münster/New York: S. 211–230.
- Tillmann, A. 2007: „... da kann man sich immer Rat von vielen Seiten holen“. Soziale Netzwerke und Unterstützungsleistungen in einer virtuellen Gemeinschaft. In: medien+erziehung, 5, S. 47–58.
- Tillmann, A. 2008: Identitätsspielraum Internet. Lernprozesse und Selbstbildungspraktiken von Mädchen und jungen Frauen in der virtuellen Welt. Weinheim.

■ Dagmar Hoffmann

Kontingente Werte gleich individuell gewonnene Freiheiten?

Differenzen und Indifferenzen in jungen Gemeinschaften

Es scheint heute nicht sonderlich populär zu sein, generell und grundsätzlich über Werte zu diskutieren. Darüber meint man erst reden zu müssen, wenn sie bedroht werden bzw. gefährdet zu sein scheinen. Diese im öffentlichen Diskurs thematisierten Werte stehen zumeist eng im Zusammenhang mit dem Demokratieverständnis des Landes, mit Zivilgesellschaft, Humanismus, Frieden, Freiheit und sozialer Gerechtigkeit. Nicht selten gehen der Diskussion angstbesetzte Themen oder öffentlichkeitswirksame, außergewöhnliche Ereignisse wie Amokläufe, Kinderverwahrlosung, Übergriffe auf Migranten, Berichte über Kinderarmut oder „Happy Slapping" voraus. Diese berichteten Themen sind Impulsgeber, die kurzweilig die Solidarwerte der Gesellschaft auf den Prüfstand heben. Meist reiht sich in den Medien ein Ereignis und Thema an das andere, so dass weit reichende und nachhaltige Wertediskurse kaum möglich sind. Zudem geht es in den öffentlichen Auseinandersetzungen selten um einen einzelnen Wert, sondern es steht hinter jeder Debatte ein Konflikt von Werten. Nicht immer können diese Werte sinnvoll aufeinander bezogen werden. Häufig sind Beziehungen zwischen Werten vieldeutig und variabel (vgl. Meulemann 1996, S. 34f.), was die Entwicklung und Erkennung eines Wertekonsenses erschwert. Werte unterliegen in einer sich modernisierenden Gesellschaft durchaus eigenwilligen Konjunkturen.

Wenn hier im Folgenden von Werten die Rede ist, dann gilt es zunächst, eine Verständigung darüber zu erzielen, was mit dem Begriff gemeint ist. Allgemein ausgedrückt sind dies Dinge, Ereignisse, Ideen, Gedankengüter, Gefühle und Verhaltensweisen, die für den Menschen und seine Mitmenschen dauerhaft wichtig sind und die zum Erhalt eines friedlichen und erfüllten Lebens in Gemeinschaft positiv beitragen. Man unterscheidet grob materielle und geistige, persönliche und kollektive Werte, die ihre „Wertigkeit" respektive „Wertlosigkeit" über den Gebrauch und den jeweiligen Kontext sowie über ihren dauerhaften Bestand erhalten. Werte möchten und sollen gepflegt werden. Demgemäß gibt es eine Vielzahl von Werten, doch nur ein Bruchteil ist jeweils konstitutiv für ein Sozialsystem. Werte können charakteristisch für bestimmte Gruppen sein. Individuen definieren ihre Zugehörigkeit zu Gruppen über miteinander geteilte Werte; sie grenzen sich aber über gemeinsam vertretene Werte auch von anderen Gruppen ab. Gleiches gilt für

Generationen, Kulturen, Religionen und Nationen.

- *Werte im Diskurs – ein Diskurs über Werte*

Es ist ein Allgemeinplatz, dass Werte in der deutschen Gegenwartsgesellschaft sich pluralisiert haben, dass sie kontingent, zweifelhaft und auch unsicher geworden sind. Es fragt sich: Wer wagt es, einen Wertekanon oder Wertemaßstäbe jenseits der in der Verfassung festgeschriebenen Grundwerte für Individuen zu bestimmen? Kann davon ausgegangen werden, dass die juristisch formalisierten Grundsätze für den Zusammenhalt und das Zusammenleben von Menschen ausreichen? Ist es vor dem Hintergrund der Weiterentwicklung von Menschen und der Ausdifferenzierung von Gesellschaft nicht notwendig, Solidarwerte und auch Persönlichkeitsrechte kontinuierlicher, auch selbstverständlicher von Zeit zu Zeit in Frage zu stellen und sie gegebenenfalls neu zu bestimmen?

Öffentlich geführte Wertediskurse könnten der erneuten Vergewisserung und Absicherung von kollektiven Werteinstellungen und Werthaltungen dienen. Abrufbare Wertekonzepte sollen und könnten Fehlleistungen und Fehlleitungen von Individuen verhindern. Sie verhelfen dem Individuum zu brauchbarem Handlungswissen und stärken mitunter die Handlungskompetenz in sozialen Alltagssituationen. Dies ist einer der wesentlichen Gründe dafür, warum Werteinternalisierungen gesellschaftlich bedeutsam und notwendig sind. Sie dienen nicht nur der individuellen, sondern auch der gemeinschaftlichen Lebensführung; sie tragen zum Erhalt und der Weiterentwicklung von Kultur, Wissen und Gesellschaft bei.

Eine Aneignung und Verinnerlichung von kollektiven Werten ist nur möglich, wenn Wertediskurse breit geführt werden, dass heißt sowohl im privaten, als auch im öffentlichen Raum, und wenn sie nicht den Charakter von politischem Geschwätz (vgl. Schultz 2006) oder Palaver haben. Wertediskurse sind selten glaubwürdig, wenn sie Alibifunktionen erfüllen, als Pflicht- oder Rechtfertigungsleistung betrachtet werden können. Eine Verfestigung von Werten erfolgt zumeist nur, wenn Werteinstellungen und Werthaltungen, wenn gelebte Sozialtugenden in Interaktionen positiv sanktioniert – demzufolge „wertgeschätzt" – werden.

Werte können sich wandeln und sie können verfallen. Begrifflichkeiten wie „Werteverfall", „Werteverlust" und „Wertewandel" haben in der öffentlichen Diskussion seit Jahrzehnten Konjunktur (vgl. auch Meulemann 1996; Noelle-Neumann/Petersen 2001; Funiok 2007). Man sorgt sich besonders um die Gemeinwohlorientierung, die soziale Verantwortung und das politische Engagement der nachwachsenden Generationen (siehe Shell-Jugendstudien, zuletzt Shell Deutschland Holding 2006 sowie Reinders 2005), wobei die Sorge kaum mit einer Für- oder Vorsorge einhergeht. Der Verfall und Verlust von Werten wird beklagt (vgl. Klages 2001), aber engagierte Programme für eine nachhaltige Werteerziehung werden kaum oder doch kaum wahrnehmbar umgesetzt.

- *Wertetransmissionen – Kontexte der Werteaneignung*

Werte sind für Kinder und Jugendliche, die in eine Gesellschaft hineinwachsen, zunächst vordefiniert und weitestgehend institutionalisiert. Junge Menschen lernen an verschiedenen Modellen, welche Werte es gibt, wie man sie lebt und vertritt und was bzw. wie sie einem nützen. Ein Kind lernt etwa, dass Dankbarkeit ein wichtiger Wert in unserem Kulturkreis ist. Man ist und zeigt sich dankbar, wenn man ein Geschenk bekommen bzw. wenn jemandem geholfen wurde. Gleiches erwartet das Kind dann auch von anderen Menschen, denen es etwas abgibt oder die es unterstützt. Wer dankbar ist, wird gern beschenkt. Wer gerne anderen eine Freude macht, ist anerkannt. Dankbarkeit ist eine Haltung, die für eine Form der Höflichkeit, des zugewandten Miteinanders und für Achtung steht.

Vermittler von Werten sind für gewöhnlich die Instanzen der Sozialisation. Sie gelten als Lernmodelle, die Werte vor- und weitergeben. Familiäre, schulische und andere institutionelle Kontexte wie Vereine oder Kirchen sind die dazugehörigen sozialökologischen Systeme und Umwelten, in denen Werte erprobt, ausgehandelt und verfestigt werden. Manche Umwelten erweisen sich als sehr einflussreich bei der Werteaneignung, andere hingegen werden im Sinne der Wertorientierung genutzt, tragen aber insgesamt nur bedingt zur Werteinternalisierung bei. So wird in den Sozialwissenschaften etwa die Bedeutung der Freundschaftskreise bzw. Gleichaltrigengruppen im Hinblick auf die Werteaneignung kontrovers diskutiert (vgl. Reinders 2005, S. 59ff.). Hier scheint es angebracht, ausgewählte Werte zu betrachten und zu differenzieren, wobei Unterscheidungen nach „sozial“, „kulturell“, „ideell“ kaum sinnvoll sind, da sie empirisch nicht trennscharf erfasst werden können.

Gleichaltrige werden nicht selten von Eltern als Konkurrenten betrachtet, die „die Früchte der Elternarbeit zunichte machen“ (Fend 2001, S. 325) können. Verschiedene Untersuchungen haben Fend zufolge jedoch gezeigt, dass Jugendliche sehr differenzierte Freundschaftskonzepte haben und lediglich bei einer schlechten Beziehung zu den Eltern Konformitätsdruck und problematischen Gruppenzwängen durch Gleichaltrigen unterliegen. Heranwachsende sind primär auf Werte ihres unmittelbaren Miteinanders, wie z. B. Fairness und Kooperationsbereitschaft, konzentriert, die auch gesellschaftlich verbindlich sein können, aber nicht müssen. Sie sind in sozialen Interaktionen weniger auf Werte fokussiert, die mit ihrer individuellen Lebensführung, wie z. B. Berufsvorbereitung, in Verbindung stehen. Konzepte von beruflicher Zukunftsorientierung machen sie eher mit sich, der Schule und vor allem den Eltern aus (vgl. Reinders 2005).

Die meisten Untersuchungen zur Wertetransmission beziehen sich auf die Einflusspotenziale dieser genannten Instanzen. Makrosoziale Einflüsse wie die der Gesellschaft und Kultur werden in der Regel ausgeblendet (vgl. Boehnke 2004) und auch der Einfluss der Medien wird eher unterstellt (vgl. Bandura 1989), als dass er empirisch nachgewiesen werden kann. In verschiedenen Medien respektive Sendeformaten werden Werte auf unterschiedliche Art und Weise thematisiert. Medial vermittelte Werte können dem Rezipienten als informelles Lernmodell zur Wertorientierung dienen (vgl. Reichertz 2007; Grimm/Horstmeyer 2003). Sie werden selektiv, bewusst oder unbewusst wahrgenommen, geprüft und gegebenenfalls im sozialen Umfeld getestet. Nach Bandura 1989 sind prozesshaf te, selektive Erprobungen und mitunter Adaptionen von Werten und Verhaltensweisen möglich, sie sind aber nicht zwingend. Die jeweilige Übernahme von medialen Modellen hängt sehr davon ab, inwieweit die übernommenen Verhaltensweisen im sozialen Umfeld positiv sanktioniert, d. h. verstärkt und unterstützt werden. Negative Erprobungen medialer Angebote sind grundsätzlich von geringem Wert im Hinblick auf den favorisierten Persönlichkeitsentwurf. Über die Dauerhaftigkeit bzw. ein nachhaltiges Aneignen von medial vermittelten Wissen, Werten und Handlungskompetenzen weiß man bislang kaum etwas.

Entscheidend für eine erfolgreiche Werteinternalisierung ist prinzipiell, inwieweit die Verantwortlichen in ihrer Vermittlung von den Adressaten akzeptiert werden und inwieweit sie glaubwürdig sind und gegebenenfalls Vorbildcharakter haben. Jemand, der Ehrlichkeit als Wert kommuniziert, selbst aber nicht ehrlich ist, wird mit seiner Botschaft kaum positive Resonanz erhalten. Dazu zählen – folgt man den Ergebnissen aktueller qualitativer Untersuchungen mit Jugendlichen – zum Beispiel Politiker und Politikerinnen (vgl. Döveling/Hoffmann 2008). Negativcharaktere können aber auch für eine Wertorientierung nützlich sein, indem Menschen deutlich wird, dass sie auf keinen Fall so sein möchten wie diese. So kann ein Diskurs über den Umgang Dieter Bohlens mit den Kandidaten für *Deutschland sucht den Superstar* zur Folge haben, dass seine Beleidigungen und Erniedrigungen der potenziellen Nachwuchsstars von den jungen Rezipienten als nicht gerechtfertigt und menschlich grenzwertig, d. h. unwürdig, beurteilt werden.

Noelle-Neumann/Petersen 2001 haben in ihren Untersuchungen ein großes Einverständnis und eine im Vergleich zu den 1960er und 1970er Jahren bemerkenswerte Toleranz der jüngeren Eltern-Kind-Generationen in

Bezug auf moralische, religiöse, sexuelle und politische Einstellungen feststellen können. Anders als in früheren Zeiten stimmen vor allem in den letzten beiden Jahrzehnten viele Kindergenerationen mit den Werthaltungen ihrer Eltern überein. Unlängst haben auch Boehnke/Welzel 2006 in ihrer experimentellen Studie zeigen können, dass Kinder und jüngere Jugendliche viele Wertorientierungen ihrer Eltern übernehmen. Die Autoren nehmen jedoch an, dass sich Jugendliche im mittleren und späten Jugendalter entwicklungsbedingt dann auch in ihren Wertorientierungen von den Eltern distanzieren. Dies scheint – folgt man wiederum Noelle-Neumann/Petersen 2001 – allenfalls ein vorübergehendes Phänomen zu sein, denn die intergenerationalen Wertorientierungen im Erwachsenenalter sind verhältnismäßig gering, eine Generationenkluft ist zum letzten Befragungsmesszeitpunkt nicht zu verzeichnen gewesen.

Generell gibt es ein eher diffuses Repertoire an Werten, doch dieses scheint offenbar weniger zu verunsichern als allgemein angenommen wird. Die Allensbacher Sozialwissenschaftler konstatieren, dass die Deutschen insgesamt weniger dogmatisch und verbissener mit Werten umgehen, sie tolerieren und vertreten alte und neue Werte.

Im Folgenden soll anhand der Ergebnisse einer im Zeitraum von September 2005 bis Januar 2006 durchgeführten qualitativen Mehrthemenbefragung von insgesamt 81 Kindern und Jugendlichen im Alter von 10 bis 17 Jahren erwogen werden, inwieweit von Gelassenheit im Umgang mit Werten gesprochen werden kann und welche Konsequenzen dieser Umgang für Wertorientierungen und Wertepräferenzen hat. Zudem soll die Rolle und Bedeutung der Medien im Kontext der Ausbildung und Aneignung von Werten hinterfragt werden.

• *Diskursives im Leben von Kindern und Jugendlichen*

Für unsere Untersuchung zum Thema „Jugendliche in medialen und sozialkulturellen Kontexten“ (Hoffmann/Pröstler 2006; Hoffmann 2008) wurden Kinder und Jugendliche in schulischen und außerschulischen Einrichtungen, wie z. B. Vereinen, Jugendzentren, Kirchengruppen, aufgesucht. Diese Kinder und Jugendlichen wurden in ihren vertrauten Sozialräumen von je zwei studentischen Mitarbeiter/inne/n in einer geschlechtsquotierten Doppelmoderation mit „Reizthemen“ konfrontiert, über die sie sich dann austauschen sollten. Die Reizthemen dienten als Diskussionsimpulse, die Polarisierungen ermöglichen und den Austausch von Argumenten anregen sollten. Ziel war es, eine Selbstläufigkeit herzustellen und einen dauerhaften Dialog zwischen Moderatoren und Studienteilnehmer/inne/n möglichst zu vermeiden. Innerhalb der Gruppe sollte eine annähernd natürliche Gesprächssituation erreicht werden, die sicherstellt, „dass sich die Diskussion der gegebenen Gruppe in ihrer Eigenläufigkeit bzw. Eigenstrukturiertheit entfalten kann“ (Schäffer 2005, S. 310). Auf diese Weise sollten die Relevanzsysteme und die jugendtypischen Themen und Einstellungen weitgehend ungelenkt zur Sprache kommen.

Die 81 befragten Kinder und Jugendlichen kommen aus neun Städten und vier verschiedenen Regionen: 14 aus Sachsen, 22 aus Bayern, 15 aus Nordrhein-Westfalen und 30 aus Berlin-Brandenburg. Die Stichprobe zeichnet sich damit durch ein nahezu ausgeglichenes Ost-West-Verhältnis aus, wobei in Berlin Jugendliche einer Schule in Berlin-Charlottenburg (West) und einer Schule in Berlin-Mitte Ost an den Diskussionen teilgenommen haben. Es konnten insgesamt 46 Gymnasiasten und 35 Nicht-Gymnasiasten für die Untersuchung akquiriert werden. Von den befragten Kindern und Jugendlichen sind 38 weiblichen und 43 männlichen Geschlechts.

Die Themen, die zur Diskussion standen, umfassten die Bereiche Medien, Kirche und Werte. Als Einstieg wurden Impulsthesen zum Medienverhalten gewählt. Hier ein Beispiel:

> „Viele Jugendliche sagen, dass für sie ein *Leben ohne Medien* nicht vorstellbar sei. Wie wäre denn ein Leben ohne Bücher, Zeitschriften, Computer und Fernsehen?“

Der zweite Themenkomplex zielte auf das Verhältnis zur Kirche und zu Religion ab und der dritte Themenkomplex im weitesten Sinne auf Werte. Hier zwei Beispiele für Impulsthesen:

> „Angenommen man wüsste, dass übermorgen die Welt untergehen und die Erde für das nächste Jahrtausend unbewohnbar sein würde. Was würdet ihr *der Nachwelt hinterlassen* wollen, was sie an euch erinnert und was so ganz *typisch für euch* ist?“
>
> „Viele Erwachsene sind ja der Meinung, dass *früher sowieso alles besser* war und dass Jugendliche heute nur an sich denken. Stimmt das?“

Des Weiteren wurde in diesem Themenkomplex über den Sinn des Lebens gesprochen, über Vergleiche von „Früher und Heute“, über die Erziehungsziele und über Wünsche für die Zukunft. Alle zwölf durchgeführten Diskussionen wurden auf Mini-DV aufgenommen. Das vollständig transkribierte Diskussionsmaterial wurde inhaltsanalytisch nach den genannten Themenbereichen und nach Schlüsselbegriffen ausgewertet. Die audiovisuellen Mitschnitte ermöglichten zudem eine Analyse der Interaktionsmuster der Teilnehmenden untereinander. In diesem Beitrag können nur Detailergebnisse aus den Inhaltsanalysen berichtet werden.

Zunächst kann festgestellt werden, dass die Diskussionen im Hinblick auf Medienpräferenzen, Medienverhalten und Medienkompetenzen die Kinder und Jugendlichen am ehesten vereint. Fast alle Befragten halten Medien grundsätzlich für unverzichtbar. Sie sind der Meinung, dass ein Leben ohne Medien sehr langweilig, eintönig und auch kompliziert wäre. In zwei Gruppen kam die Frage auf, wie man denn kommunizieren soll, wenn man beispielsweise nicht telefonieren kann. Außerdem wäre man ohne Medien nicht über tagespolitische Ereignisse und Katastrophen informiert, man hätte keinen Spaß und keine Unterhaltung mehr. Ein 13-jähriger Junge aus Eichstätt merkte an: *„Ich würd' mir da vorkommen wie in so 'ner Gummizelle, da könnt man ja gar nix mehr machen."* Auf die Frage der Moderatoren, auf was sie am ehesten verzichten können, antworten Kinder und Jugendliche unabhängig vom Bildungsstand, dass sie wohl am ehesten auf Bücher verzichten würden.

Wie relevant Medien für Schüler und Schülerinnen im Alter von 10 bis 17 Jahren sind, wird bei der Bestimmung von etwas Typischem für ihre Generation deutlich. Der Nachwelt würden sie am liebsten hinterlassen (Nennungen erfolgen nach Häufigkeit in den Gruppen[1], nicht nach Einzelnennungen[2]): Bücher (5 Nennungen), Musik 2, CDs 2, H andy 2, Kamera 2, Video 2, DVD 2, Radio 1, Fernsehen 1, Schulbücher 2, Computer 1, Bilder 1, Briefe 1, P ostkarten 1, K ulturgut wie z. B. Fotos 3, „einen Chip mit unserem Wissen" 1, „unser ganzes Wissen" 1, „irgendwie Datenspeicher, Festplatten, wo das ganze Wissen irgendwie drauf ist" 1. Des Weiteren werden angeführt: Dokumente von Klassenfahrten 1, Klassenfoto 1, „unsere Erfahrungen" 1, Laptop mit MSN 1, Allgemeinbildung 1. Genannt wurden aber auch E-Mails 1, X-Box 1, Fußball 2, Fußballschuhe 1, Sport 1, Spiele 1, K uscheltiere 1, T ypen 1, Pferde 1, Süßigkeiten 1, 1-Euro-Stück 1, ein Porsche 1, Autos 1.

Welches Wissen und welche Erfahrungen sie gemacht haben und weitergeben wollen, stellten die Mädchen und Jungen in den Diskussionen nicht weiter zur Disposition; und somit könnten diese kaum näher spezifiziert werden. Medien sind für die an den Diskussionen Beteiligten vor allem ein kulturelles Ausdrucksmittel, sie haben symbolischen Charakter und fungieren auch als Datenträger. So ist in jeder zweiten Gruppendiskussion angeregt worden, einen Film über den Alltag „eines Jugendlichen" oder „über Jugendliche" zu drehen. Hier ein Auszug aus der Gruppendiskussion mit Jugendlichen aus Nürnberg. Die Gruppe besteht aus zehn Jugendlichen im Alter von 16 bis 17 Jahren, ist geschlechtsheterogen und eher bildungsgemäßigt:

Ein 17-jähriger Junge A: *„Ich würde eine Aufnahme machen, vielleicht Kassettenaufnahme, wie das Leben hier war, wie wir uns entwickelt haben usw.: Kultur, Religion, unser Alltag, alles eben."*

Ein 16-jähriges Mädchen B: *„Ich würde eine Aufnahme machen von einem Tag von mir. Mit Schule und dann noch Freizeit. Und was man abends so macht."*

Allgemein fällt in den Analysen auf, dass es eher wenig Jugendliche gibt, die für ihre Generation sprechen wollen. In den Gruppen kann man sich jenseits von Schule nur schwer auf etwas für alle Verbindendes einigen. Somit möchte man eher, dass der persönliche Alltag für andere dokumentiert wird. Die befragten Jugendlichen sind sehr bemüht, etwas Typisches oder Repräsentatives für ihre Generation oder überhaupt die Alterskohorte zu benennen, wobei sie dies nicht weiter problematisieren oder darüber in Konflikt geraten. Pluralität und Differenz im Hinblick auf Meinungs- und Geschmacksvielfalt sind für sie Normalität. Auf die Frage der Moderatoren, was ihnen denn generell in der Freizeit Spaß macht, antworten die Nürnberger Jugendlichen durcheinander: *„Disco, mit Freunden treffen, Sex, in die Stadt gehen, einkaufen, schminken."* Anschließend meldet sich zu diesem Diskussionsimpuls wieder der 17-jährige Junge A zu Wort und versucht einen diplomatischen Lösungsvorschlag:

„Jeder hat doch andere Interessen, manche mögen das und andere das, Disco, Bücher oder ein anderer sitzt nur vor dem Computer. Wenn wir das da hochschicken [zu den Außerirdischen, Anm. der Autorin], *dann am besten von einem Menschen, der von allem ein bisschen hat."*

In Bonn verhandeln fünf 13- bis 14-jährige Mädchen vom Kardinal-Frings-Gymnasium darüber, was sie denn anderen von sich gegenüber preisgeben möchten.

Mädchen A: *„Eher was, das für uns modern ist."*

Mädchen B: *„Was in unserem Alltag vorkommt."*

Mädchen A: *„Eher was, was man so mag ... Musiksender gucken ... "*

Mädchen C: *„Früher war es eine bestimmte Frisur oder so ... Heute ist das anders. Jetzt ist das ganz verschieden. Heute geht es mehr darum, du selbst zu sein. Das ist, glaube ich, im Augenblick modern."*

Auch die Themenbereiche „Sinn des Lebens" und „Erziehungsziele" sowie „Wünsche für die Zukunft" werden primär auf der Individualebene verhandelt, wobei sich von den Befragten niemand an dem „Ich-Welt-Bezug" stört. Jüngeren Befragten fällt es etwas schwerer als älteren, sich diesen existenziellen Fragen zu stellen. Wenn es sehr persönlich wird, wird dem in den Gruppen mit Humor und Gelächter begegnet, wobei dies auflockernd und enthemmend, nicht diffamierend wirkt. Wie in anderen Untersuchungen (vgl. Shell Deutschland Holding 2006; Vogelgesang 2001) sind auch die Teilnehmenden unserer zwölf Gruppendiskussionen darauf eingestellt, für ihr zukünftiges Leben allein verantwortlich zu sein. Sie wünschen sich mehrheitlich eine mit Sinn erfüllte Arbeit, von der sie gut leben können, eine Familie, Gesundheit und Freunde. Sie wollen anerkannt werden und ihre Kinder gut erziehen. Eher Mädchen als Jungen geben an, für andere da sein zu wollen. Sie zeigen sich etwas kosmopolitischer als ihre männlichen Altersgenossen. Hier ein Auszug aus einer Gruppendiskussion mit 16- bis 17jährigen Mädchen des Französi-

schen Gymnasiums in Berlin:
Mädchen A: *„Sein Ziel verfolgen und nicht nur sich selbst glücklich machen und selbst genießen, sondern auch anderen helfen und andere glücklich machen und dazu beitragen, dass es auf der Welt schöner wird."*
Mädchen B: *„Dass ich versuche, etwas besser zu machen, auch wenn es unerreichbar ist, aber wenigstens die ersten Schritte zu versuchen."*
Mädchen C: *„Ich will einfach optimistisch sein und einfach auch genießen."*
Mädchen D: *„Ich denke, den Sinn des Lebens habe ich noch nicht gefunden. Das muss jeder mit sich selbst ausmachen."*
Mädchen E: *„Ich will auch glücklich sein und andere glücklich machen und viel lernen über die Welt."*
Der Sinn des Lebens ist für die von uns befragten Mädchen in Bonn im Alter von 13 bis 14 Jahren zwar etwas Persönliches, aber es können andere durchaus von dem eigenen Lebenszweck lernen. Zudem wollen sie nicht nur in Harmonie leben, sondern sie sind der Meinung, dass auch Herausforderungen einen Menschen im Leben weiterbringen. Hier ein kurzer beispielhafter Auszug aus der Diskussion:
Mädchen A: *„Ich denke, einfach mal das Beste daraus zu machen. Man hat ja nur eine begrenzte Zeit zum Leben und wenn man dann nichts draus macht. ... Es gibt ja so Sprichwörter, jeden Tag wie den letzten leben und so ... "*
Mädchen B: *„Aber auch, um anderen zu zeigen, warum man überhaupt lebt. Und wenn man einen Sinn gefunden hat, sollte man den an andere weitergeben, die das nicht haben."*
Mädchen A: *„Auch um Chancen anzunehmen und Herausforderungen aufzunehmen, dass man so auch seine Grenzen findet ... vielleicht darum."*
Betrachten wir abschließend die Positionen der Diskussionsteilnehmenden in Bezug auf ihre Erziehungsziele. Dazu lässt sich generell in den Auswertungen feststellen, dass es nur wenig Befragte gibt, die gar nicht mit der Erziehung, die sie selbst erfahren haben, einverstanden sind. Die meisten würden die Erziehungspraxis ihrer Eltern weitestgehend übernehmen. Da der Eindruck besteht, dass die Erziehungsziele im Vergleich in Ost- und Westdeutschland voneinander etwas abweichen, werden diese hier tabellarisch gegenübergestellt. Es werden keine redundanten Antworten (Mehrfachnennungen) wiedergegeben. Es geht hier vor allem darum, die Vielfalt der Meinungen und die Themenfokusse abzubilden. Einzeln genannte Begriffe sind aufgeführt, längere Aussagen sind größtenteils mit Schlüsselbegriffen zusammengefasst worden.

Erziehungsziele – Positionen der Teilnehmenden aus den	
Neuen Bundesländern[3]	Alten Bundesländern und Westberlin
· Eigene Meinung vertreten · Respekt · Allgemeinbildung · Ehrlichkeit · Eigenverantwortlichkeit · Disziplin · Anstand · Hilfsbereitschaft · „Nicht so viel Scheiße zu bauen" · Ordentlichkeit · Wissen über Autos · Haushaltskompetenzen (Nähen, Waschen etc.) · Sport · Fürsorge und Pflege älterer Menschen · Selbständige Zahnpflege	· Eigene Meinung vertreten · Respekt · Bildung · Leistung · Verantwortungsübernahme z. B im Haushalt oder in Konfliktsituationen · „Nicht zu streng, aber auch nicht zu matt" · „Ein bisschen verwöhnen, aber auch ein bisschen streng" · „Antiautoritär" · Freundlichkeit · Konfliktfähigkeit · „Dass Geld nicht alles sein soll in ihrem Leben" · „Nicht so konservativ" · Kritikfähigkeit · Eigene Wertschätzung · „Dass sie geliebt werden" · „Man kann das Leben nur einmal leben" · Gewaltfreiheit · Selbstzufriedenheit · Bewegung · Höflichkeit · „Ein guter Mensch sein"

Insbesondere in den sechs Gruppendiskussionen in Westdeutschland (inklusive Berlin) wird viel über eine Balance von Freiheit und Strenge in der Erziehung gesprochen. Auch lassen sich hier deutlich mehr Wortbeiträge zum Thema Umgang mit Gewalt und Konfliktfähigkeit finden, wohingegen Tugenden wie Anstand, Disziplin und Ordentlichkeit nur in den Gruppen aus den neuen Bundesländern zur Sprache gekommen sind. In vielen Gruppen ist den Teilnehmenden eine gute schulische Ausbildung für ihre Kinder wichtig. Es ist immer wieder betont worden, dass man heutzutage ohne guten Schulabschluss nur schlechte Berufschancen hat. Es ist zu vermuten, dass die Befragten hier in ihren Aussagen durch die öffentlich und auch vermutlich im schulischen Kontext geführten Debatten um die PISA-Ergebnisse geprägt sind.

Im Zusammenhang mit der Kindererziehung wird über das Mediennutzungsverhalten gesprochen, das es zu reglementieren und zu kontrollieren gilt. Dazu ein exemplarisches Statement aus der Diskussionsgruppe in Beelitz:
Junge A, 13 Jahre: *„Nicht so 'ne Verblödung durch die Fernsehserien."*
Junge B, 14 Jahre: *„Genau, so was wie Teletubbies würde ich dann sperren lassen im Fernseher. Man sagt doch, man soll die Jugend bilden und fördern, warum lassen die dann solche Sendungen zu?"*

- *Individuelle Lebensführung als Programm*

Diskurse darüber, wie man später leben, wie man die Zukunft gestalten möchte und was man sich für seine Kinder wünscht, scheinen für Kinder und Jugendliche im Alter von 10 bis 17 Jahren nicht geläufig zu sein. Bei diesem Themenbereich haben sich fast alle Gruppen eher zurückhaltend gezeigt. Positionen zum Medienhandeln und zur Mediennutzung oder auch zu Kirche und Religion zu beziehen, ist den meisten Teilnehmenden weitaus leichter gefallen, wobei hier weniger offensichtlich, aber doch auch ein Austausch über Werte stattgefunden hat. Diskurse über Werte werden von fast allen Befragten tendenziell auf die Individualebene, sprich auf das eigene Leben, transformiert. Jugendliche argumentieren hier zumeist mit lebensweltlichen Ereignissen und familialen Erfahrungen und selten mit angeeignetem Medienwissen. Medieninhalte scheinen weniger persuasiv zu sein, wobei bekannt ist, dass sie soziale Einstellungen verstärken können, und zwar ohne dass es den Rezipienten bewusst ist (vgl. Hannover/Mauch/Leffelsend 2004). Vermutlich werden auf der unmittelbaren Individualebene Wertekontingenz und Wertepluralismus in Medien und Gesellschaft minimiert, d. h. kognitiv überschaubarer und damit lebenspraktischer, wobei die Kontingenz unbewusst bei der Ausbildung von Wertepräferenzen mitschwingen kann, indem soziale Abgleiche mit medialen und imaginären anderen Akteuren wahrscheinlich sind.

In allen Gruppen haben Jugendliche eine ungefähre Idee davon, wie sie selbst leben möchten, aber sie haben keine dazu, wie sie eventuell zukünftig gemeinsam leben möchten. Jugendliche sehen sich folglich eher als solitäre, nicht aber solidarisch gestaltende Kraft oder als kultivierende Größe der Gesellschaft (vgl. Hoffmann 2008). Deutlich wird das für moderne Gesellschaften vielfach diagnostizierte vorherrschende Diktat der Individuation. Es geht darum, eine Persönlichkeit auszubilden, etwas zu erreichen im Leben, sich zu verwirklichen, und dabei Freude und Spaß zu haben. Seine eigenen Fähigkeiten, Potenziale und Anlagen zu entfalten, hat kaum etwas Freiheitlich-Spielerisches, es ist keine Option, sondern – so der Eindruck – es hat einen geradezu normativen Charakter. Mit Beck lässt sich konstatieren, dass „das Zeitalter des ‚eigenen Lebens'" (Beck 2001) sich bei den Kindern der Kinder der Zweiten Moderne durchgesetzt hat, wobei die Kinder sich mehrheitlich an den Werteprämissen ihrer Eltern orientieren. Vor allem in den neuen Bundesländern werten die Kinder die Lebensführung ihrer Eltern positiv und können sie deren Gedanken- und Verhaltensmuster weitgehend an- und übernehmen. Die von Beck konstatierte „Rollenverflüssigung des Sozialen" (ebd., S. 3) lässt sich in den Aussagen der Heranwachsenden insofern finden, als dass Jungen wie Mädchen gleichermaßen eine individuelle, eigenverantwortliche, sinnstiftende Lebensführung für erstrebenswert halten. Insofern scheint es eben auch nicht gänzlich unpopulär zu sein, mehr noch über Werte zu diskutieren.

Anmerkungen

•1) In einer Gruppe in Leipzig 11- bis 14-Jährige und der Gruppe am Französischen Gymnasium in Berlin 16- bis 17-Jährige ist diese Impulsthese nicht diskutiert worden.

•2) Einzelnennungen kann ich in den Auswertungen nicht gerecht werden, da diese aufgrund von Zwischenrufen und Durcheinandergerede teilweise zu Personen nicht eindeutig zuzuordnen sind.

•3) In der Gruppendiskussion am Französischen Gymnasium Ostberlin wurde dieser Diskussionsimpuls leider aus Zeitgründen ausgespart.

Literatur

- Bandura, A. 1989: Die sozial-kognitive Theorie der Massenkommunikation. In: Groebel, J./Winterhoff-Spurk, P. Hrsg.: Empirische Medienpsychologie. München: S. 7–32.
- Beck, U. 2001: Das Zeitalter des „eigenen Lebens". Individualisierung als „paradoxe Sozialstruktur" und andere offene Fragen. In: Aus Politik und Zeitgeschichte, B. 29, S. 3–6.
- Boehnke, K. 2004: Werden unsere Kinder wie wir? Intergenerationale Wertetransmission und gesellschaftlicher Wertewandel – zwei unverbundene soziologische Konzepte. In: Hoffmann, D./Merkens, H. Hrsg.: Jugendsoziologische Sozialisationstheorie – Impulse für die Jugendforschung. Weinheim: S. 109–127.
- Boehnke, K./Welzel, C. 2006: Wertetransmission und Wertewandel – Eine explorative Drei-Generationen-Studie. In: Zeitschrift für Soziologie der Erziehung und Sozialisation, 26. Jg., H.4, S. 341–360.
- Döveling, K./Hoffmann, D. 2008: Emotional-personalisierte Vermittlung und Rezeption von Politik – Potenziale für die politische Ansprache. In: Moser, H. u.a. Hrsg.: Jahrbuch Medienpädagogik 7. Medien, Pädagogik, Politik. Wiesbaden: S. 205–230.

- Fend, H. 2005: Entwicklungspsychologie des Jugendalters. 2. Aufl. Opladen.
- Funiok, R. (2007): Medienethik. Verantwortung in der Mediengesellschaft. Stuttgart.
- Grimm, P./Horstmeyer, S. 2003: Kinderfernsehen und Wertekompetenz. Stuttgart.
- Hannover, B./Mauch, M./Leffelsend, S. (2004): Sozialpsychologische Grundlagen der Medienpsychologie. In: Vorderer, P./Mangold, R./Bente, G. Hrsg.: Lehrbuch der Medienpsychologie. Göttingen: S. 175–197.
- Hoffmann, D./Pröstler, M. 2006: Jugendliche in medialen und sozialkulturellen Kontexten. Medien, Religion und Werte im Diskurs. Unveröffentlichter Forschungsbericht. Potsdam/München.
- Hoffmann, D. 2008: Sehnsucht nach Zukunft? Gestaltungspotenziale Jugendlicher und Gestaltungsdiktate der Gesellschaft heute. In: Hoffmann, D./Schubarth, W./Lohmann, M. Hrsg.: Jungsein in einer alternden Gesellschaft. Bestandsaufnahme und Perspektiven des Zusammenlebens der Generationen. Weinheim/München: S. 69–90.
- Klages, H. 2001: Brauchen wir eine Rückkehr zu traditionellen Werten? Aus Politik und Zeitgeschichte, B. 29, S. 7–14.
- Meulemann, H. 1996: W erte und Wertewandel. Zur Identität einer geteilten und wieder vereinten Nation. Weinheim/München.
- Noelle-Neumann, E./Petersen, T. 2001: Z eitenwende. Der Wertewandel 30 Jahre später. In: Aus Politik und Zeitgeschichte, B. 29, S. 15–22.
- Pirner, M. L. 2008: Marienhof und DSDS – Wertevermittlung in den Medien. Vortrag auf der Stuttgarter Bildungsmesse „didacta" am 19. 2. 2008. Verfügbar unter: www.irp-freiburg.de/fileadmin/user_upload/Aktuell/didacta2008/Vortragstext-Marienhof_und_DSDS-KURZ.pdf [Zugriffsdatum: 28.6.2008].
- Reichertz, J. 2007: N ach den Kirchen jetzt das Fernsehen? Kann das Fernsehen Werte vermitteln? In: Hoffmann, D./Mikos, L. Hrsg.: Mediensozialisationstheorien. Neue Modelle und Ansätze in der Diskussion. Wiesbaden: S. 147–166.
- Reinders, H. 2005: Jugend. Werte. Zukunft. Wertvorstellungen, Zukunftsperspektiven und soziales Engagement im Jugendalter. Stuttgart.
- Schäffer, B. 2005: Gruppendiskussion. In: Mikos, L./Wegener, C. Hrsg.: Qualitative Medienforschung. Ein Handbuch. Konstanz: S. 304–314.
- Shell Deutschland Holding 2006 Hrsg.: Jugend 2006. Eine pragmatische Generation unter Druck. Frankfurt am Main.
- Schultz, T. 2006: Geschwätz oder Diskurs? Die Rationalität politischer Talksshows im Fernsehen. Köln.
- Vogelgesang, W. 2001: „M eine Zukunft bin ich!" – Alltag und Lebensplanung Jugendlicher. Frankfurt am Main.

■ Jo Reichertz

Das elfte Gebot: Zeige Dich öffentlich wie du bist! Oder: Welchen Wert verbürgt das Fernsehen?

Zeig mir Dein Gesicht. Zeig mir wer Du wirklich bist. Bleib Dir treu verstell Dich nicht für mich. Halt an allem fest was Dir wichtig ist. Zeig mir Dein Gesicht. Und keine Maske, die verdeckt, was dahinter wirklich steckt. Bleib in der Haut, die Dir am besten sitzt. Zeig mir Dein Gesicht. Dein wahres Gesicht.

Titelsong zur dritten Big-Brother-Staffel

• *Das neue Bündnis für Erziehung*

„Zu viele Eltern fühlen sich in der Erziehung ihrer Kinder verunsichert. Nicht selten fehlt es ihnen in Erziehungsfragen selbst an Orientierung. Wir beobachten heute zunehmend Erziehungsdefizite. Und es gibt eine Ungewissheit darüber, was Eltern fordern dürfen, wie sich Werte heranbilden und wer verantwortlich ist." Das sagte Ursula von der Leyen; Bundesministerin für Familie, Senioren, Frauen und Jugend, als sie am 20. April 2006 gemeinsam mit der Deutschen Bischofskonferenz und der Evangelischen Kirche in Deutschland sowie deren Fach- und Wohlfahrtsverbänden das „Bündnis für Erziehung" ins Leben rief. Und sie fuhr fort: „Erziehung beginnt von Anfang an in der Familie. ... Werte wie Respekt, Verlässlichkeit, Vertrauen und Aufrichtigkeit sind Leitplanken, die unseren Kindern helfen, ihren Weg ins Leben zu finden." Als sie abschließend auch andere religiöse Gruppen herzlich einlud, sich in das neue Bündnis einzubringen, dachte sie wahrscheinlich an viele, gewiss aber nicht ans Fernsehen. Ob sie damit Recht tat, soll hier erörtert werden.

• *Werte und Normen*

Soziologen unterscheiden, wenn sie im Rahmen einer Sozialtheorie über den Bereich des Sollens sprechen, zwischen *Werten* und *Normen*. Unter „Werten" verstehen sie dann die ganz *grundlegenden* Vorstellungen des gesellschaftlich Wünschenswerten. Das gesellschaftlich Wünschenswerte ist aus ihrer Sicht das Ergebnis und Ausdruck der jeweiligen Kultur, d. h. es ist die jeweils letzte „Antwort“ einer Gesellschaft auf die Wahrnehmung ihrer ökonomischen, politischen, praktischen, moralischen und kommunikativen Probleme[1]. Bleiben diese Probleme stabil, bleiben es auch die Antworten. Ändern sich z. B. aufgrund gravierender wirtschaftlicher, technischer, moralischer Umwälzungen die Probleme, dann verändert sich zwangsläufig auch das gesellschaftlich Wünschenswerte.

Alle „Werte“ sind in dieser Sicht der Dinge sozialen und damit menschlichen Ursprungs. Sie werden sozial erarbeitet und auch *sozial verbürgt*. Gewiss mag es Werte geben, die eine gewisse biologische bzw. auch somatische Basis haben, wie zum Beispiel die Werte „Selbst- und Gattungserhaltung“, aber nicht nur die aktuellen Erfahrungen mit dem internationalen Terrorismus, sondern vor allem die Geschichte zeigt viele Beispiele, wie selbst diese Werte durch soziale Neudeutungen ausgehebelt werden können.

Werte sind für jede Gesellschaft konstitutiv. Dies deshalb, weil jeder Akteur wegen des weitgehenden Instinktverlustes der Gattung „Mensch“ sich in jedem Moment seines wachen Lebens immer wieder für oder gegen eine Handlungsoption selbst entscheiden muss. Deshalb benötigt er das Wissen um das Wünschenswerte zu kennen. Er muss wissen, wonach die anderen streben, was sie ablehnen – was ihr Handeln bestimmt. Werte sagen dem Einzelnen, was die für ihn relevante Gruppe von ihm erwartet, von ihm erhofft, vor was sie sich fürchtet und was sie auf gar keinen Fall akzeptieren wird. Allerdings muss der Akteur den Werten seiner Gruppe nicht bedingungslos gehorchen, er kann sich auch gegen sie entscheiden. Aber was auch immer er tut, indem er von ihnen weiß, kann er sich daran orientieren. Dieser Zwang, sich für oder gegen einen Wert zu entscheiden und sei die Entscheidung noch so implizit, konstituiert notwendigerweise auch die Identität des Entscheidenden. Denn in der „Identität“ der Entscheidungen erkennt der Entscheidende sich wieder bzw. kann von anderen wieder erkannt werden.

Normen dagegen sind nicht für das Grundsätzliche zuständig, sondern für dessen konkrete Ausgestaltung. Normen sagen, was der Einzelne in bestimmten Situationen tun bzw. lassen sollte, wenn er denn nach einem bestimmten Wert leben will. Beide – Werte ebenso wie Normen – sind fester und unabdingbarer Bestandteil der Kultur einer Gesellschaft, also des von jeder Gesellschaft ausgearbeiteten „Universums von Bedeutungen“. Dieses „Universum“ ist Ergebnis eines langen und sehr komplexen Bemühens der Sozialität um eine Deutung von Welt, welche wegen der prinzipiellen „Weltoffenheit“ des Menschen notwendig ist. Ein einmal konstruiertes „Universum von Bedeutungen“ und die daraus resultierenden Institutionen entlasten die einzelnen Subjekte, sowohl bei Handlungs- als auch bei Wahrnehmungsaufgaben, und sie schaffen auf diese Weise Freiraum – auch den Freiraum, das „Universum" in Teilen umzustrukturieren. Auf diese Weise entstehen und vergehen Werte (und vor allem Normen), ihre Legitimationen, aber auch deren menschliche Verwalter und Trägergruppen.

Wenn in gängigen kulturkritischen Zeitdiagnosen ein *Werte*verfall beklagt wird, dann ist nach alledem zumeist ein *Normen*verfall gemeint. Denn die großen Werte erstrecken sich oft über sehr lange Zeiträume, was sich etwa auch darin ausdrückt, dass unterschiedliche Generationen und Sozialschichten in Befragungen gleiche Leitwerte benennen. Aber worin sich teils massiv Generationen und Schichten unterscheiden, das sind die Normen, mit denen die Werte jeweils zu neuem Leben erweckt werden. So füllt sich z. B. der bürgerliche Wert der „Selbstverwirklichung" mit völlig anderen Normen, je nachdem ob er von Frauen zu Beginn oder zu Ende des 20. Jahrhunderts gelebt wird. Streit entsteht in der Regel nicht über Werte, sondern über Normen, weil deren Halbwertzeiten viel geringer sind.

- *Kultur und Religion als Wertevermittler*

Da Werte (und auch Normen) in dieser Umgrenzung stets gesellschaftliche Konstrukte sind, überschreiten sie nicht zufällig, sondern systematisch die Perspektive und die Wünsche des Einzelnen. Da Werte Entwürfe des wünschenswerten Guten sind, dienen sie dazu, den Einzelnen im Sinne der Gruppe „besser" zu machen – sie bewirken so sie denn akzeptiert werden die Selbstüberschreitung des Einzelnen zum gesellschaftlich gewollten Guten. Insofern bedürfen sie wie die gesamte Kultur der Legitimierung. *Werte benötigen jedoch eine spezifische Legitimierung,* weshalb dieser innerhalb des normalen Wissensvorrates eine Sonderstellung zukommt. Dieser spezifische Wissensvorrat, der die Gesellschaft mit dem Individuum und das Individuum mit der Gesellschaft verbindet, indem er beide in eine jeweils historisch spezifischen Form integriert, ist zwar *Teil* der Kultur einer Gesellschaft, doch ein *besonderer*: Nur er vermag es, die jeweilige Kultur und die aus ihr resultierenden Handlungsoptionen zu begründen. Es ist der Bereich der Kultur, der Auskunft darüber gibt, was in einer Gesellschaft „Sinn" macht und was nicht. Landläufig nennt man diesen Bereich des kulturellen Wissens *„Religion"*. Obwohl von dieser Welt, wirkt er nur, wenn geglaubt wird, dass er ihr nicht entstammt.

Aus dem Umstand, dass bislang vor allem die Religionen diese Legitimation der Werte zur Verfügung gestellt haben, folgt nicht, dass dies auch notwendigerweise so sein muss (wie z. B. Berger 1980 u. 1994), sondern es spricht einiges dafür, dass eine Reihe anderer Institutionen durchaus in der

Lage sind, solches zu leisten. Ähnlich sieht das auch der evangelische Theologe Bonhoeffer in seinen Briefen aus dem Gefängnis: „Menschen werden faktisch – und so war es zu allen Zeiten – auch ohne Gott mit diesen Fragen fertig, und es ist einfach nicht wahr, dass nur das Christentum eine Lösung für sie hätte." (BONHOEFFER 1998, 455)

Besonders handlungsrelevant werden Werte dann, wenn sie entweder von charismatischen Führern vertreten oder von bestimmten, in der Gesellschaft für bedeutsam eingeschätzten Institutionen z. B. der Kirche als „ausgezeichnet" behandelt oder von einer Gruppe kollektiv *verbürgt* werden. *Werte* ermöglichen es dem Subjekt, sich in der Zeit und in der Gesellschaft „festzustellen", also sich nicht nur die Fragen zu beantworten: Wer bin ich, woher komme ich, wohin gehe ich, sondern auch die nicht minder wichtige Frage: *Weshalb* soll ich das eine tun und das andere lassen?

Obwohl also nach unter-stützenden Institutionen und nach neuem Sinn gesucht wird, fragen viele diese Hilfe allerdings nicht (oder doch nur sehr selten) bei den alten sinnanbietenden Institutionen wie der „Kirche", der „Wissenschaft" oder der „Politik" nach. Gesucht wird stattdessen vor allem nach *neuen Institutionen, neuen Formen von Gemeinschaft* und einer *neuen Art* von sinnvoller Ordnung. Die traditionellen Konkurrenten auf dem Markt der Sinnstiftung (Priester, Wissenschaftler/Intellektuelle, Pädagogen, Politiker, Therapeuten) konnten bislang die durch die Modernisierungsprozesse entstandene Sinnstiftungslücke nicht überzeugend schließen und haben auch deshalb weiter an Überzeugungskraft verloren. Die klassischen Kirchen-Religionen mit ihrem Monopol auf *zentrale, stabile, verbindliche* und fast *universelle* Werte und Normen verschwimmen immer mehr, werden „unsichtbarer" (vgl. LUCKMANN 1991). Eine gute Zeit mithin für neue Propheten einer neuen Ordnung und eines neuen Sinns: unter ihnen auch die Medien.

- *Vermittler neuer Werte*

Die meisten Werte hat (uns im Westen) die christliche Religion geschaffen oder genauer: Sie hat sie aus ihrer Sicht neu formuliert und gewichtet. Man denke hier nur an all die Werte, die sich in den zehn Geboten ausdrücken. Historisch neu und allein aus der mosaischen Religion entstanden ist jedoch einzig das Gebot der Nächstenliebe „Liebe Deinen Nächsten wie Dich selbst!".

Gekoppelt sind die Werte stets mit Heilsversprechen bei Befolgung und Strafandrohungen (bei Nichtbefolgung). Es gibt keine Werte ohne Belohnung oder Strafe. Deshalb kommt in der Befolgung eines Wertes eine gewisse rationale Handlungslogik zum Ausdruck – auch wenn diese oft explizit geleugnet werden muss, also man den Wert um seiner selbst willen verfolgen muss.

Seit die christliche Religion viel von ihrer Macht eingebüßt hat, versuchen sich auch andere Institutionen mit der Schaffung neuer Werte. Erfolgreich waren jedoch, so weit ich das sehe, bislang nur wenige: so z. B. das Bürgertum, die Gewerkschaften und der Sport. Das Bürgertum vermochte es, den Wert der *Selbstverwirklichung* in die westliche Kultur einzupflanzen. Den Gewerkschaften ist es gelungen (an das karitative und soziale Selbstverständnis der Zünfte anschließend), die *Solidarität* in den Bestand gesellschaftlicher Werte einzufügen. Der Sport hat es dagegen geschafft, gleich zwei Werte der westlichen Kultur zuzugeben: die *Fairness* und die systematische *Selbstüberschreitung*, zwei Werte, die sich ergänzen können, aber nicht müssen (siehe hierzu Reichertz 2007, S. 133–150).

Die Fairness ist ein säkularer Wert, der so nicht auf das Christentum zurückgeht und nichts mit Solidarität zu tun hat. Fair sein heißt, im Wettkampf keine unlauteren Mittel einzusetzen. Der Wert der systematischen Selbstüberschreitung verdankt sich der Erneuerung der olympischen Idee: Immer „Schneller, Höher, Stärker". Gib dich nie zufrieden mit dem Erreichten, versuche immer, deine Grenzen und die Grenzen der Menschheit weiter zu verschieben! Gekoppelt sind diese Werte an das Versprechen, sich bei Befolgung Ansehen, Geld und weltweiten Ruhm zu erwerben.

- *Das Fernsehen als Wertevermittler*

Dem Fernsehen kommt hierbei eine besonders wichtige Rolle zu, denn es erzählte schon immer – wenn auch mit neuen Mitteln und Bildern – die alten Geschichten von der Herausforderung des Guten durch das Böse, von Probe und Bewährung, von Schuld, Leid, Schmerz, Elend, Tod und Verzweiflung, aber auch von Sühne, Vergebung, Hoffnung, Glück und Liebe. In Spielfilmen, in Soaps und natürlich besonders in den Telenovelas und in allen Formen des Help-TV versendet das Fernsehen eine durchaus positive Alltagsethik: Gewalt wird, aller gegenteiligen Befürchtungen zum Trotz, durchweg abgelehnt, das Unmoralische führt nicht zum Erfolg, sondern wird schlussendlich bestraft und im Übrigen sind „nur die guten Eigenschaften des Menschen im ethisch-moralischen Sinn ... für das Publikum mehrheitsfähig" (Kottlorz 1996, S. 91). Insofern liefert(e) das Fernsehen frei Haus vieles von dem, was früher vor allem von den Priestern im Gotteshaus zu erlangen war: Lebensorientierung und Lebenssinn oder anders: Fernsehen besitzt durchaus das Potenzial, „als ethische Vermittlungsinstanz" (Kottlorz 1993, S. 175) auftreten zu können. Fernsehen liefert (im strengen Sinne des Wortes) also für alle Menschen vor dem Schirm unter anderem auch Sinnstiftung und ethische Maßstäbe.

Kurz: Die postmoderne Gesellschaft, die ganz wesentlich durch Bevölkerungswachstum, vielfältige Formen der Migration, eine sich beschleunigende Globalisierung, weitere Demokratisierung und Mediatisierung gekennzeichnet ist, hat entgegen allen Befürchtungen nicht dazu geführt, dass es weniger Werte gibt, eher das Gegenteil ist der Fall: Es gibt erheblich mehr Werte, gerade weil man sich nicht immer einig wird. Und es gibt erheblich mehr Werte, weil immer mehr Anbieter ihre Werte in und mit den Medien vorschlagen.

Wenn Ursula von der Leyen den Verfall der Werte beklagt, dann hat sie insofern Recht, als dass ein Verfall ihrer Werte, der christlich-familienorientierten Werte, in Westeuropa zu verzeichnen ist. Aber ich kann die Meinung nicht teilen, dass wir ein zu Wenig an Werten haben. Ich würde sogar das Gegenteil behaupten: Wir „haben" (im Sinne von „kennen") sehr viele Werte. Gerade die Medien stellen uns fast alle Werte aller Kulturen dieser Welt zur Verfügung. Sie machen uns damit bekannt, ohne sie uns aufzudrängen. Jeder kann selbst entscheiden, ob er sie für sich annehmen will. Jeder Einzelne ist genötigt, sich dazu zu verhalten und für sich die geeigneten Werte zu finden. Das funktioniert allerdings nicht so, wie man sich im Supermarkt für ein Waschpulver entscheidet, sondern man muss von einem Ziel oder einem Wert wirklich ergriffen sein, damit es für einen selber zum Wert wird, an dem man sein Handeln ausrichtet.

- *Der neue Fernsehwert: Zeig Dich öffentlich so wie Du bist!*

Das Fernsehen war bislang nicht in der Lage, Werte zu produzieren, sondern es transportierte und bot lediglich Werte an. In den letzten Jahren stößt man allerdings nicht nur im Fernsehen auf einen Wert, welcher durchaus als Wert im strengen Sinne des Wortes verstanden werden kann und der vom Fernsehen, aber auch vom Sport und der Politik mit- geschaffen wurde: „Schaffen" meint hier, dass das Fernsehen diesen Wert maßgeblich in Umlauf bringt, ihn auch selbst verkörpert und diesen Wert auch verbürgt. An ihm orientieren sich sehr viele – und für diesen Wert nehmen viele vieles in Kauf. Dieser Wert heißt: „Es ist gut, wenn du dich öffentlich zeigst!" Im öffentlichen Zeigen beweist sich so etwas wie Größe. Wenn du nichts zu verbergen hast, dann kannst du dich auch öffentlich zeigen. Aber auch, wenn du etwas getan hast und dich dann öffentlich zeigst, dann zeugt das von Größe. Denn wenn jemand diese Größe besitzt, dann (und das ist das mit dem Wert verbundene Heilsversprechen) verdient er es, dass man ihm öffentliche Aufmerksamkeit und auch Ansehen schenkt. Diese Sicht der Dinge ist zwar nicht völlig neu, sondern ziemlich alt, nur war sie über Jahrhunderte verschüttet, und das Fernsehen hat sie wieder entdeckt und mit neuem Leben gefüllt.

Der entscheidende Punkt ist, dass die Grenzen zwischen Privatheit und

Öffentlichkeit immer historisch gezogen werden. Das Fürstentum oder der Adel stützten sich vor allem auf öffentliche Sichtbarkeit und Repräsentanz. Es wurde kaum Wert auf das Verbergen des „Privaten" gelegt. Privat wurde es erst mit den neuen Herren: den Bürgern. Das Bürgertum hat u. a. mit dem Motto „My home is my castle" das Private vom Öffentlichen getrennt, also die Abgrenzung von der Öffentlichkeit und die Differenzierung nach Innen. Zu Hause differenziere ich mich, habe ein großes Innenleben und mein persönlicher Wert wird nach der Größe meines Inneren bemessen. Eine gute Zeit für Autobiografien, nicht nur, um von der inneren Tiefe und Größe zu berichten, sondern vor allem, um sie in sich zu finden.

Wir erleben nun, wie die westliche Gesellschaft – nicht nur aufgrund der Medien, obwohl diese das beschleunigen – wieder entdeckt, dass die Oberfläche des Körpers wichtig ist: Es geht bei diesem Lob der Oberfläche vorrangig jedoch nicht um deren Verschönerung, sondern um die Steigerung der sozialen Ausdruckskraft. Der Wert lautet nicht: „Zeig mir dein schönes Gesicht", sondern „Zeig mir in deinem Gesicht alles, was ich über dich wissen muss!"

Mit der in den und von den Medien geforderten Form von Aufrichtigkeit ist nämlich nicht wirklich die „echte" Darstellung des „wirklich" Inneren gefordert: sozusagen des nackten, unschuldigen, natürlichen Innen – dies nicht nur, aber auch, weil es eine solche authentische Darstellung des Inneren prinzipiell nicht geben kann. Denn Darstellungen sind notwendigerweise nie direkter Ausdruck eines privaten Innen am Außen, sondern stets typisierte Darstellungen eines Innen an der Oberfläche des Körpers bzw. mit den Mitteln von Gestik, Mimik, Sprache, Kleidung etc. (vgl. z. B. PLESSNER 1982, GOFFMAN 1969, STRAUSS 1974, SOEFFNER 2000).

Solche Typisierungen sind dabei weder plumpe noch feinsinnige Lügen zwecks Vortäuschung falscher Tatsachen und Umstände, sondern es handelt sich um unhintergehbare, weil unverzichtbare Formen des menschlichen Ausdrucks. Typisierungen ergeben sich meist aus dem Ineinandergreifen von erlernten und habituell verfügbaren Handlungsroutinen, deren volle Bedeutung oft im Halbschatten des Bewusstseins der Handelnden verborgen ist.

Von der Typisierung kann man mit guten Gründen die „Theatralisierung" unterscheiden. Gemeint ist mit diesem Ausdruck keineswegs der Gebrauch von theaterspezifischen Texten, Rollen und Requisiten. Theatrale Handlungen zielen nicht mehr allein darauf, ihr angestrebtes, instrumentelles Ziel zu erreichen (z. B. den andern davon in Kenntnis zu setzen, dass man ihn liebt), sondern sie wenden sich immer auch also nicht ausschließlich an ein Publikum. Die Handlungslogik der theatralen Geste orientiert sich dann nicht mehr allein an der effektiven Zielerreichung, sondern auch also nicht nur an der gekonnten Darstellung seiner Darstellungshandlung.

Theatralisierungen haben also immer zwei Adressaten: den Menschen gegenüber und das Publikum, das dem Geschehen beiwohnt. Der beobachtete Mensch typisiert sein Handeln für den, der ihn beobachtet, damit es für diesen verständlich oder überzeugender wird. Bei dem Prozess der Theatralisierung spielen Medien, insbesondere audiovisuelle Medien, eine besondere Rolle. Solche Medien wie der Camcorder oder die Fernsehkamera können dabei als registrierende und aufzeichnende Augen von unspezifischen Publica verstanden werden. Die Medien beobachten die Welt und die in ihr Lebenden, und die in dieser Welt Lebenden wissen, dass sie beobachtet werden, und sie beobachten ihrerseits teils sehr genau die Medien bei der Beobachtung. Auf diese Weise begegnen die Beobachteten in den medial aufgezeichneten Bildern auch ihren eigenen Typisierungshandlungen, ihren eigenen Typisierungen, auf dass sie darauf reagieren und weiter daran arbeiten können.

Der Prozess der zunehmenden Theatralisierung und Typisierung hat das gesamte Setting, die Trennung von Darsteller und Zuschauer porös werden lassen. Zum einen, weil unter den Bedingungen des performativen Fernsehens jeder Zuschauer auch leicht Darsteller, also Mitspieler werden kann, zum anderen aber auch, weil er immer seltener nur der isolierte schweigende Zuschauer ist. Es sind nicht mehr nur die gut bezahlten Schauspieler, die auf der Bühne Übermenschliches für ein stilles und ergriffenes Publikum spielen. Immer häufiger wird der Zuschauer aktiv, er spricht und kann auf die Darstellung reagieren. Das Publikum ist wieder lauter, lebendiger und fordernder geworden. Gegessen und getrunken wird ja schon seit einiger Zeit (Eis, Popcorn,

Softgetränke, Alkohol), auch kommt es oft zum Wortwechsel mit dem Couchnachbarn, aber jetzt meldet sich das Publikum auch auf der Bühne vernehmlich zu Wort. Es greift in das Geschehen ein: Es wählt bestimmte Akteure ab oder lässt sie wieder auftreten, es kommentiert per Fax und E-Mail, bewertet im Internet und macht die einen zu Superstars und andere zu Witzfiguren.

Richtige Authentizität fordert das Publikum nicht ein, sondern es wird der als authentisch beurteilt, der die gesellschaftlich geschaffene und medial verbreitete Maske der Authentizität glaubhaft vor sein Gesicht halten kann. Die Akteure sind auf diese Weise mit der paradoxen Aufgabe betraut, glaubhaft darzustellen, dass sie nicht darstellen.[2]

Diese Entwicklung mag man zunächst negativ beurteilen, aber das Spiel mit den Masken hat auch Vorteile: Es macht die öffentliche Darstellung und das öffentliche Sprechen über Emotionen wieder möglich. Erleben wir mit der medial eingeforderten authentischen Selbstdarstellung vielleicht das Comeback des „Public Man" (Richard Sennett), des Menschen also, der in der Öffentlichkeit mit Hilfe der aus den Leitmedien entliehenen Gebärden, Symbolen und Zeichen eine Verständigung (unter Fremden) erreichen konnte, ohne sich zu entblößen? Und das wäre wirklich etwas Neues – und nicht einmal das Schlechteste.

Die Schein-Authentizität des zum Schauspieler avancierten Publikums zwingt Menschen zur Kommunikation über „Wert"volles. In Zeiten weltweiten Zusammenrückens macht es nämlich Sinn, alles Relevante öffentlich zu zeigen. Es ist deshalb sinnvoll, weil sich dann andere sehr schnell an mir orientieren können und ich mich an ihnen – und diesen Wert verkörpert das Fernsehen. Wenn man diesen Wert lebt, dann kümmern sich die Medien um einen. Dann zeigen sie einen. Dann ist man etwas wert – nicht nur sich selbst, sondern auch den anderen.

Anmerkungen

•1) Da diese Überlegungen Teil einer Sozialtheorie sind, tauchen die Faktoren ‚Macht' und ‚Geld' nur indirekt auf. Im Rahmen einer konkreten Gesellschaftstheorie müssen diese Größen natürlich berücksichtigt werden: Werte und natürlich auch Normen werden in konkreten Gesellschaften nur im Ausnahmefall auf einer Agora ausgehandelt. In der Regel werden sich die Gruppen, die über Macht und finanzielle Mittel verfügen, massiver und nachhaltiger an der Debatte beteiligen können, während andere Gruppen sich ihr entziehen bzw. einen anderen Diskurs eröffnen.

•2) Wie sehr sich diese Figur schon verbreitet hat, zeigt sich beispielhaft an Folgenden. In Forum, dem Magazin für den Berufseinstieg in Wirtschaft und Technik, empfiehlt Kathrin Pommer, HR-Senior Advisor, Roland Berger Strategy Consultants, unter der

Überschrift „Sich authentisch bewerben!“ all denen, die schriftlich um Arbeit nachsuchen, folgendes: „Geben Sie Ihren Aussagen Struktur, präsentieren Sie sich authentisch und verstellen Sie sich nicht!“ Später, unter dem Stichwort ‚Bewerbungsfoto‘, erklärt Frau Pomer genauer, wie man sich authentisch präsentiert. Hier ihre Worte: „Der visuelle Eindruck ist wichtig, lassen Sie deshalb professionelle Aufnahmen von sich machen. Unifarbene Oberteile – möglichst nicht zu dunkel – machen auf einem Foto einen guten Eindruck. Sakko und Hemd sind für Männer ideal, Blazer und Shirt oder Bluse bei Frauen. Sind Sie unsicher, wie die jeweilige Branche das Outfit handhabt, orientieren Sie sich an den Fotos der Mitarbeiter Ihres Wunschunternehmens.“ (Forum Oktober 2007, S. 28/29)

Literatur

- Berger, P. 1994: Sehnsucht nach Sinn. Frankfurt am Main.
- Berger, P. 1980: Der Zwang zur Häresie. Frankfurt am Main.
- Bonhoeffer, D. 1998: Widerstand und Ergebung. Gütersloh.
- Goffman, E. 1969: Wir spielen alle Theater. Die Selbstdarstellung im Alltag. München.
- Kottlorz, P. 1996: Und die Moral von der Geschicht ... In: Bubmann, P./Müller, P. Hrsg.: Die Zukunft des Fernsehens. Stuttgart: S. 88-101.
- Kottlorz, P. 1993: Fernsehmoral. Ethische Strukturen fiktionaler Fernsehunterhaltung. Berlin.
- Luckmann, T. 1991: Die unsichtbare Religion. Frankfurt am Main.
- Plessner, H. 1982: Ausdruck und menschliche Natur. Frankfurt am Main.
- Pommer. K. 2007: Sich authentisch bewerben! In: Forum, Oktober 2007, S. 28f.
- Reichertz, J. 2007: Die Macht der Worte und der Medien. Wiesbaden.
- Sennett, R. 1983: Verfall und Ende des öffentlichen Lebens. Die Tyrannei der Intimität. Frankfurt am Main.
- Soeffner, H.-G. 2000: Gesellschaft ohne Baldachin. Weilerswist.
- Strauss, A. 1974: Spiegel und Masken. Frankfurt am Main.

Weiterführende Literatur

- Ariès, P./Duby, G. 1992 Hrsg.: Geschichte des privaten Lebens. 5 Bde. Frankfurt am Main.
- Ariès, P. 1985: Eine Geschichte der Privatheit. In: Ästhetik und Kommunikation, H. 57/58, S. 11–20.
- Bauman, Z. 1994: Parvenü und Paria. In: Merkur H. 3, S. 237-248.
- Bente, G./Fromm, B. 1997: Affektfernsehen. Motive, Angebotsweisen und Wirkungen.

Schriftenreihe Medienforschung der Landesanstalt für Rundfunk Nordrhein-Westfalen 23. Opladen.

- Duby, G. 1993: Private Macht, öffentliche Macht. In: Ariès, P. & Duby, G. Hrsg.: Geschichte des privaten Lebens. Bd. 2. Frankfurt am Main: S. 17–45.
- Elias, N. 1977: Über den Prozeß der Zivilisation. 2 Bde. Frankfurt am Main.
- Goffman, E. 1986: Interaktionsrituale. Über Verhalten in direkter Kommunikation. Frankfurt am Main.
- Goffman, E. 1980: Rahmen-Analyse. Ein Versuch über die Organisation von Alltagserfahrungen. Frankfurt am Main.
- Goffman, E. 1974: Das Individuum im öffentlichen Austausch. Frankfurt am Main.
- Habermas, J. 1976; 1990: Strukturwandel der Öffentlichkeit. Frankfurt am Main.
- Iványi, N./Reichertz, J. 2002: Liebe wie im Fernsehen. Opladen.
- Luhmann, N. 1984: Liebe als Passion. Frankfurt am Main.
- Luckmann, T. 1976: Kulturkreis und Wandel der Intimsphäre. In: Schlemmer, J. Hrsg.: Der Verlust der Intimität. Stuttgart: S. 42-53.
- McLuhan, M. 1964: Understanding M edia. McGraw-Hill.
- Meyrowitz, J. 1985a: Überall und nirgends dabei. Die Fernsehgesellschaft Teil 1. Weinheim.
- Meyrowitz, J. 1985b: W ie Medien unsere Welt verändern. Die Fernsehgesellschaft Teil 2. Weinheim.
- Reichertz, J. 2000: Die frohe Botschaft des Fernsehens. Kulturwissenschaftliche Untersuchung medialer Diesseitsreligion. Konstanz.
- Schulze, G. 1992: Die Erlebnisgesellschaft. Frankfurt am Main.
- Sennett, R. 1998: Der flexible M ensch. Die Kultur des neuen Kapitalismus. Berlin.
- Trilling, L. 1983: Das Ende der A ufrichtigkeit. Frankfurt am Main.
- Zimmermann, H. 2000: Kommunikationsmedien und Öffentlichkeit: Strukturen und Wandel. In: Neumann-Braun, K./Müller-Doohm, S. Hrsg.: Medien- und Kommunikationssoziologie. Weinheim: S. 41-54.

■ Klaus Schäfer

Die Rolle der Jugendhilfe in der Medienerziehung junger Menschen

• *Die Mediennutzung in Kindheit und Jugend ist äußerst vielfältig*

Neue Medien prägen heute den Alltag von Kindern und Jugendlichen und haben ihn nahezu vollkommen durchdrungen. Fernseher, Radio, CD-Player, Computer, Handys gehören zu den beliebtesten Freizeitgegenständen und sind überall präsent. Mit den Freunden zu chatten, via E-Mail zu kommunizieren, Musik zu hören, LAN-Partys zu besuchen, Surfen im Internet und sich per Handy zu verabreden sind dominierende Aktivitäten und Ausdruck des Stellenwertes dieser Massenmedien. Für viele junge Menschen ist die technische Ausstattung auch Statussymbol, sie drängen nach den neuesten Produkten und wollen sich so gegenüber Gleichaltrigen profilieren. Und dies nicht erst im jugendlichen Alter. Bereits Kinder sind „Experten" wenn es um die Nutzung der neuen Medien geht. Sie lernen schon sehr früh den Umgang damit. Der erste Kontakt entsteht häufig über Fernsehen, Film, CD und Musikkassetten und setzt sich später über das Handy und den Computer fort. Die Vielfalt der in den Kinderzimmern vorhandenen Medien, in denen auch das Buch und Spiele ihren Platz haben, zeigt, über welche Optionen Kinder und Jugendliche bei der Auswahl und Nutzung von Medien bereits verfügen.

So weist allein der Katalog möglicher Apparate siebzehn unterschiedliche technische Geräte auf. Allerdings ist ihre Nutzung alterspezifisch geprägt und daher sehr verschieden. Es fällt auf, dass der Computer „nur" an sechster Stelle steht, das Handy – was nicht anders zu erwarten war – mit Abstand am stärksten genutzt wird. Dabei ist – wie dies vor wenigen Jahren noch beobachtet wurde – kaum mehr ein relevanter geschlechtsspezifischer Unterschied feststellbar. Auch für Mädchen sind das Handy, der Computer und die Nutzung des Internets nahezu selbstverständlich geworden (JIM-Studie 2007, zitiert nach Neuss 2008).

Auf den Gebrauch von Computerspielen ist besonders hinzuweisen. Ihr Erfolgszug scheint unaufhaltsam, der Absatz von Computerspielen ist reißend. Die Flut neuer Produkte kennt scheinbar keine Grenzen. Die *Games Convention* in Leipzig, nach eigenen Angaben die größte Computerspielemesse der Welt, erfreute sich auch 2008 wieder eines Massenansturms jugendlicher Spielefans, die die Neuheiten auf dem Computerspielemarkt kennen lernen wollten.

In der Öffentlichkeit aber werden meist nur die gewaltverherrlichenden Spiele gesehen und deren mögliche Folgen für das individuelle und soziale Verhalten der Jugendlichen diskutiert. Dabei machen solche Spiele nur einen Ausschnitt der gesamten Spiele-Landschaft aus. Tatsächlich überwiegen eher Spiele mit ausschließlichem Unterhaltungscharakter oder Lernspiele etc.

- *Unsicherheiten im Umgang mit der Mediennutzung Jugendlicher prägen das Verhalten Erwachsener*

Das Medienverhalten von Kindern und Jugendlichen wird in der Öffentlichkeit sehr unterschiedlich aufgenommen. Einerseits wird ihnen hinsichtlich ihrer technischen Kompetenz durchaus Respekt gezollt („Kinder lernen schneller den Umgang mit den Medien"), andererseits wird die oftmals extensive Nutzung dieser Medien kritisch bis ablehnend beobachtet und begleitet. So wird z. B. immer öfter von Spielsucht im Zusammenhang mit Computerspielen gesprochen. Befürchtungen werden laut, dass jugendliche Spieler in die Welt der Spiele „abtauchen" und die Spielintensität immer exzessiver wird.

Eltern stehen oftmals hilflos vor dieser Nutzungsintensität und sind überwiegend unsicher im Umgang mit diesem Verhalten, zumal für sie kaum konkret einschätzbar ist, ob und vor allem welche negativen Folgen eine intensive Mediennutzung haben kann und wie sie dieser extensiven Nutzung entgegensteuern können. Dies gilt ebenso für den Konsum des Fernsehens wie für Computerspiele und auch für eine unkontrollierte Internetnutzung. Erfahrungen der von den Jugendministern der Länder in Rheinland-Pfalz eingerichteten Kontrollinstanz *Jugendschutz.net* und auch die der unabhängigen *Selbstkontrolle für die Kennzeichnung von Computerspielen USK* zeigen jedenfalls, dass vor allem bei den Computerspielen und im Online-Bereich Risiken und Gefährdungen zugenommen haben.

Im Mittelpunkt der Betrachtung stehen für Eltern, Fachkräfte der Bildung und Erziehung und für die Öffentlichkeit daher zunächst Fragen des Jugendschutzes und die daraus zu ziehenden Schlussfolgerungen für das Erziehungsverhalten bis hin zu Grenzsetzungen und Verboten. Eltern suchen nach Antworten und Orientierung, weil sie merken, dass sie den Entwicklungen oftmals hilflos ausgesetzt sind, und sorgen sich um vermutete negative Wirkungen. Denn die Frage der Wirkungen ist nicht einfach und schon gar nicht monokausal zu beantworten, dazu sind die Wirkungsdimensionen der medialen und virtuellen Welten viel zu komplex (vgl. Fritz 2007). Gerade hier kommt der Kinder- und Jugendhilfe mit ihren Beratungsansätzen und Hilfemaßnahmen, insbesondere auch im Rahmen der Familienbildung und der Erziehungsberatung, eine wichtige Rolle zu. Sie kann Eltern helfen, Antworten zu finden und ihnen Sicherheit im Erziehungsalltag vermitteln, aber auch Ängste und Unsicherheit nehmen.

Allerdings wird von Erwachsenen häufig übersehen, dass viele Kinder und Jugendliche sehr verantwortungsvoll mit Medien umgehen und dass Gewaltspiele für sie nicht im Vordergrund stehen, sondern eher unbedeutend sind. Sie nutzen den Computer bzw. das Internet mehr zum Herunterladen von Musik, zur alltäglichen Kommunikation, zum gegenseitigen Austausch mit Gleichaltrigen und Freunden und zur Erweiterung ihres Wissens, zu schulischen und beruflichen Bildungszwecken und zum Experimentieren. Mit erstaunlicher Akribie und Kompetenz stellen sie ihre eigene Web-Seite her, entwickeln ihre Symbolwelten und kommunizieren in selbst hergestellten sozialen Räumen. Es entstehen neue Gemeinschaften und der eigene Horizont erweitert sich über diese Kontakte. Viele von ihnen sehen, dass in einer Medien- und Wissensgesellschaft der kompetente Umgang und die Anwendung neuer Medien immer öfter gefragte „Schlüsselkompetenzen" sind, die die Optionsvielfalt und die Chancen auf dem Arbeitsmarkt erhöhen.

- *Medienbildung ist keine neue aber eine herausragende Aufgabe der Kinder- und Jugendhilfe*

Für die Bildung und Erziehung junger Menschen stellt sich daher nicht die Frage ob, sondern nur noch wie der Umgang mit Medien sinnvoll und nützlich gestaltet werden kann. Denn die Frage, ob Kinder und Jugendliche sich überhaupt mit neuen M edien beschäftigen sollen, ist durch den Alltag längst obsolet und völlig überflüssig geworden.

Wer das Aufwachsen junger Menschen positiv begleiten will, der wird in seine Arbeit daher den Einsatz neuer Medien und die Auseinandersetzung mit diesen offensiv vorantreiben und Medienerziehung und die Vermittlung von Medienkompetenz einbeziehen müssen. Denn die Praxis im Umgang mit den Medien zeigt, dass Kinder und Jugendliche aber auch die Eltern Unterstützung, Beratung und Information im Umgang mit den Medien brauchen, damit die positiven Chancen und Möglichkeiten erkannt und genutzt und zugleich die schädlichen Einflüsse bereits im frühen Kindesalter begrenzt werden können. Der Blick der Kinder- und Jugendhilfe muss aber auf soziale Ausgrenzungseffekte in der Aneignung von Medienkompetenz gerichtet werden. Denn der Zugang und die Nutzung neuer Medien sind auch von der sozialen Situation bestimmt. Vor allem ihre (sinnvolle und für die eigenen Chancen ergiebige) Nutzung hängt häufig von den individuellen Handlungsmöglichkeiten ab.

Die Medienpädagogik in der Kinder- und Jugendhilfe kann dabei auf eine seit vielen Jahren bestehende Konzeptionsentwicklung und Erfahrung zurückgreifen. Insbesondere in den 70er Jahren sind zahlreiche Projekte der Medienförderung und der experimentellen Nutzung von Medien entstanden. Zu erinnern sei z. B. an die Projekte in der verbandlichen und der offenen Jugendarbeit im Rahmen des entstehenden Bürgerfunks. Die eigene Radiosendung zu entwerfen und auch auszustrahlen war ein erfolgreiches Experiment im Kontext politischer Bildung. Und auch die Auseinandersetzung mit der Nutzung des Computers gehörte bereits damals zum Alltag der Jugendarbeit. Im Zentrum standen dabei die positiven Möglichkeiten aktiver Mediennutzung für den persönlichen Kompetenzerwerb. Es ging darum, die Nutzungsvielfalt zu erfahren und einen sinnvollen Umgang mit diesen Medien zu lernen. Entstanden ist ein fachliches Profil, was heute in der Kinder- und Jugendmedienarbeit seinen fachspezifischen Ausdruck findet. Das entstandene Spektrum an neuen Trägern, z. B. in Nordrhein-Westfalen, war breit gefächert. Fachorganisationen wie der *Jugendfilmclub Köln e.V.* (heute *Medienzentrum Köln*), die *Gesellschaft für Medienpädagogik und Kommunikationskultur* GMK mit Sitz in Bielefeld, das *Kinder- und Jugendfilmzentrum Remscheid*, die *LAG lokale Medienarbeit* und zahlreiche weitere spezifische Einrichtungen der Jugendmedienarbeit sind im Kontext einer wachsenden Bedeutung von Medienarbeit mit Kindern, Jugendlichen und Fachkräften entstanden. Auch die klassischen Träger der Kinder- und Jugendarbeit öffneten sich medienpädagogischen Ansätzen. In der offenen, der kulturellen und der verbandlichen Jugendarbeit sind heute medienbezogene Angebote ebenso präsent wie in der Jugendsozialarbeit. Auch im Rahmen der Hilfen zur Erziehung und der Familienbildung finden Medienbildung, Beratung und Information über Mediennutzung statt.

Die Jugendministerkonferenz hat 1996 in ihrem Beschluss zur Jugendmedienarbeit die Bedeutung der Medienpädagogik in der Kinder- und Jugendhilfe hervorgehoben und eine deutliche Perspektive für die Praxis beschlossen. Dabei hat sie vor allem auf die Notwendigkeit medienpädagogischer Maßnahmen bereits im Kindergarten hingewiesen und auf die Möglichkeiten der Jugendarbeit sowie auf den wachsenden Informations- und Orientierungsbedarf der Eltern aufmerksam gemacht. Auch hat sie sich für eine verstärkte Elternbildung durch Jugendhilfe und Schule ausgesprochen und den Handlungsbedarf hinsichtlich der Berücksichtigung von Medienpädagogik in der Ausbildung der Fachkräfte hervorgehoben.

- *Medienerziehung ist Teil des umfassenden Bildungs- und Erziehungsauftrag der Kinder- und Jugendhilfe*

Wenngleich im Kinder- und Jugendhilfegesetz Medienerziehung und Medienbildung nicht explizit als Aufgabe und als Handlungsfeld genannt sind, so sind sie dennoch aus den allgemeinen Zielsetzungen des Gesetzes abzuleiten. Dieser Auftrag ist dabei klar festgeschrieben. So hat „jeder junge Mensch ein Recht auf Förderung seiner Entwicklung und auf Erziehung zu einer eigenverantwortlichen und gemeinschaftsfähigen Persönlichkeit" (§ 1 Abs. 1 SGB VIII), wobei die Kinder- und Jugendhilfe ihren Beitrag dazu leistet, indem sie u. a. „junge Menschen in ihrer individuellen und sozialen Entwicklung fördern und dazu beitragen soll, Benachteiligungen zu vermeiden oder abzubauen" und „Kinder und Jugendliche vor Gefahren für ihr Wohl schützen" (§ 1 Abs. 3 Nrn. 1 und 3 SGB VIII) soll. Zudem sollen zur Förderung ihrer Entwicklung in der Kinder- und Jugendarbeit die dazu erforderlichen Angebote durch den öffentlichen Träger der Kinder- und Jugendhilfe bereitgestellt werden. Diese „sollen an den Interessen junger Menschen anknüpfen und von ihnen mitbestimmt und mitgestaltet werden, sie zu Selbstbestimmung befähigen und zu gesellschaftlicher Mitverantwortung und zu sozialem Engagement anregen und hinführen" (§ 11 Abs. 1 SGB VIII). Aus dieser Aufgabenbestimmung leitet sich auch die Rolle der Kinder- und Jugendhilfe für die Medienbildung und Medienerziehung ab.

Damit wird vor allem der Bildungsauftrag der Kinder- und Jugendhilfe beschrieben, der auch die Medienarbeit wie ein roter Faden durchzieht. Kinder und Jugendliche sowie ihre Eltern kompetent zu machen im Umgang mit neuen Medien ist eine unverzichtbare Aufgabe in einer Gesellschaft, die immer mehr zu einer Medien- und Informationsgesellschaft wird. Gerade auch vor dem Hintergrund der aktuellen Diskussion über Bildungsförderung und der Bedeutung informeller Bildungsprozesse wird die Medienbildung ein wichtiger Baustein in der Förderung junger Menschen sein. Sich kritisch mit Medien auseinanderzusetzen und die Chancen und Möglichkeiten der Mediennutzung zu erkennen, ist eine der Grundkompetenzen, die gerade junge Menschen erwerben müssen.

Diese Bildungsperspektive wird ergänzt durch den Schutzauftrag des SGB VIII, wie er in § 14 normiert ist. Der erzieherische Kinder- und Jugendschutz, der querschnittsorientiert angelegt ist und von daher in alle Felder der Kinder- und Jugendarbeit hineinreicht, ergänzt so den gesetzlichen Jugendschutz. Er ist die Grundlage für die Gestaltung pädagogischer Maßnahmen vor Ort. Denn Maßnahmen des erzieherischen Kinder- und Jugendschutzes sollen u. a. junge Menschen befähigen, sich vor gefährdenden Einflüssen zu schützen und sie zu Kritikfähigkeit, Entscheidungsfähigkeit und Eigenverantwortlichkeit sowie zur

Verantwortung gegenüber ihren Mitmenschen führen" (§ 14 Abs. 2 Nr. 1).

Die Ausführungsgesetze der Länder zum Kinder- und Jugendhilfegesetz, insbesondere in den Feldern „Tageseinrichtungen für Kinder" und „Kinder- und Jugendarbeit" enthalten z. T. ebenfalls die Medienerziehung als Aufgabe und Handlungsfeld. Hinzu kommen Erlasse und Verordnungen der zuständigen Landesministerien. Nordrhein-Westfalen hat z. B. im Kinder- und Jugendförderungsgesetz 3. AG-KJHG die Jugendmedienarbeit als Handlungsfeld aufgenommen und fördert diese nicht nur im Rahmen der allgemeinen verbandlichen und offenen Kinder- und Jugendarbeit. Gefördert werden ebenso spezifische Fachorganisationen, die Träger der kulturellen Kinder- und Jugendarbeit sowie besondere Projekte der Medienerziehung und Medienbildung, die *Landesarbeitsgemeinschaft Kinder- und Jugendschutz* sowie die *Landesstelle für Medien* im Rahmen des Kinder- und Jugendförderplans.

- *Medienbildung soll vor allem die Stärken von Kindern und Jugendlichen wecken und fördern*

Medienbildung in der Kinder- und Jugendhilfe ist dabei mehrdimensional angelegt. Sie wendet sich sowohl an Kinder und Jugendliche und an Eltern (Familien); sie nimmt die Belange der jungen Menschen auch gegenüber den Medien wahr (Sachwalterfunktion); und sie ist im Rahmen des gesetzlichen Jugendschutzes (Jugendschutzgesetz) und des erzieherischen Kinder- und Jugendschutzes § 14 SGB VIII als präventiv agierende Instanz tätig.

Wer junge Menschen in der Mediennutzung stark machen will, der muss früh beginnen. Die Tageseinrichtungen für Kinder können hier eine besondere Rolle übernehmen. Denn fast alle Kinder im Alter von drei Jahren bis zum Schuleintritt besuchen sie. Allen Lerntheorien zufolge wird man Medienkompetenz wohl dann am nachhaltigsten erreichen, wenn bereits Kinder im Kindergartenalter einen entsprechenden konstruktiven Umgang (einschließlich von Nutzungsgrenzen) erfahren und dabei vor allem auch die Attraktivität alternativer Medien, wie z. B. das Buch oder Gemeinschaftsspiele, kennenlernen. In den letzten Jahren wurde eine Vielzahl von neuen Initiativen unternommen, die auf neue Wege in der Medienerziehung im Elementarbereich hinwirken wollen. So hat in den Bildungsplänen der Länder die Medienerziehung einen Platz (in Nordrhein-Westfalen die Bildungsvereinbarung) und ist als eine Aufgabe der pädagogischen Arbeit in den Tageseinrichtungen für Kinder aufgenommen.

Über lange Zeit aber überwog bei den Fachkräften eher Skepsis bis Ablehnung gegenüber der Einbeziehung und Nutzung von Medien in ihren pädagogischen Alltag. Auch heute besteht diese Skepsis teilweise noch fort, wenngleich deutlich schwächer, denn auch die Kindertageseinrichtungen werden mit der Mediennutzung von Kindern konfrontiert und müssen diese in ihren pädagogischen Konzepten berücksichtigen. Neuere Untersuchungen weisen auf den besonderen und nachhaltigen Handlungsbedarf in den Tageseinrichtungen hin (vgl. Six/Gimmler 2007).

Die Kinder- und Jugendarbeit ist wohl das breiteste Feld, auf dem Medienbildung stattfindet. Mit ihren unterschiedlichen Handlungsfeldern erreicht sie Kinder und Jugendliche in der Freizeit oder – vor allem im Kontext der Zusammenarbeit mit Schulen – auch der Schule. Sie kann mit ganz spezifischen Methoden und Angeboten auf die unterschiedlichen sozialen Herkunftsbedingungen junger Menschen reagieren und soziale Ausgleichschancen schaffen, was andere Institutionen nicht oder nur ansatzweise können. Sie setzt an den Bedürfnissen junger Menschen an und ist ein Ort des Ausprobierens, der gemeinsamen Erfahrung, des Lernens im freiwilligen Engagement, der Selbstorganisation und vieles andere mehr.

Diese Ausgangsbedingungen eröffnen der medienpädagogischen Arbeit die Chance, die Bereitschaft junger Menschen als aktiven Mitgestalter und Nutzer von Medien anzusprechen und sie für eine konstruktiv-kritische Auseinandersetzung mit den Medien zu gewinnen. In der Praxis der Jugendverbände, der Jugendzentren und der kulturellen Jugendarbeit einschließlich der Jugendkunstschulen sind zahlreiche Projekte und Formen mit diesen Zielen entstanden. Diese setzen auf die Chancen, die mit einer aktiven Nutzung dieser Medien verbunden sind, und erweitern so die Teilhabemöglichkeiten junger Menschen. Ebenso umfassen sie Angebote alternativer Medien, was neue Horizonte für benachteiligte Kinder und Jugendliche eröffnet.

Eine besondere Rolle spielen dabei die Organisationen und Institutionen mit spezifischer Medienkompetenz. Sie übernehmen neben ihren spezifischen Angeboten für Kinder und Jugendliche vor allem auch die wichtige Funktion der Weiterentwicklung und Qualifizierung der haupt- und ehrenamtlich wirkenden Mitarbeiterinnen und Mitarbeiter in der Kinder- und Jugendhilfe. Über den Kinder- und Jugendförderplan des Landes Nordrhein-Westfalen, aber auch in den Kommunen vor Ort, wird die Jugendmedienarbeit inzwischen breit gefördert.

Gefördert werden vor allem Maßnahmen, die sich an junge Menschen aus sozial benachteiligten Lebenswelten richten. Denn hier besteht oftmals deshalb besonderer Handlungsbedarf, weil diese Kinder und Jugendliche es häufig schwer haben, soziale Barrieren zu überwinden und Zugang zu den Bildungschancen und Bildungsmöglichkeiten zu erhalten. Dies zeigt sich auch bei Kindern und Jugendlichen mit Zuwanderungsgeschichte im Umgang mit neuen Medien. Vielen gelingt es nicht, sich im Dschungel der Medienvielfalt zurechtzufinden und dabei auch die eigenen Bedürfnisse und Belange zur

Geltung zu bringen. Es bedarf daher zielgenauerer Unterstützungsangebote durch die Kinder- und Jugendarbeit, um die Kluft in den sozialen Chancen abzubauen und die Mediennutzung als Chance und als Zugang für junge Menschen mit Zuwanderungsgeschichte zu nutzen, und ihnen Möglichkeiten zu geben, sich mit ihrer Lebenswelt auseinanderzusetzen. Dazu zählen vor allem

- das Herstellen lebensweltlicher Bezüge, um soziale Erfahrungen zu verarbeiten;
- der kreative Selbstausdruck mit Medien, gerade in den Bereichen, in denen Wort und Schrift ihre Grenzen haben;
- die Teilhabe an öffentlicher Kommunikation durch die Präsentation der erstellten Medienprodukte;
- die Reflexion eigener Deutungsmuster;
- die Stärkung von Selbstwertgefühlen und Selbstwirksamkeit u. a. m. (vgl. Ministerium für Frauen, Jugend, Familie und Gesundheit des Landes Nordrhein-Westfalen 2000, S. 28f.).

Eine aktive Medienarbeit kann zudem ihre Teilhabechancen erhöhen und ihnen Gelegenheiten bieten, die eigenen Positionen in die Gesellschaft hineinzutragen. Angesichts der sozialen Rahmenbedingungen dieser Kinder und Jugendlichen kann die Jugendmedienarbeit auch ein wirkungsvolles Instrument sein, die soziale und kulturelle Integration zu fördern und die Chancen auf Teilhabe zu verbessern

- *Medienbildung kann eine wichtige Verknüpfung zwischen Jugendhilfe und Schule herstellen*

Die Kinder- und Jugendhilfe ist nicht die einzige Institution, die Zugang zu Kindern und Jugendlichen hat und die sich mit Medienbildung befasst. Neben ihr ist es vor allem die Schule, die Projekte der Medienpädagogik anbietet. Diese Ansätze erreichen viele Jugendliche. Sie finden z. B. in Arbeitsgemeinschaften und Projektgruppen, in Medien-AGs oder in Theaterprojekten u. v. m. ihren Platz. Ohnehin haben Schulen die Medienerziehung seit langem in ihrem „Programm“. Auf der Grundlage des „Orientierungsrahmen Medienerziehung in der Schule“ von 1995 der Kultusministerkonferenz[1], im Rahmen der Förderung kooperativer Ansätze zwischen der Kinder- und Jugendarbeit und den Schulen sowie im Rahmen des Projektes *Schulen ans Netz* sind die Möglichkeiten der Schule in der Medienerziehung erheblich ausgeweitet worden.

Angesichts des rasanten Ausbaus von Ganztagsschulen, sowohl im Primarbereich als auch in der Sekundarstufe I, kann die Kinder- und Jugendhilfe als

Partner der Schule die Vermittlung und Aneignung von Medienkompetenz am Ort der Schule erheblich bereichern und mit ihren Erfahrungen und Ansätzen von informellem und non-formalem Lernen neue Wege der Medienpädagogik gehen. Denn anders als die Schule sind die Träger der Jugendhilfe eher in der Lage, an den Bedürfnissen und den Interessen junger Menschen anzusetzen. Abseits von der „pflichtigen" Befassung mit neuen Medien im Unterricht kann man in außerunterrichtlichen Lernformen mehr experimentieren und Erfahrungen, Wissen und Fähigkeiten im Umgang mit Medien aktiver einbringen. Mit einer strukturellen Kombination zwischen Schule und Jugendhilfe, wie sie z. B. Ganztagsschulen unter Beteiligung der Träger der Kinder- und Jugendhilfe eröffnet, besteht auch für die Jugendmedienarbeit die Chance, mehr Kinder und Jugendliche zu erreichen, Kompetenz im Umgang mit Medien zu vermitteln, die aktive Teilhabe am Mediengeschehen zu ermöglichen und auch alternative Medien einzubeziehen.

- *Neue Herausforderungen*

Medienbildung und Medienerziehung bleibt eine bedeutende Aufgabe der Kinder- und Jugendhilfe. Denn es ist zu erwarten, dass die technologische Entwicklung weiter voran schreitet und an Beschleunigung zunehmen wird. Auch wird sich das Angebot an neuen Medien weiter differenzieren. Damit weiten sich auch die individuellen Handlungsoptionen deutlich aus. Darin liegen große Chancen für junge Menschen. Aber es werden auch die Risiken und Gefährdungen wachsen. Sicher wird sich auch Wissensabstand zwischen Eltern und ihren Kindern in diesem Bereich zu Gunsten der Kinder weiter vergrößern. Damit steigen die Anforderungen an einen angemessenen und sinnhaften Umgang für Kinder und Jugendliche und auch an das Erziehungsverhalten für Eltern. Kinder und Jugendliche entsprechend zu fördern, Teilhabe aller an der Medienentwicklung zu erreichen und zugleich auch den Schutzauftrag umfassend wahrzunehmen, wird auch zu weiteren Herausforderungen für die Kinder- und Jugendhilfe führen. Daher müssen die Fachkräfte in der Kinder- und Jugendhilfe sich mit der notwendigen Kompetenz ausstatten, die eine wirksame Medienbildung und Medienerziehung verlangt.

Aus diesen unterschiedlichen Blickwinkeln betrachtet hat die Kinder- und Jugendhilfe vor allem eine bildende und eine präventive Rolle im Zusammenhang der Mediennutzung von Kindern und Jugendlichen. Denn gerade im Umgang mit den Medien ist es für sie schwer, eigene Grenzen und Risiken zu erkennen. Das zeigt sich z. B. an dem Gebrauch von Computerspielen. Risiken und Gefährdungen liegen auch in der Nutzung des Internets. Gerade rechtsextreme Organisationen nutzen das Netz und die Musik, um Jugendliche für ihre ausländerfeindlichen und verfassungsfeindlichen Ziele zu gewinnen. Auch in der Nutzung des Handys zeigen sich negative Entwicklungen. So ist der Gebrauch der Handys für die Produktion eigener Gewaltvideos und das Aufnehmen von Gewalttaten gegen andere Jugendliche sowie die Verbreitung dieser Aufnahmen (z. B. „Happy Slapping") ein ernst zu nehmendes Problem. Schließlich ist es für eine wachsende Zahl der Jugendlichen Realität, dass sie sich durch die Nutzung des Handys schon fast überschuldet haben.

Diese Ausweitung an potenziellen Risiken und Gefährdungen machen den Handlungsbedarf in der Jugendmedienarbeit deutlich. Es mag sein, dass gerade Kinder und Jugendliche aus sozial benachteiligten Lebenswelten besonders der Unterstützung und Begleitung beim Umgang mit neuen Medien bedürfen. Allein auf diesen Personenkreis wird man sich dabei jedoch kaum beschränken können, denn auch Kinder und Jugendliche aus sogenannten bürgerlichen Schichten brauchen oftmals Orientierung und Unterstützung.

Die Aufgaben der Kinder- und Jugendhilfe werden – davon ist angesichts der technischen Entwicklung auszugehen – in diesem Bereich eher wachsen. Denn in dem Maße wie Eltern oftmals der Nutzung der neuen Medien durch ihre Kinder hilflos und überfordert gegenüberstehen, werden Angebote der sozialen Arbeit und der Schule immer wichtiger. Das trifft vor allem für den Bereich der Tageseinrichtungen für Kinder, für die Kinder- und Jugendarbeit und den erzieherischen Kinder- und Jugendmedienschutz zu. Es gilt, so früh wie möglich die positive Nutzung neuer Medien zu vermitteln und dabei die Chancen und Möglichkeiten aufzuzeigen, die mit neuen Medien und der Kompetenzstärkung im Umgang mit ihnen verbunden sind.

Anmerkung

•1) Der „Orientierungsrahmen Medienerziehung in der Schule" von 1995 ist bis heute in veränderter und jeweils weiterentwickelter Form gültig.

Literatur

- Münder, J. u. a. Hrsg. 2006: F rankfurter Kommentar zum SGB VIII: Kinder- und Jugendhilfe, 5., vollständig überarbeitete Auflage. Weinheim.
- Fritz, J. 2007: Dick, dumm und delinquent durchs Daddeln ? – Wirkungsfragen. In: Kaminski, W./Witting, T. Hrsg.: Digitale Spielräume. München.
- Hugger, K.-U./Hoffmann. D. Hrsg. 2006: Medienbildung in der Migrationsgesellschaft. Bielefeld.
- Jugendministerkonferenz 1996: Beschluss der Jugendministerkonferenz vom 13./14. Juni 1996 „Medienpädagogik als Aufgabe der Kinder- und Jugendhilfe".

- Ministerium für Frauen, Jugend, Familie und Gesundheit des Landes Nordrhein-Westfalen (Hrsg.) (2000): Expertise Interkulturelle Jugendmedienarbeit in NRW. Düsseldorf/Remscheid.
- Ministerium für Frauen, Jugend, Familie und Gesundheit des Landes Nordrhein-Westfalen Hrsg. 2000: Kinder und Jugendliche fördern. Bildung und Erziehung als Aufgabe der Kinder- und Jugendhilfe. 8. Kinder- und Jugendbericht der Landesregierung NRW. Düsseldorf.
- Neuss, N. 2008: Web 2.0 – Mögliche Gewinner und medienpädagogische Herausforderungen. In: Lauffer, J./Rölleke, R. Hrsg.: Berühmt im Netz? Neue Wege in der Jugendhilfe mit Web 2.0. Bielefeld.
- Six, U./Gimmler, R. 2007: Die Förderung von Medienkompetenz im Kindergarten- Eine empirische Studie zu Bedingungen und Handlungsformen der Medienerziehung, herausgegeben von der Landesanstalt für Medien Nordrhein-Westfalen LFM. Schriftenreihe Medienforschung der LFM, Band 57. Düsseldorf.

Weiterführende Literatur

- Eder S./Lauffer, J./Michaelis, C. Hrsg. 1999: B leiben sie dran! Medienpädagogisches Zusammenarbeit mit Eltern. Ein Handbuch für PädagogInnen. Bielefeld.
- Lauffer, J./Röllecke, R. Hrsg. 2008: Dieter Baake Preis – Handbuch 3: Mit Medien bilden – der Seh-Sinn in der Medienpädagogik, Konzepte – Projekte – Positionen. Bielefeld.
- Lauffer, J./Röllecke, R. Hrsg. 2008: Berühmt im Netz? Neue Wege in der Jugendhilfe mit Web 2.0. Bielefeld.

■ Bernward Hoffmann im Gespräch mit
Marlene Albrecht-Illner

Praktische Medienarbeit im Schulkontext?

Ein Dialog über Räume und Rahmenbedingungen für eine Kooperation zwischen Schule und außerschulischen Partnern der Medienpädagogik

Als „Praktische Medienarbeit" wird die handlungsorientierte Dimension der Medienpädagogik bezeichnet. In allen Unterteilungen zu Zielen und Aufgaben der Medienpädagogik bzw. in Modellen der Medienkompetenz kommt diese Dimension vor. Dieter Baacke ging dabei so weit, die handlungsorientierte Medienpädagogik als Königsweg zur Erreichung von Medienkompetenz zu beschreiben.

Die Domäne praktischer Medienarbeit ist ein Feld der Jugendhilfe, im schulischen Kontext als außerschulische Kinder- und Jugendarbeit und -bildung bezeichnet. Wesentliche Prinzipien in diesem Bereich sind: Freiwilligkeit, offene Struktur, Verzicht auf feste Curricula und Leistungskontrolle; gerade darin unterscheidet sie sich von der Schule.

Alle aktuellen Diskussionen um Bildung und Erziehung nach dem PISA-Schock laufen primär auf eine Stärkung und zeitliche Erweiterung der schulischen Bildung hinaus. Diese sollte allerdings eine Veränderung der Curricula und der Lernformen und -arrangements einschließen. Ansätze zu einer breiten Etablierung und pädagogischen Ausgestaltung von Ganztagsangeboten liegen im Trend.

Die vollmundigen Thesen zu einer Kooperation von Jugendhilfe und Schule auf gleicher Augenhöhe haben auch Teile der Jugendhilfe zum positiv hoffenden Engagement bewogen; in vielen Fällen wurden sie auch für Nachmittags- und Ferienangebote verpflichtet. Doch die Skepsis kehrt schleichend zurück. Schule, Schulsystem, die dahinter stehende Bürokratie und die Lehrerschaft sind eindeutig der dominante „Partner", weil es eben nicht um Kooperation, sondern um Ergänzung und Erweiterung des schulischen Vormittags bzw. um Versorgung der zusätzlichen Nachmittagszeiten in Verantwortung der Schule oder an der Schule angesiedelter Trägervereine für den Ganztag geht.

Medienpädagogen im Schulkontext führen derzeit Debatten um Bildungsstandards für eine verpflichtende Medienbildung an Schulen (auch die Fachgruppe *Schule* in der GMK). Wenn diese Debatte die Traditionen, Erfahrungen und bisherigen Standards einer Förderung von Medienkompetenz ernst nimmt, dann muss praktische Medienarbeit eine wesentliche Rolle bei der Umsetzung der Standards spielen.

Aber wie kann das im Schulkontext gehen? Welche Freiräume gibt es, welche Rahmenbedingungen sind hindernd, welche Räume wären zu öffnen? Um diese Fragen geht es im folgenden Dialog zwischen Bernward Hoffmann, Professor für Medienpädagogik an der Fachhochschule Münster, und Marlene Albrecht-Illner, Leiterin einer Montessori-Grundschule mit mehrjähriger Zwischentätigkeit im Bereich der Medienpädagogik[1].

B.H.: Im Bereich der außerschulischen Pädagogik hat die Medienpädagogik Räume und gute Rahmenbedingungen gefunden, weil Medien-Inhalte und -Angebotsformen für junge Menschen attraktiv sind. In der Schule ist Medienpädagogik kein eigenes Fach, soll aber quer in verschiedenen Schulfächern bzw. interdisziplinär vorkommen. Da wird doch ein zentrales Bildungsthema faktisch in den Bereich der Beliebtheit bzw. Beliebigkeit der Kolleginnen und Kollegen verschoben.

M. A.-J.: Das trifft einen Kern, aber da hat sich auch einiges verändert. Als ich in den 70er Jahren visuelle Kommunikation studiert habe, war genau dies Thema: Wie bringe ich die Medienkritik und Medienarbeit in den Unterrichtsalltag ein? Damals schon wurde gefordert, Medien sollten standardmäßig wichtiger Teil der Lehrerausbildung sein und als Querschnittsthema alle Fächer durchdringen. Das wurde aber nie wirklich umgesetzt. Fakt ist seitdem: Einige motivierte Kollegen engagieren sich bei diesem Thema und setzen das auch gut um.

In den kompetenzorientierten neuen Richtlinien ist allerdings inzwischen festgeschrieben, dass Förderung der Medienkompetenz zu integrieren sei. In den Fächern wird seitdem verstärkt Bezug genommen auf Medien im Bereich der Recherche, der Kommunikation, der Kooperation mit anderen, Produktion und Präsentation gerade auch durch Schüler. Wenn das konsequent angewandt wird, dann ist das Thema Medien automatisch präsent, weil sie eben ein Werkzeug sind und als solches auch reflektiert werden. Wird ein Zeitungsprojekt durchgeführt, findet gleichzeitig auch Medienkritik statt, steht ein Film auf dem Plan, geht es gleichzeitig um medienkritische und mediendidaktische Aspekte. In den Lehrplänen sind diese Themen angesprochen. Ob das in hinreichendem Maße auch durchgeführt wird, ist eine Konzeptfrage der Schule und letztlich auch eine Managementaufgabe der Schulleitung bzw. der Fachkonferenz.

B.H.: Als Methode für medienpädagogisches Handeln im außerschulischen Bereich hat sich grob gesagt die Projektarbeit durchgesetzt. Das können langfristige Projekte sein, aber auch kurze Einheiten etwa an einem Nachmittag. Dieses methodische Vorgehen unterscheidet offensichtlich außerschulische und schulische Lernformen. Warum eigentlich? Ist das sachlich begründet oder historisch gewachsen? In der Reformpädagogik, in alternativen

Schulmodellen und in anderen Ländern gab und gibt es andere Ansätze und auch gute Erfahrungen, eigenständigere Projektarbeiten auch im schulischen Bereich zu ermöglichen.

M. A.-J.: In den Lehrplänen wird selbständiges individualisiertes Lernen gefordert. Wenn das konsequent umgesetzt wird, haben Schülerinnen und Schüler auch die Möglichkeit, sich über einen bestimmten Zeitraum konsequent mit einem Thema auseinanderzusetzen. Das große Problem im Schulalltag ist dabei der Zeitfaktor. Lernen in praktischer Arbeit mit Medien kann man im 45-Minuten-Rhythmus kaum umsetzen. Eine veränderte Zeitstruktur kann sich jede Schule selbst setzen und das ist durchaus auch möglich. Da sind wir schon einen großen Schritt weiter im Vergleich zu den 80er oder 90er Jahren.

B.H.: Freiwilligkeit und Offenheit solcher Projektangebote im außerschulischen Bereich schließen als Lernziel ein, die Selbständigkeit junger Menschen zu fördern und zu fordern. Das gelingt durchaus bei denen, die sich beteiligen. Doch werden auch durch diese Angebote viele junge Menschen nicht erreicht, die eine entsprechende Förderung zum Ausgleich von Benachteiligungen gerade brauchen könnten. In der beruflichen Bildung und den der Schule folgenden Fachschulen und Studiengängen ist m. E. eine verbreitete Unselbständigkeit spürbar, wenn etwa in verkürzten Studiengängen mit Angeboten zum *E-learning* bzw. *Blended-Learning* mehr eigenständiges Lernen erwartet wird. Letztlich ist das ja lerntheoretisch auch sinnvoll, denn Lernen ist ein aktiver Vorgang des Lernenden.

M. A.-J.: Das ist das Ziel der künftigen Bildungsarbeit in der Schule. Es werden z. B. Lernzentren in vielen Schulen eingerichtet. Die Arbeit mit Lernplattformen in der Schule nimmt deutlich zu, gerade im Bereich der weiterführenden Schulen. Die Schulen werden nach und nach über zahlreiche Fortbildungsangebote an deren Nutzung herangeführt. Von den positiven Lern-Erfahrungen werden auch die weiterführenden Bildungsinstitutionen profitieren. Die Implementierung des selbständigen Lernens in den Schul- und Unterrichtsalltag ist ein Prozess, der teils sehr lange dauert. Wenn Lehrer selbst Medienarbeit kennengelernt haben und wissen, was dahinter steht, dann haben sie auch mehr Phantasien für deren Einbindung.

B.H.: Ihre Schule, die Elsa-Brändström-Schule in Düsseldorf, ist eine Modellschule nach Montessori-Konzept. Was ist anders an dieser Schule?

M. A.-J.: Unsere Schule befindet sich noch im Aufbau. Wie viele Montessori-Schulen haben wir ab dem nächsten Schuljahr jeden Tag eine dreistündige Freiarbeit. Da haben Kinder wirklich Zeit, an selbstgewählten Themen zu arbeiten und diese fertig zu stellen. Sie können ihre Ideen verfolgen und Lernmittel nutzen, die ihnen helfen, ihr Thema, ihren Lerngegenstand in einem ausreichend langen Zeitraum zu bearbeiten. So kann man Kinder dahin führen, Zeit zu strukturieren und zu nutzen. Die ersten drei Stunden am Vormittag sind für die Freiarbeit vorgesehen, dann folgt der ergänzende Fachunterricht. Der Nachmittagsbereich im Ganztag läuft zur Zeit noch getrennt. Ab dem kommenden Schuljahr werden aber beispielsweise Angebote in Sport und Kunst integriert zwischen Freiarbeit im Vormittag und Nachmittagsbereich. Davon erhoffen wir uns neue verbindende Impulse für Schüler und Lehrer.

B.H.: Sie benennen in Ihrem Schulkonzept neben der „individuellen Förderung" auch das „Lernen mit Medien" als wesentlichen Pfeiler. Das klingt nach einem auf die Möglichkeiten der Grundschule übertragenen Schul-Konzept für Medienpädagogik. Vielleicht kann das ein Modell für andere Schulen und für eine Schulentwicklung überhaupt sein.

M. A.-J.: Bei uns steht den Schülern ab der ersten Klasse für die Freiarbeit auch der Computer zur Verfügung. Leider haben wir als Grundschule viel zu wenige Geräte. Da muss der Schulträger für eine entsprechende Ausstattung sorgen. Wo die Geräte verfügbar sind, wird das auch intensiv im Unterrichtsalltag angenommen, selbst organisiert von den Schülern. Wir arbeiten an unserer Schule jahrgangsübergreifend. Ein Beispiel: Im Sachunterricht sollten die Schüler sich ein selbstgewähltes Thema erarbeiten und dieses per PowerPoint präsentieren. Die Lehrerin konnte einigen Schülern Grunderklärungen geben und dann haben diese damit gearbeitet. Sie haben viele Effekte ausprobiert und sich untereinander ihr Wissen weitergegeben. So wurden tolle Präsentationen erstellt: didaktisch aufgebaut und mit Effekten versehen, die offensichtlich aus ihrer Fernseherfahrung stammen. In einer Art Quiz haben sie die anderen Schüler einbezogen und auf das richtige Stichwort hin kam dann die nächste Folie. Das zeigt: Wenn die Kinder motiviert sind, eignen sie sich auch die Medien eigenständig an – gebunden an ein Unterrichtsthema.

B.H.: Die Montessori-Idee lässt sich m. E. gut übertragen, erweitern, aktualisieren für medienpädagogisches Handeln nicht nur in der Schule. M aria Montessori hat ihre pädagogischen Ansätze zunächst für Kinder entwickelt, die in heutigen Begriffen Zielgruppe sozialpädagogischer Jugendhilfe sind. „Hilf mir, es selbst zu tun" könnte auch ein Motto für Projektarbeit sein. Nur müssten für selbstbestimmtes Lernen und Freiarbeiten neben den bekannten Montessori-Arbeitsmaterialien auch Medien als „anregendes Material" genutzt werden.

M. A.-J.: Der Montessori-Pädagogik liegt als organisatorisches Prinzip zugrunde, dass den Schülern genügend Zeit gelassen wird. Gleichzeitig werden ihnen

Materialien zur Verfügung gestellt, die ihnen die Welt erschließen; und dazu gehören auch digitale Medien. Die gehören natürlich nicht zum ursprünglichen Montessori-Material. Aber Maria Montessori hätte sicherlich heute entsprechende Medien integriert, weil diese ja die ganze aktuelle Welt erschließen. Und die Kinder müssen lernen, mit diesen Medien umzugehen, um sich das zu erarbeiten, was sie brauchen. Es ist wichtig, die Medien nicht zum Selbstzweck zu machen, sondern sie als Werkzeug zu nutzen. Das ist unter Umständen besser geeignet, bestimmte Sachverhalte zu erschließen, als das haptische Material.

B.H.: Die Medienpädagogik muss sich wohl von Seiten der Montessori-Erfolge die kritische Frage gefallen lassen, ob sie nicht atemlos jeder Neuerung hinterherläuft und nicht häufig einfaches und alltägliches Sinnesmaterial das „bessere" pädagogische Material ist. Medienpädagogik darf sich nicht auf technische Medien im Sinn einer „Tool"-Pädagogik reduzieren, sondern muss „ästhetisches" Material, Spiel und Aktionsformen in vielfältigen Varianten zulassen. –aber eben auch das alltägliche technische Spielzeug der Kids von heute.

M. A.-J.: In machen Fällen der Medien-Gestaltung oder Software lassen sich sicher entsprechende Dinge handlungsorientiert mit anderen Materialien besser darstellen. Aber wenn Kinder damit umgehen können, finden sie das auch selbst heraus. Einen Versuch zum Magnetismus kann man virtuell darstellen und auch virtuell von Kindern durchführen lassen, man kann aber auch Magnete zur Verfügung stellen und die Kinder damit experimentieren lassen. Nach meiner Erfahrung bevorzugen die Kinder in einem solchen Fall das haptische Material, weil es anschaulicher ist und sie das besser steuern können. Erst auf einem höheren Abstraktionsniveau sind die Medien schneller. Diese Erfahrung müssen sich Kinder selbst erschließen können.

B.H.: Wenn ich einem kleineren Kind aber ein Holzauto hinstelle, das der erwachsene Pädagoge schöner findet, und daneben ein realistisch aussehendes Metallauto mit Fernsteuerungs-Funktionen, werden die meisten Kinder das Technik-Auto bevorzugen.

M. A.-J.: Wahrscheinlich wird der Reiz größer sein, weil es um die Technik geht. Aber da geht es nicht allein um das Auto, sondern um die Funktion der Fernsteuerung. Aber wenn das Kind in das Auto etwas einladen möchte, dann nützt ihm das ferngesteuerte Auto nichts mehr. Das ist eine Sache der Phantasie, der Zielsetzung und der Möglichkeiten, die ein Kind hat.

B.H.: Eine Grundschule legt das Fundament, auf dem weiterführende Schulen aufbauen können, aber das auch wieder zerstört werden kann, weil die Kinder sich plötzlich mit anderen Schulvorstellungen konfrontiert sehen. Ein aktuelles Montessori-Konzept müsste zumindest teilweise auf weiterführende Schulen übertragen werden.

M. A.-J.: Im schlechten Fall ist da ein Bruch vorhanden. Aber da hat sich in den letzten Jahren viel getan und das ist auch notwendig, damit die Schüler an ihrem Entwicklungsstand abgeholt werden. Auch weiterführende Schulen führen viel intensiver offenes und an Projekten orientiertes Arbeiten ein. In Düsseldorf gibt es inzwischen mehrere weiterführende Schulen, die teilweise als Montessorischulen geführt werden oder sich an dieser Pädagogik orientieren. Ich bin zuversichtlich, dass diese Entwicklung weiter fortschreiten wird, weil der schülerzentrierte Lernansatz auf Dauer erfolgreich ist.

B.H.: Ein Klischee sagt, dass Kinder in der Grundschule weniger, aber in weiterführenden Schulen häufiger ihre Schule blöd finden; von dieser Einstellung profitiert wiederum der außerschulische Bereich. Dort sind die teilnehmenden Kinder und Jugendlichen in der Regel freiwillig und motiviert dabei. Und aus der Sicht von Sozialpädagogen sind Schule und Lehrer oft keine leichten und entgegenkommenden Kooperationspartner.

M. A.-J.: Wir kooperieren mit dem Medienzentrum Rheinland in Düsseldorf. Von dort werden sehr viele Impulse eingebracht, z. B. zur Filmarbeit, Videoarbeit, Arbeit mit der Trickbox, eine AG in der Kinder als Tester von PC-Spielen arbeiten usw. In diesen Bereichen lernen wir Lehrerinnen über diese Kooperation dazu und bekommen neue Ideen, Medien in den Unterricht zu integrieren. Die Kinder bringen ihr Know how aus dem Nachmittagsangebot in den Vormittagsbereich ein und motivieren ihre Mitschüler. Das ist ein sehr positiver Effekt, den Impulse und neuen Sichtweisen von außen in die Schule hineintragen.

Wichtig ist dabei die Struktur des Ganztages. In der offenen Ganztagsschule besteht eher noch die Trennung zwischen dem Vormittags- und Nachmittagsbereich, besonders was die Integration von Inhalten betrifft. Im gebundenen Ganztag gibt es mehr Möglichkeiten zur Kooperation und Integration der Mitarbeiter der Jugendhilfe bzw. außerschulischer Institutionen und Lehrern. Das betrifft besonders auch den sozialpädagogischen Bereich.

Vor allem sollte die Lehrerausbildung und Fortbildung für die Integration der Medienbildung noch stärker sensibilisiert werden, denn besonders in der ersten Phase der Lehrerausbildung ist dieses Thema längst noch nicht hinreichend etabliert.

Anmerkung

•1) Der Dialog wurde am Telefon geführt, aufgezeichnet und redaktionell bearbeitet.

■ Ida Pöttinger

LOST – Orientierung in Medienwelten

Man braucht einen langen Atem bis Neuerungen in der Gesellschaft akzeptiert werden. Nun scheint endgültig angekommen zu sein, dass Jugendliche Unterstützung und Wissen in Bezug auf Medien brauchen, obwohl sie in mancherlei Hinsicht besser mit Medien umgehen können als Erwachsene. Medienpädagogen könnten zufrieden sein. Sie wären noch zufriedener, wenn sie die finanziellen Mittel hätten, mit denen sie flächendeckend Schülerinnen und Schüler, Eltern und Lehrkräfte medienkompetent machen könnten, aber immerhin bewegt sich was: Es gibt einige breit angelegte Projekte. Lehrpläne und Prüfungsordnungen nehmen Medienstandards auf und die Öffentlichkeit diskutiert das Wohl und Wehe der Wirkung von Medien auf Kinder und Jugendliche.

In der Fachwelt bleiben dennoch Zweifel: Es gibt Jugendschutzgesetze, aber die greifen nicht richtig. Es gibt Übertreibungen und Verharmlosungen, wenn es um Medienwirkung geht, aber wenig fachlich gesicherte Ergebnisse. Bei jeder technischen Neuheit, jedem Computerspiel werden die alten, warnenden Argumente wieder ausgepackt, aber wenig neue gefunden. Fehlen uns, den Fachleuten, vielleicht doch Maßstäbe, die auch den morgigen Tag überdauern? Helfen uns die Baacke'schen Grundprinzipien oder andere Definitionen von Medienkompetenz nicht mehr weiter?

• *Medienpädagogen als Verhinderer von Orientierung?*

Einen klaren Maßstab gibt es in den erziehungswissenschaftlichen Professionen – und dazu zählt auch die Medienpädagogik – wenn es darum geht, „die nachfolgende Generation durch Prozesse der Erziehung, des Lernens und der Bildung in diese Gesellschaft einzuführen. Ob und wie das gelingt, davon sind die Lebenschancen dieser nachfolgenden Generation elementar abhängig." (Marotzki 2004, S. 410)

Das ist eine große Verantwortung, vor der sich Erziehungswissenschaftler und Pädagogen nicht drücken können, der sie sich aber selbst verschrieben haben. Genau in dieser großen Aufgabe liegt auch die größten Schwierigkeit: Sie kennen die Zukunft der nachfolgenden Generation nicht. Sie sind schließlich keine Hellseher. Zudem sind sie selbst geprägt von der heutigen Gesellschaft, von ihren Werten und Maßstäben. Pädagogen müssen davon aber abstrahieren, denn nur so können sie überhaupt ihrer Aufgabe gerecht werden. Das macht ihre Professionalität aus. „Je komplexer, d. h. undurchsichtiger die Gesellschaft wird, desto mehr Vertrauen muss in Experten investiert werden.“ ebd., S. 409

Und hierbei ist allein nicht deren Fach- oder Verfügungswissen gefragt, sondern ihr Orientierungswissen. „Über Verfügungswissen eignet sich der Mensch die Dinge der Welt an und über Orientierungswissen tritt er in ein reflektiertes Verhältnis zu ihnen.“ ebd., S. 410 Beides brauchen Kinder und Jugendliche, aber im besonderen Maße Personen, die in irgendeiner Weise mit deren Bildung beauftragt sind.

Sind wir das Vertrauen wert, das man in uns als Medien-Experten setzt? Setzen wir uns mit Orientierungswissen auseinander?

Wenn man nun den Band *Lost? Orientierung in Medienwelten* aufschlägt, erwartet man in erster Linie Orientierungswissen. Stattdessen findet man viel Fach- und Verfügungswissen. Warum das so ist, kann schnell erklärt werden:

- Jede/r ist Spezialist in seinem Fach und möchte nicht nur moralische Plattitüden von sich geben.
- Jede/r kennt Widersprüche in der Auslegung von Definitionen, warum aber damit die Leserschaft noch zusätzlich verunsichern?
- Keine/r will sich als wertebezogen und damit als konservativ outen.

Warum ist es so schwierig Orientierungswissen zu vermitteln? Ein Beispiel: Um Medienkritik einzuüben, kann man sich mit Jugendlichen einen Ausschnitt einer Nachrichtensendung von RTL anschauen und analysieren. Ein Beitrag zeigt eine Mutter, die wegen der Lautstärke der Kinder fast ihre Wohnung verloren hätte.

Die einen sagen: Diese Art von Nachrichten ist schlecht, weil sie die Zuschauer manipuliert. Man soll Mitleid mit der Mutter haben und den Vermieter hassen.

Der Medienpädagoge A sagt: Der Beitrag hält sich nicht an das Grundprinzip des Journalismus, dem Streben nach Objektivität. Der Medienpädagoge B sagt: Diese Art von Nachrichten ist gut, weil sie die Zuschauer aufrüttelt. Man soll sehen, wie Familien mit Kindern in Deutschland behandelt werden. Der Beitrag deckt Missstände in der Gesellschaft auf und hilft, dass sich Gesellschaft verändert.

Bezogen auf das Fachwissen zur Medienkritik haben die Jugendlichen in beiden Fällen dazugelernt, aber wie sollen sie den Beitrag nun bewerten? Es stehen sich zwei Kriterien gegenüber: Größtmögliche Objektivität versus größtmöglicher Aktivierung. Also was nützt Fachwissen allein, wenn es darum geht, medienkritisch zu sein? Kann man kritisch sein ohne erklärten Standpunkt?

- *Orientierungswissen: Woher nehmen, wenn nicht stehlen?*

Nun fragt man sich natürlich, wie man zu diesem Orientierungswissen gelangt: Da sich darüber schon einige Personen Gedanken gemacht haben, kann es hilfreich sein, sich deren Standpunkte auszuborgen. Auch hier sind die Haltungen unterschiedlich:

Werte müssen sich individuell entwickeln
Rüdiger Safransky meint, dass man die globalisierte Flut von unterschiedlichsten Informationen nur ertragen kann, wenn es eine „Lichtung" gibt, von der aus man Entwicklungen mit Distanz betrachten kann. In einer Welt, in der man vor lauter Bäumen keinen Wald mehr sieht, sei es vor allem die Bildung, die diese Lichtung schlagen hilft, wobei jeder Mensch für seine eigene Lichtung verantwortlich sei. Safransky ist Agnostiker und gibt keine Hilfen und Maßstäbe vor, wie sich das Individuum diese Lichtung vorzustellen hat.

Werte basieren auf tradiertem Erfahrungswissen
Wolfram Weimer, Autor des Buches *Credo – Warum die Rückkehr der Religion gut ist* 2006, beschäftigt sich mit der Frage, ob es nicht besser wäre, die im christlichen Abendland üblichen Maßstäbe beizubehalten. Seiner Auffassung nach sind alle kulturellen und politischen Errungenschaften in Europa christlichen Ursprungs. Geprägt durch lange Tradition, in der Erfahrungswissen gespeichert ist, kann man mit ihrer Hilfe allen totalitären und utilitaristischen Wertehaltungen entgegentreten.

In den verschiedenen, hier vorliegenden Aufsätzen blitzt immer wieder der Wunsch nach gemeinsamen medienpädagogischen Orientierungsmaßstäben auf, auch wenn dieser Wunsch schnell wieder unterdrückt wird zugunsten von Relativierungen. Im Übrigen zieht sich dieses Phänomen durch die ganze medienpädagogische Literatur: Einmal heißt es, dass es in der Medienpädagogik heute darauf ankomme, die „reflexive Entfaltung des Subjekts und seine Orientierungsfähigkeiten im Medienkontext" zu betonen, denn erst „in der Reflexion von Medien komme unser Verhältnis zur Welt zum Ausdruck" (Hugger 2006, S. 31). Ein andermal heißt es: „Eine richtig verstandene Medienkompetenz fördert Kinder und Jugendliche in ihrem ganzheitlichen Menschsein, sowohl im körperlich-sinnlichen als auch im geistig-intellektuellen."SIN 2001: 85 S o umschifft jeder auf seine Art eine klare Aussage.

Eine Nachfrage in der Erziehungswissenschaft, die für allgemeinere Aussagen zuständig wäre, lässt die Medienpädagogen und Medienpädagoginnen jedoch ebenfalls im Stich. Anleihen bei Religionen fallen sehr individuell aus. Und auch konstruktivistische Ansätze verhindern eine gemeinsame Linie. Das mag für eine Zeitspanne gut gewesen sein, kann jedoch heute kontraproduktiv wirken, weil es aufgrund der Globalisierung Machtverhältnisse gibt, auf die man nur gemeinsam reagieren kann.

- *Orientierung mit Zukunft*

Medienpädagogik ist zwar eine relativ neue Disziplin der Pädagogik, jedoch hat sie bereits über 50 Jahre Tradition. Wäre es nicht denkbar, diese im Verhältnis zur Kurzlebigkeit der Medien langjährige Erfahrung einzusetzen, um gemeinsame Werte und Maßstäbe zu propagieren, die sich als hilfreich und übertragbar haben herausdestillieren lassen?

Wir sollten aber nicht nur in die Vergangenheit blicken, sondern auch Zukunftsszenarien entwerfen – sowohl in technischer als auch in gesellschaftlicher Hinsicht. Die Vorstellungskraft, die andere gebrauchen, um sich Horrorszenarien auszumalen, könnten wir nutzen, um die verschiedenen Zusammenhänge zwischen Mensch und Medien durchzuspielen und schließlich gemeinsam für eine positive Szenerie eintreten. Es wäre naiv zu glauben, dass man die Medienwelt in allen ihren Einzelheiten antizipieren kann, jedoch ist es auch naiv, immer zu warten, was kommt und dann zu reagieren. So viel Selbstbewusstsein sollten wir als medienpädagogische Experten haben – und als solche wollen wir doch im Vergleich zu Pfeiffer und Spitzer gesehen werden!

Da das Netz der Medien weit gespannt ist und alle möglichen Informations- und Kommunikationsformen umfasst, sollen hier einige Aspekte – vom großen, gesellschaftlichen Rahmen bis zum Individuum – aufgegriffen werden, die die Aufgaben einer zukunftsorientierten Medienpädagogik beschreiben.

- *Globalisierung – Aufdecken von Medieninteressen*

Wir vergessen manchmal, dass sich Medienpädagogik auf der Grundlage von Freiheit entwickelt hat: Freiheit der Person und speziell Freiheit der Presse. Während wir immer noch? im Idyll niedlicher Praxis-Projekte leben, formiert sich eine Medien- und Datenmacht, die unsere Vorstellung von Demokratie und Freiheit mit einem Handstreich erledigen könnte. Es braucht nicht viel Fantasie, um sich vorstellen zu können, welche Auswirkungen es hätte, wenn Informationsknotenpunkte wie Google oder Yahoo ihre Macht missbrauchen würden. Zwar beruhigen wir unser Gewissen damit, dass es – trotz strenger Kontrollen – subversive Blogs aus China und Tibet gibt. Aber machen wir uns nichts vor: Auch unsere, in Westeuropa aufgebaute und gepflegte Informationskultur wird brüchiger: Das Zusammenrücken der unterschiedlichsten Staaten in der EU macht es möglich, dass auch bei uns mehr und mehr das Kosten-Nutzen-Prinzip auf alle Informationskanäle angewandt wird. Nachrichtensender erhalten ihre Informationen entweder von Agenturen, die ihre Nachrichtenware preisgünstig abgeben und den Wert nach der Zahl der Toten festlegen. Oder die Ereignisberichte stammen von Augenzeugen, deren politische Haltung man nicht überprüfen kann.

Auf dem Unterhaltungssektor dienen das Fernsehen und das Internet als gemeinsame Klammer und Mittler zwischen Kulturen. Sie sorgen aber auch dafür, dass sexistische, nazistische und denunziatorische Sendeformate und Inhalte überall Einzug halten. Und gerade die Unterhaltungsindustrie trägt bekanntermaßen dazu bei, eine Kultur des Umgangs miteinander zu prägen. Besonders unauffällig ist die Instrumentalisierung der schöpferischen Kraft des Laien im Internet. User lösen technische Probleme, stellen authentische Filme in YouTube, kreieren neue Designs. Was dem naiven User entgeht, ist, dass seine Produkte für die Wirtschaft relevant sind. Statt eines Jobangebots findet er bestenfalls sein Werk in der Produktpalette einer namhaften Firma wieder.

Ob Jugendliche dieses Spiel durchschauen, lässt sich schwer sagen. Tatsache ist, dass sie kaum noch an politischen Nachrichtensendungen und Hintergrundberichten interessiert sind. Und wir Medienpädagogen unternehmen nichts: Statt ihnen und uns selbst in medienpädagogischen Diskursen den freiheitlichen Rahmen in Deutschland als positives Modell zu vermitteln, übertrumpfen wir uns damit, möglichst subjektive Informationskanäle zu hypen, das Bloggen zu lernen und denen beizubringen, die es noch nicht können. Dabei ist das Web 2.0 kein wirklich demokratisches Instrument, sondern eine Datenschleuder.

Eigentlich sollte Medienpädagogik dafür sorgen, dass die vierte Gewalt als Informationsverbreitung, als Meinungsbildung und als Korrektiv funktioniert. Selbst wenn wir davon ausgehen, dass es heute eine fünfte Gewalt gibt, bestehend aus Einzelpersonen, die sich im Internet zu Interessengruppen verbünden, dann bleibt trotzdem die Frage nach deren Interessen offen. Unser Anliegen sollte es sein, Themenfelder wie Medienmacht, Meinungsbildung und Grenzen der Meinungsfreiheit wieder zu besetzen. Orientierungswissen besteht darin, dass Kinder, Jugendliche und Erwachsene verstehen, dass es auch bei den Medien um politische, ökonomische und gesellschaftliche Interessen geht.

Solange Pädagogen nicht genau wissen, was unter Bildung zu verstehen ist, ist es schwierig, die Medienpädagogik in den Bildungsplänen zu verankern. Auf der einen Seite gibt es eine „posttypographische" Fraktion, die ein verfügbares Basiswissen für Schülerinnen und Schüler ablehnt (mit der Begründung, dass alles Wissenswerte jederzeit im Internet abgefragt werden kann), auf der anderen Seite stehen Lehrpersonen, die allein durch ihre technische Unwissenheit den Verdacht erwecken, dass sie gegen jede Integration der neuen Medien in den Unterricht sind. Geht man tiefer, so liegt auch ein Graben zwischen Verfechtern vernetzten Denkens und linearen Denkens, zwischen Konstruktivisten und Nicht-Konstruktivisten. Weshalb die Grabenkämpfe nicht beendet werden, können Medienpädagogen häufig nicht nachvollziehen, da sie aus Erfahrung wissen, dass neue Medien fast immer Chancen, aber auch Risiken bergen.

In welchem Verhältnis sich altes und neues Denken, alte und neue Kulturtechniken, alte und neue Hard- und Software integrieren lassen, dazu könnten Medienpädagogen viel beitragen. Leider werden sie meistens nicht gefragt. Und so liegt es nahe, dass sich Medienpädagogen häufig oberflächlich mit Zielen auseinandersetzen nach dem Motto von Modezeitschriften: Was kommt? – was ist nicht mehr angesagt? An der Wissensgesellschaft kann heute nur teilhaben, wer sich der medialen Vernetzung, den vielfältigen Informationszugängen und der Technik stellt und sie für den eigenen, lebenslangen Wissenserwerb zu nutzen weiß. Daher ist es wichtig, die Funktionsweise neuester Medien zu kennen und dieses Wissen auch an jene weiterzugeben, die wenig Zugang und Anwendungswissen in Bezug auf neue Medien haben. In zahlreichen Projekten können Jugendliche ihre technischen Fähigkeiten erproben, ihre ästhetische Wahrnehmung schulen und ihre Botschaften veröffentlichen. Damit ist es jedoch nicht getan.

Egal wie neu das Medium ist, sie müssen lernen, in welchem Gesamtzusammenhang die Medien stehen. Ein handlungsorientiertes Projekt kann häufig nicht mehrere Zielsetzungen gleichzeitig verfolgen: Mal ist es „nur" Identitätsentwicklung, mal ist es „nur" kreative Spielerei. Jedoch sollten Medienprojekte irgendwann die Mechanismen einer Medienproduktion – die Umwandlung einer Message in ein öffentliches Produkt – verstanden haben. Der pädagogische Einsatz der neusten Gerätschaften, der neusten Software, den neusten Spielen sollte einige Grunderkenntnisse nicht vernachlässigen: Es gibt keine Objektivität, sondern maximal eine Multiperspektivität. Inhalte verändern sich durch die Wahl des Mediums, die eigene Rezeption ist geprägt durch meine Stimmung, Erziehung, Bildung ... Das gehört zum Orientierungswissen.

• *Persönlicher Alltag – Übung in Medien-Selbstkultivierung*

Nicht nur Dieter Baacke hat in seiner Definition von Medienkompetenz die Mediennutzung immer wieder thematisiert. Während man in den letzten Jahren die Bedürfnisbefriedigung durch Medien auf einen oberen Platz gesetzt hat, rangiert heute wieder der Jugendschutz als Thema relativ weit oben. Dabei vergessen wir die Tatsache, dass meistens nur gesagt wird, was Jugendliche nicht machen sollen. Unter dem Stichwort Selbstkultivierung (es gibt viele ähnliche Begriffe in der Philosophie) könnten Medienpädagogen für eine positive Konnotation von individuellen Maßstäben sorgen. Während z. B. Klaus Koziol darunter Respekt, Toleranz, Schamhaftigkeit, Freude am Unspektakulären und Entscheidungsbereitschaft versteht vgl. 2001, S. 60ff., soll hier nur auf zwei Punkte abgezielt werden: „Zeitsouveränität" und „Inhaltssouveränität".

Unter „Zeitsouveränität" soll verstanden werden, dass wir Kinder, Jugendliche und Erwachsene befähigen, den zeitlichen Umfang ihrer Mediennutzung wichtig zu nehmen. Man sollte allen die Chance geben, über ihr Mediennutzungsverhalten zu sprechen und den Umfang zu reflektieren. Was bei Vielnutzern und bei Personen mit Mediensucht im Argen liegt, das sind häufig die sozialen Beziehungen. Insofern ist es meistens sinnlos, über die adäquate Menge des Medienkonsums zu streiten.

Unter „Inhaltssouveränität" soll verstanden werden, dass sich Personen überlegen sollten, welchen Inhalten sie sich tatsächlich aussetzen möchten. Oft geht die Selbstreflexion bereits soweit, dass sie sich über die überflüssigen Serien, die Shooterspiele und Kommunikationsflut selbst ärgern. Hier können Medienpädagogen nur beratend tätig werden und höchstens Alternativen überlegen. Das Stichwort „Selbstkultivierung" hat den Vorteil, dass es zur eigenen Aktivität aufruft. Es suggeriert nicht, dass es jemanden gibt, der einem die Entscheidung zwischen verschiedenen Medien, verschiedenen Inhalten und verschiedenen Zeitkontingenten abnimmt. Selbstkultivierung ist eine Orientierung, die leider von jedem selbst gefüllt werden muss.

Zurück zum Beispiel aus den RTL-Nachrichten: Legt man alle drei Maßstäbe zur Beurteilung an, dann kann man feststellen, dass es RTL mit dem Beitrag in erster Linie um die Zuschauerbindung geht. Der Nachrichtenwert ist zweitrangig. Die Bilder, die verwendet werden, suggerieren nur eine Botschaft, von Multiperspektivität keine Spur. Was die Zeit- und Inhaltssouveränität anbelangt, so muss sich jeder selbst entscheiden, wie viel ihm diese Sendung wert ist.

Man könnte diese Überlegungen beschließen mit einem besinnlichen Satz wie „Die Bedingungen der Netzkommunikation erschweren ein Akzeptieren, dass das Leben eben nicht unter Vorbehalt geführt werden kann, wenn es bewusst gelebt sein will, dass das Leben nichts vorläufiges ist, will es in seiner

Tiefe erfahren werden." (Koziol 2001, S. 64)
Meiner Meinung nach wäre jedoch ein Schlachtruf für uns als Experten angebrachter:
„Without fear or favour."[1]

Anmerkung

•1) Motto der „New York Times".

Literatur

- Hugger, K. U. 2006: Medienkompetenz versus Medienbildung. In: Lauffer, J./Rölleke, R. Hrsg.: Methoden und Konzepte medienpädagogischer Projekte. Bielefeld: S. S. 29–36.
- Koziol, K. 2001: Leben unter Vorbehalt? Mensch, Gesellschaft und Netzkommunikation. Medienkritische Schriften 2. München.
- Marotzki, W. 2004: Allgemeine Erziehungswissenschaft: Wissenslagerung und professionstheoretische Bezüge. In: Bildung und Erziehung, Jg. 57, Heft 4, S. 403-414.
- Weimer, W. 2006: Credo – Warum die Rückkehr der Religion gut ist. München.

Autorinnen und Autoren

- Albrecht-Illner, Marlene: Lehrerin für Grund- und Hauptschule. 10 Jahre Tätigkeit in einer Hauptschule, danach 15 Jahre in einer Montessori-Grundschule. In der Phase der Etablierung der neuen Medien an Schulen Moderatorin des e-teams Düsseldorf und danach vier Jahre in der Medienberatung NRW. Seit 2007 Rektorin der Ev. Elsa-Brändström-Schule in Düsseldorf.
- Bader, Roland: Prof. Dr., Diplom-Psychologe, seit 2003 Professor für Medienwissenschaft und Medienpädagogik an der Hochschule für angewandte Wissenschaft und Kunst (HAWK), Hildesheim/Holzminden/Göttingen. Referent im Studienzentrum für Evangelische Jugendarbeit in Josefstal. 15 Jahre Medienpädagogik in der kulturellen Jugendbildung (Medienzentrum Parabol, Nürnberg) und in der Jugendhilfe (Wissenschaftliches Institut des Jugendhilfswerks Freiburg). Schwerpunkte: Mediengestaltung, Mediendidaktik, Medien und Identität.
- Busse, Arne: Referent in der Bundeszentrale für politische Bildung bpb. Studium der Theaterwissenschaft, Germanistik, Nordamerikastudien, Kunst- und Kulturwissenschaften in München und Berlin. Seit 2001 bei der bpb, seit 2006 im Fachbereich Politikferne Zielgruppen, zuständig für spielbar.de, die interaktive Plattform der bpb zu den Themen Computerspiele, Serious Games und medienpädagogische Angebote.
- Funiok, Rüdiger: Prof. Dr., Studium der Philosophie, Theologie, Pädagogik und Kommunikationswissenschaft. Seit 1992 Professor für Kommunikationswissenschaft und Pädagogik an der Hochschule für Philosophie München und Leiter des Instituts für Kommunikationswissenschaft und Erwachsenenpädagogik IKE an dieser H ochschule. Arbeitsschwerpunkte: Medienethik, Theorie der Erwachsenenbildung.
- Ganguin, Sonja: Diplom-Pädagogin, 2003 WAL-Preis für ihre Diplomarbeit zum Thema „Medienkritik". Von 2003 bis 2005 Angestellte in einem DFG-Forschungsprojekt zum Thema „Qualität von E-Learning"; seit 2006 wissenschaftliche Angestellte der Fakultät für Pädagogik an der Universität Bielefeld in der AG Medienpädagogik, Jugendforschung und Forschungsmethoden. Seit 2007 im Vorstand der GMK. Arbeitsschwerpunkte: Medienkritik, Computerspiele, E-Learning.

- Gottberg, Joachim von: Pädagoge, seit 1994 Geschäftsführer der Freiwilligen Selbstkontrolle Fernsehen FSF. Daneben arbeitet er als Vizepräsident des Deutschen Kinderhilfswerks und als Honorarprofessor an der Hochschule für Film und Fernsehen (HFF) in Potsdam-Babelsberg.
- Grimm, Petra: Prof. Dr., Studium der Germanistik (Schwerpunkt: Filmphilologie), Kommunikationswissenschaft und Theaterwissenschaft an der Ludwig-Maximilians-Universität in München. 1991-1998 Dozentin an der Universität Kiel, Institut für Neuere Literatur und Medien sowie Institut für Pädagogik. 1994 Promotion an der Ludwig-Maximilians-Universität in München zum Thema „Narrativität und Werbung". 1994-1998 Dezernentin für Programmaufsicht und Medienforschung bei der Unabhängigen Landesanstalt für Rundfunk und neue Medien ULR, Kiel. Seit 1998 Professorin für Medienforschung/Kommunikationswissenschaft an der Hochschule der Medien HdM Stuttgart, seit 2006 Dekanin der Fakultät Electronic Media (Hochschule der Medien Stuttgart). Seit 2000 Ethikbeauftragte (Medienethik) der Hochschule der Medien. Arbeitsschwerpunkte: Gewalt in den Medien, Handynutzung, Internetnutzung von Kindern- und Jugendlichen, TV-Programmanalysen. (Mit-)Herausgeberin der Schriftenreihe Medienethik, Franz Steiner Verlag Stuttgart.
- Grosse-Loheide, Mike: Lehrer und Medienpädagoge, Referent für Medien- und Stadtteilprojekte im Büro für Suchtprävention in Hamburg. Von 1984 bis 1994 Medienpädagoge im Stadtteilkulturzentrum Motte e.V. Mitglied im Bundesvorstand der GMK und im Vorstand des Mediennetz Hamburg e.V.
- Grün, Leopold: Grundschullehrerausbildung in der DDR, Studium und Abschluss der Sozial- und Medienpädagogik in München. Seit 1996 bei der Freiwilligen Selbstkontrolle Fernsehen FSF für den Bereich M edienpädagogik verantwortlich. Zahlreiche Projekte an Schulen sowie Entwicklung von Arbeitsmaterialien zur Entwicklung von Medienkompetenz in Schule und Jugendarbeit. Von 1999 bis 2006 Geschäftsführer des Instituts Jugend Film Fernsehen Berlin-Brandenburg. 2001 Diplom als Medienberater an der Technischen Universität Berlin. Seit 1999 auch als freier Dokumentarfilmer tätig. Zwischen 2003 und 2007 entstand u. a. der Kinodokumentarfilm Der Rote Elvis. Zwischen 2005 und 2007 entwickelte er mit einem Team bei der FSF die DVD-ROM Krieg in den Medien.
- Hecke, Helene: Studium der Geschichte, Sozialwissenschaften und Germanistik in Bremen und Paris. Medienhistorische Abschlussarbeit 1996: „Die Superhelden und das Wirtschaftswunder" (über den Import amerikanischer Comic-Kultur im Nachkriegsdeutschland und Neukonstituierung des Jugendschutzes; WAL-Preis 1997). Seit 1993 freie Journalistin für Tageszeitungen, Hörfunk, Fachzeitschriften, u. a. freie Mitarbeit bei tv diskurs FSF. Mehrere Jahre lang verantwortliche Redakteurin in einem internationalen Verlagskonzern. Seit 2002 wieder freiberuflich als Lektorin und Autorin mit dem Schwerpunkt Jugendkultur, Web-Entwicklung und Mediengeschichte.

- Hoffmann, Bernward: Prof. Dr., Professor für Medienpädagogik an der Fachhochschule Münster, Fachbereich Sozialwesen. Schwerpunkte der Arbeit: Diverse Varianten praktischer Medienarbeit mit alten und neuen Medien; Mediennutzung und soziale Benachteiligung bzw. soziale Problemlagen; Kinder-/ Jugendmedienschutz; Lernen mit neuen Medien.
- Hoffmann, Dagmar: Diplom-Soziologin, seit 13 Jahren in Forschung und Lehre im Bereich Jugend- und Mediensoziologie sowie Sozialisationstheorie an verschiedenen Hochschulen tätig. Sie ist Sprecherrätin der Sektion Jugendsoziologie der DGS, 2. Vorsitzende der GMK und Mitherausgeberin der Zeitschrift Diskurs Kindheits- und Jugendforschung. Derzeit Vertretung der Professur für Medientheorie an der Kunsthochschule Berlin-Weißensee.
- Kamin, Anna-Maria: Diplom-Pädagogin, wissenschaftliche Mitarbeiterin am Lehrstuhl für Medienpädagogik und empirische Medienforschung der Universität Paderborn. Schwerpunkte: informelles Lernen, Erwachsenenbildung.
- Lieber, Gabriele: Dr. phil., seit 2006 wissenschaftliche Mitarbeiterin am Institut für Schulpädagogik und Didaktik der Sozialwissenschaften der Justus-Liebig-Universität Gießen. Arbeits- und Forschungsschwerpunkte: Bildliteralität und Ästhetische Alphabetisierung, Mit Bildern lernen – Sprache entwickeln, Ästhetisches Lernen im Medienzeitalter.
- Meister, Dorothee M.: Prof. Dr. habil., Professur für Medienpädagogik und empirische Medienforschung an der Universität Paderborn; Vizepräsidentin für Studium und Lehre. Schwerpunkte: Lernen mit Neuen Medien, Neue Medien und Weiterbildung, Medienkompetenz, qualitative Medienforschung. Vorstandsmitglied der GMK; Vorstandsmitglied der Kommission Medienpädagogik in der Deutschen Gesellschaft für Erziehungswissenschaft DGfE.
- Plösser, Melanie: Prof. Dr., Studium der Erziehungswissenschaften, mehrjährige praktische Tätigkeit als Pädagogin in der Jugendarbeit und in der Drogenhilfe, sechs Jahre Tätigkeit als wissenschaftliche Mitarbeiterin an der Fakultät für Pädagogik der Universität Bielefeld, seit 2007 Professorin für Theorien und Konzepte der Sozialen Arbeit am Fachbereich Soziale Arbeit und Gesundheit der Fachhochschule Kiel. Arbeitschwerpunkte: Differenz und Vielfalt in der Sozialen Arbeit, Gender- und Queerforschung.
- Pöttinger, Ida: Dr., Diplom-Pädagogin, arbeitete als Hörspielautorin, Journalistin sowie als Lehrerin und Lehrbeauftragte. Sie war Redakteurin bei einer Fachzeitschrift und einem medienpädagogischen Portal und leitete das Projekt Multimedia im Rahmen von Ganztagsangeboten (MeGa) der Medienoffensive Schule II des Kultusministeriums Baden-Württemberg.

- Reichertz, Jo: Univ.-Prof., Dr. phil., Studium der Soziologie und der Kommunikationswissenschaft. Seit 1993 Professor für Kommunikationswissenschaft an der Universität Duisburg-Essen, Campus Essen, zuständig für die Bereiche Strategische Kommunikation, Qualitative Methoden, Kommunikation in Institutionen und Neue Medien. Gastprofessuren in Wien und St. Gallen. Lehraufträge an den Universitäten Hagen, Witten/Herdecke, Bochum, St. Gallen und Wien. Arbeitsschwerpunkte: qualitative Sozialforschung; Text- und Bildhermeneutik, Kultursoziologie, Religionssoziologie, Medienanalyse, Mediennutzung, empirische Polizeiforschung, Werbe- und Unternehmenskommunikation.
- Reimann, Daniela: Dr. phil., M.A., seit 2007 Vertretungsprofessur für Medienpädagogik am Institut für Medien in der Bildung an der Pädagogischen Hochschule Freiburg. Seit 2005 Gastprofessorin und Lehrbeauftragte an der Kunstuniversität Linz, Bildnerische Erziehung.
- Schäfer, Klaus: Prof., Diplom-Pädagoge, Leiter der Abteilung „Jugend und Kinder" im Ministerium für Generationen, Familie, Frauen und Integration Nordrhein-Westfalen, Honorarprofessor an der Universität Bielefeld. Zweijährige hauptamtliche Tätigkeit als Bildungsreferent bei einem Jugendverband; zehnjährige Tätigkeit als Geschäftsführer der Arbeitsgemeinschaft für Jugendhilfe. Seit 1990 im Jugendministerium des Landes Nordrhein-Westfalen zunächst Referats- und Gruppenleiter für den Bereich Jugendpolitik; jetzt Abteilungsleiter für den Gesamtkomplex der Kinder- und Jugendhilfe; Mitwirkung beim Deutschen Verein für öffentliche und private Fürsorge; Mitglied im Kuratorium des Deutschen Jugendinstituts; Vorstandsmitglied der Arbeitsgemeinschaft für Kinder- und Jugendhilfe.
- Tillmann, Angela: Dr., wissenschaftliche Mitarbeiterin an der TU Dresden, Fakultät Erziehungswissenschaften/Professur für Medienpädagogik. Diplom-Studium an der Universität Bielefeld (Erziehungswissenschaften), anschließend Tätigkeit als Online-Redakteurin bei DigiVison Bösch&Grafenhain GbR in Köln, dort Konzeption und Betreuung einer Online-Community (www.lizzynet.de). Seit Dezember 2000 wissenschaftliche Mitarbeiterin an der Universität Dresden, seit 2008 außerdem tätig an der Hochschule für Technik und Wirtschaft Dresden FH im Projekt eCampus. Forschungsinteressen auf den Gebieten Medienpädagogik, Mediensozialisation, Cultural Studies, Internetforschung und Medien und Geschlecht.
- Walber, Markus: Erziehungswissenschaftler, ein Jahr lang Projektkoordinator und -entwickler beim Virtuellen Campus Rheinland-Pfalz. Seit 2001 wissenschaftlicher Mitarbeiter der Arbeitsgruppe Weiterbildung und Bildungsmanagement an der Fakultät für Erziehungswissenschaft der Universität Bielefeld.
- Wenz, Karin: 1996 Promotion in Kassel (ausgezeichnet mit dem Förderpreis der Deutschen Gesellschaft für Semiotik). Seit September 2003 Assistenzprofessur für Medienkultur an der Universität Maastricht. Beiratsmitglied der Deutschen Gesellschaft für Semiotik, Mitglied in der Deutschen Gesellschaft für Medienwissenschaft. Forschungsschwerpunkte: digitale Ästhetik (Literatur und Kunst), Computerspiele, Online Communities.

Abbildungsnachweis

- BMFSFJ
  S. 6
- stockxchng
  S. 12/13, S. 27, S. 30, S. 33, S. 50, S. 52, S. 60/61, S. 110/111, S. 124/125, S. 170
- action press/Stefan Gregorowius
  S. 19
- Karin Wenz
  S. 40
- Roland Bader
  S. 73, S. 74, S. 75, S. 76
- Markus Walber
  S. 80, S. 86
- Daniela Reimann
  S. 91 1–4, S. 92 1–2, S. 93 1–2, S. 95 1–2
- Leopold Grün
  S. 107, S. 108
- Gabriele Lieber
  S. 117, S. 119, S. 120 1–2
- Angela Tillmann
  S. 145
- GMK
  S. 205 1–3, S. 206 1–3, S. 207 1–3, S. 208 1–2

Weitere Publikationen der GMK

Bezug über die Geschäftsstelle Bielefeld:
Körnerstraße 3, 33602 Bielefeld, Tel. 0521.67788; Fax 0521.67727;
gmk@medienpaed.de; www.gmk-net.de

Dieter Baacke Preis Handbuch 1
Methoden und Konzepte medienpädagogischer Projekte
Jürgen Lauffer, Renate Röllecke Hrsg.

ISBN: 3-929685-37-X
10,– Euro zzgl. Versand

Dieter Baacke Preis Handbuch 2
Mediale Sozialisation und Bildung
Jürgen Lauffer, Renate Röllecke Hrsg.

ISBN: 978-3-929685-39-8
10,– Euro zzgl. Versand

Dieter Baacke Preis Handbuch 3
Mit Medien bilden – der Seh-Sinn in der Medienpädagogik
Konzepte – Projekte – Positionen
Jürgen Lauffer, Renate Röllecke Hrsg.

ISBN: 978-3-929685-41-1
10,– Euro zzgl. Versand

Berühmt im Netz?
Neue Wege in der Jugendhilfe mit Web 2.0
Jürgen Lauffer, Renate Röllecke
Hrsg.

ISBN: 978-3-929685-42-8
12,50 Euro zzgl. Versand

Körper, Kult, Medien
Inszenierungen im Alltag und in der Medienbildung
Norbert Neuß,
Mike Große-Loheide
Hrsg.

Schriften zur Medienpädagogik 40
ISBN: 978-3-929685-40-4
12,50 Euro zzgl. Versand

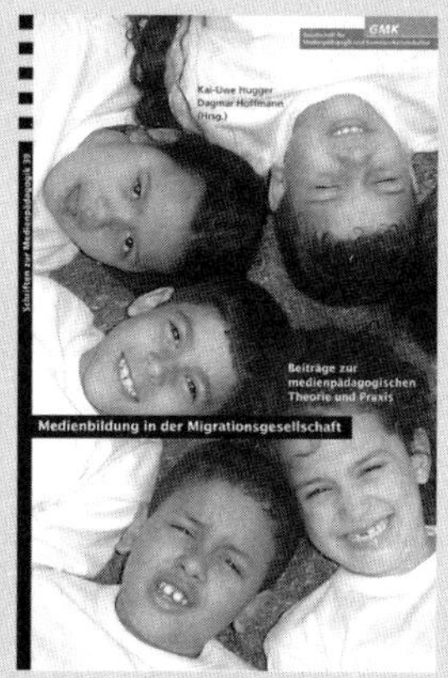

Medienbildung in der Migrationsgesellschaft
Beiträge zur medienpädagogischen Theorie und Praxis
Kai-Uwe Hugger,
Dagmar Hoffmann
Hrsg.

Schriften zur Medienpädagogik 39
ISBN: 3-929685-38-8
12,50 Euro zzgl. Versand

Schöne neue Medienwelten?

Konzepte und Visionen für eine Medienpädagogik der Zukunft
Dieter Wiedemann, Ingrid Volkmer Hrsg.

Schriften zur Medienpädagogik 38
ISBN: 3-929685-36-1
12,50 Euro zzgl. Versand

Medienbildung im Doppelpack

Wie Schule und Jugendarbeit einander ergänzen können
Ida Pöttinger, Wolfgang Schill, Günter Thiele Hrsg.

Schriften zur Medienpädagogik 37
ISBN: 3-929685-35-3
12,50 Euro zzgl. Versand

Netzwerke für die Informationsgesellschaft

Mike Große-Loheide, Uwe Hasebrink Hrsg.

Schriften zur Medienpädagogik 36
ISBN: 3-929685-34-5
12,50 Euro zzgl. Versand

Kostenlose Materialien

Mit Medien leben lernen

Tipps für Eltern von Vorschulkindern
Ministerium für Generationen, Familie, Frauen und Integration des Landes Nordrhein-Westfalen/ Landesanstalt für Medien Nordrhein-Westfalen Hrsg.

Versionen auch in Russisch und Türkisch

Versandkosten

Download unter:
www.lfm-nrw.de/ medienkompetenz_neu/infos_projekte/ mitmedienlebenlernen.php3

Geflimmer im Zimmer

Informationen, Anregungen und Tipps zum Umgang mit dem Fernsehen in der Familie
Bundesministerium für Familie, Senioren, Frauen und Jugend Hrsg.

Versandkosten

Download unter:
www.familien-wegweiser.de/bmfsfj/ generator/Kategorien/Publikationen/ publikationsliste,did=3850.html

Zu diesem Buch

Sich zu verlieren hat zunächst einen negativen Beigeschmack: Hänsel und Gretel verlieren sich im Wald ... Es gibt auch eine attraktive Variante: „let's get lost"... vergessen, was um einen ist, versinken in Zeit und Raum, völlige Hingabe.

Zwischen diesen beiden Polen der Seligkeit und der Unseligkeit bewegen sich auch Surfer, Cybernauten, Spieler, die sich in den exzessiven Weiten des Webs verlieren oder in Spielergilden eine neue virtuelle Heimat finden. Das kann zu rauschartigen Erfahrungen führen, zum Kater beim Erwachen, zu Bewusstseinserweiterungen, zur Sucht.

Dieses Buch spürt den Lockungen und Drohungen des WWW nach. Auf Expertenebene diskutieren Theoretiker und Praktiker der Medienpädagogik, wo man sich verlieren oder wohin man sich retten kann. So wird der Band zum anregenden Rat- und Tatgeber für alle, die in ihrer Medienarbeit mit Welten konfrontiert sind, in denen man sich – im Guten wie im Schlechten – verlieren kann.

ISBN 978-3-929685-43-5

Gefördert vom

9 783929 685435

Bundesministerium
für Familie, Senioren, Frauen
und Jugend